MW01141079

PERSPECTIVES

COURS DE PERFECTIONNEMENT

GÉRARD VIGNER

HACHETTE F.L.E.
26, rue des Fossés-St-Jacques
75005 PARIS

© 1991, Hachette, 79, bd Saint-Germain, F-75006 Paris

ISBN 2-01-015658-7

En application de la loi du 11 mars 1957, il est interdit de reproduire intégralement ou partiellement le présent ouvrage (la présente publication) sans autorisation de l'éditeur ou du Centre Français du Copyright (6 bis, rue Gabriel-Laumain, 75010 Paris).

Avant-propos

Ce cours de perfectionnement s'adresse à toutes celles et à tous ceux qui, ayant acquis une bonne connaissance du français de base, sont soucieux d'approfondir et de développer cette compétence dans le cadre d'un travail de classe.

1. Les objectifs

Avec les premiers apprentissages, il s'était agi d'accéder à une compétence de communication permettant à chacun de se comporter efficacement dans les situations d'échange les plus courantes, comme se présenter, décrire un objet, demander un renseignement, etc. Mais tous les échanges ne se limitent pas à une communication aussi immédiate ; ils peuvent viser des objectifs plus ambitieux et plus complexes.

En effet, la langue est aussi le moyen d'expression d'une pensée, d'un point de vue, l'outil de construction et de communication d'un savoir, la manifestation d'une activité intellectuelle. Elle pourra donc se déployer dans un espace de discours plus abstrait, moins dépendant de la situation matérielle d'énonciation, plus autonome dans ses motivations et son organisation. Pour l'apprenant, c'est l'entrée dans un nouvel univers de discours, celui du *discours complexe*.

Que faut-il entendre par cette expression ? On pourra considérer comme complexe tout discours :

1. qui se fonde sur une analyse référentielle des données plus réfléchie, plus conceptualisée. Ainsi un événement, un phénomène ne seront pas rapportés dans leurs manifestations les plus immédiates, mais sont analysés, interprétés – *complexité sémantique ;*

2. qui amène les locuteurs à adopter des conduites verbales variées, remodelées en permanence en fonction du contexte discursif d'intervention et de son évolution (savoir, par exemple, garder la maîtrise de son propos dans un débat, savoir intervenir à temps pour objecter, retourner un argument, faire apparaître une contradiction…) – *complexité pragmatique ;*

3. qui pourra se développer sur des périodes d'intervention relativement longues, d'où un effort de structuration et de régulation interne plus important, avec une incidence notable sur le traitement syntaxique de la phrase, comme celui du texte ou du discours – *complexité syntaxique.*

Il s'agit donc pour l'apprenant de viser *l'exactitude langagière sur des objets de discours construits dans le cadre d'échanges,* oraux ou écrits, *à structure complexe.*

2. L'organisation du cours

Le cours comprend huit leçons. Les sept premières abordent chacune un aspect du discours, la huitième permet de réviser l'ensemble des acquis précédents.
– **leçon 1** : de la narration à l'explication ;

– leçon 2 : description/narration empirique et description/narration conceptualisée ;
– leçon 3 : l'argumentation : délibération (conseiller/déconseiller) ; appréciation (louer/blâmer) ;
– leçon 4 : l'argumentation : influencer ; accuser/défendre ; la contradiction ;
– leçon 5 : le discours à orientation scientifique : description, raisonnement, objectivation ;
– leçon 6 : l'argumentatis : la négociation ; stratégies d'influence ;
– leçon 7 : l'argumentation : le débat ;
– leçon 8 : révision/récapitulation de l'ensemble des leçons.

À chacun de ces aspects du discours a été associé un thème spécifique dont la sélection a d'abord obéi à des critères d'ordre langagier. *C'est la capacité du thème à engendrer des activités discursives* (raconter, décrire, raisonner, argumenter…) *qui a été à chaque fois à l'origine du choix.* Pour autant, la dimension proprement culturelle n'a pas été négligée, mais elle se manifeste tout autant dans les comportements langagiers présentés ou sollicités, dans la façon d'organiser et de gérer les échanges que dans ce qui en constitue la substance même. Les thèmes retenus traitent de la vie des Français envisagée dans ses différentes dimensions (sociale, affective, culturelle, économique, politique, etc.). Une approche attentive de ce que sont les Français, de leur manière de s'exprimer, de communiquer, permettra à l'apprenant de mieux les comprendre, de mieux dialoguer.

3. Les contenus linguistiques

À ce niveau de l'apprentissage, c'est l'ensemble du matériel linguistique qui est mobilisé. Certains éléments du système font cependant l'objet d'un traitement particulier : il s'agit des *connecteurs argumentatifs,* nommés encore *articulateurs logiques ;* tous ces mots clés qui assurent la cohésion du discours, signalent l'avancée et l'orientation du sens, l'articulation des interventions les unes par rapport aux autres (connecteurs concessifs, consécutifs, conclusifs). Ces connecteurs seront traités sous forme d'exercices dont la fonction première est de cerner *les valeurs exactes d'usage ;* d'où une forme particulière d'exercice qui vise moins le réemploi systématique que la mise en œuvre d'un choix raisonné parmi plusieurs formulations possibles.
Les exercices de systématisation s'appliqueront aussi aux activités de lecture et d'écriture, à l'élaboration d'enchaînements discursifs.
Des tableaux de référence appelés **appuis linguistiques** sont intégrés à l'ouvrage et permettent à l'étudiant de retrouver un certain nombre d'outils linguistiques, de procédés d'expression et d'interventions discursives étudiés lors de la leçon. Ces tableaux font apparaître à chaque fois le lien nécessaire entre les comportements langagiers dans leur dimension pragmatique et la sélection des formes linguistiques appropriées. Ce qui est visé ici c'est avant tout une *grammaire du discours.*
En fin d'ouvrage, l'étudiant disposera d'un certain nombre de références lexicales :
– un inventaire lexical lié aux activités de langage, **les mots du discours,** lui permettra de nommer ce qu'il fait, ce que font les autres en parlant.
　Exemples : *affirmer, démontrer, répliquer, persuader,* etc. ;
– un lexique se rapportant aux différentes **catégories de jugement** que l'on peut porter sur un problème, sur une personne, l'aidera à exprimer sa position ou à situer celle de son interlocuteur. Par exemple :
　– jugements d'un point de vue pratique : *utile/inutile ; opportun/inopportun ; réalisable/*

irréalisable...
– jugements d'un point de vue moral : *équitable, arbitraire, fondé(e), abusif(-ive), justifié(e), excessif(-ive), intègre, inique...*
– etc.

4. Méthodologie

Une certaine variété dans l'organisation des huit leçons a été prévue, pour éviter des phénomènes de lassitude chez l'apprenant auquel est demandé un effort d'appropriation important.

Certains éléments sont communs à l'ensemble des leçons, ce sont :

– des *situations de communication* (dialogues, entretiens, débats) qui permettent de présenter (ou de faire retrouver par un travail de reconstitution) le langage en situation, de familiariser l'apprenant avec un certain nombre de schémas de discours et de conversations fondamentaux ;
– des *activités de systématisation* qui sont conçues comme des *appuis linguistiques à l'expression,* leur place dans le déroulement de chaque leçon pouvant varier en fonction du degré de compétence des apprenants ;
– des *activités de réemploi ou de transposition* qui, par le moyen de *textes* à lire ou à produire, de *simulations* à construire, permettent à l'apprenant d'évaluer ses capacités à prendre place et intervenir efficacement dans un échange.
À certains dialogues ou débats sont associés des schémas *qui illustrent les conduites de discours adoptées* et permettent à l'apprenant d'élucider le sens et l'orientation du dialogue entendu.
Dans de nombreuses leçons, schémas et grilles de communication dont la fonction est de structurer le discours dans le cadre d'échanges divers, pourront être très largement utilisés à l'occasion d'activités de transposition.

Ce qui varie d'une leçon à l'autre :

– de la leçon 1 à la leçon 8, on notera une évolution dans la nature et l'importance des matériaux offerts à l'étudiant. Au début figure l'ensemble des constituants de base : dialogues, exercices, appuis divers, tandis qu'à la fin seules subsistent les indications de situations sur lesquelles les élèves auront à improviser. Le cours évolue dans le sens d'une autonomisation croissante dans l'activité des apprenants ;
– selon les leçons, l'accent est mis soit sur les activités d'oral, soit sur les activités d'écrit, avec selon les cas une part plus ou moins grande de systématisation linguistique ou au contraire de transpositions.
Ces variations dans la nature, la dimension et la difficulté des tâches à accomplir devraient permettre à chaque apprenant de trouver à un moment ou à un autre des activités à sa mesure.

Ce cours de perfectionnement, au travers d'un apprentissage riche et stimulant qui fait une large part à l'autonomie des étudiants, devrait permettre à chacun, en fin de parcours, de bien maîtriser le français comme support du discours complexe, et d'enrichir par là même sa connaissance et sa compréhension de la société française.

PARCOURS ET ASPECTS DE L'APPRENTISSAGE

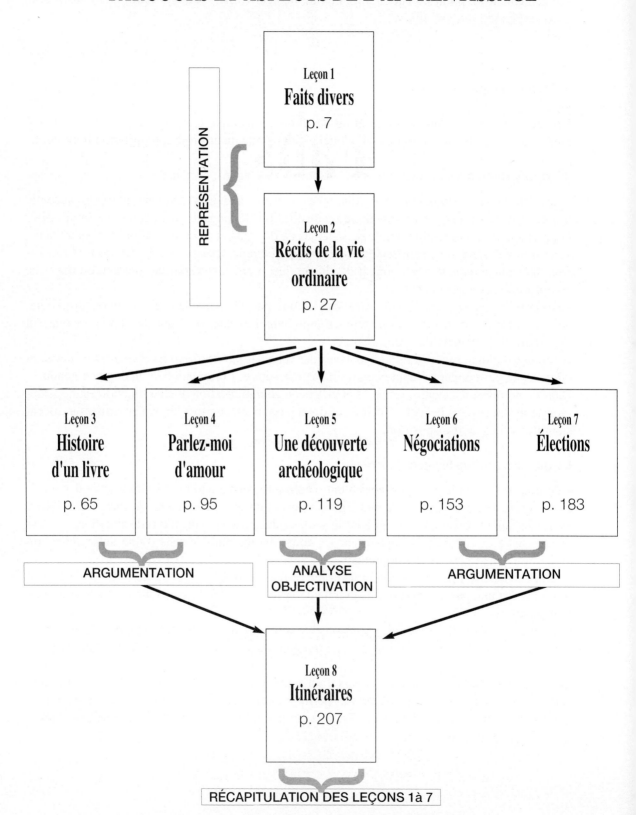

REPRÉSENTATION

Leçon 1
Faits divers
p. 7

Leçon 2
Récits de la vie ordinaire
p. 27

Leçon 3
Histoire d'un livre
p. 65

Leçon 4
Parlez-moi d'amour
p. 95

Leçon 5
Une découverte archéologique
p. 119

Leçon 6
Négociations
p. 153

Leçon 7
Élections
p. 183

ARGUMENTATION

ANALYSE OBJECTIVATION

ARGUMENTATION

Leçon 8
Itinéraires
p. 207

RÉCAPITULATION DES LEÇONS 1 à 7

1

Faits divers

●

1 – Scénarios

I. Un événement passé
II. Un événement à venir

●

2 – Interprétations

I. De la représentation à l'explication
II. L'événement comme cas particulier
III. Hypothèses autour d'un événement

1 - SCÉNARIOS

I. UN ÉVÉNEMENT PASSÉ

1. Observez

Regardez ce document, **il s'agit d'une catastrophe.** Que s'est-il passé ?

DOCUMENT 1

Prenez connaissance du lexique se rapportant à l'événement.

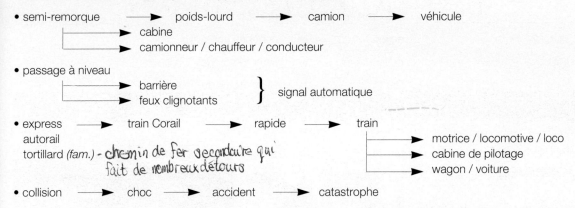

- semi-remorque ⟶ poids-lourd ⟶ camion ⟶ véhicule
  - ⟶ cabine
  - ⟶ camionneur / chauffeur / conducteur

- passage à niveau
  - ⟶ barrière
  - ⟶ feux clignotants } signal automatique

- express ⟶ train Corail ⟶ rapide ⟶ train
  autorail
  tortillard *(fam.)* – *chemin de fer secondaire qui fait de nombreux détours*
  - ⟶ motrice / locomotive / loco
  - ⟶ cabine de pilotage
  - ⟶ wagon / voiture

- collision ⟶ choc ⟶ accident ⟶ catastrophe

2. Écoutez et prenez des notes

DOCUMENT 2

Le récit des témoins

Mme LAROCHE – Il était environ neuf heures et j'allais faire une course au village quand j'ai vu le semi-remorque engagé sur le passage avec la barrière à moitié fermée. Elle était sur la cabine du chauffeur. Je l'ai vu descendre du camion et essayer de bouger la barrière, regarder s'il pouvait reculer. Il a amorcé une marche arrière doucement, doucement. Je me suis dit : mais il rêve il faut qu'il se sauve.

Mme LOEB – Quand je me suis réveillée, j'ai cru à un bombardement. Un pan de ma chambre s'est effondré, touché par un caténaire. Je me suis précipitée à ma fenêtre. Le spectacle était épouvantable. À dix mètres de ma maison gisait un wagon renversé. Il s'était plié en deux en son milieu, s'enroulant autour d'un pylône électrique.

[annotations manuscrites : partie d'un mur ; to collapse ; gésir-lie]

M. DECAUX – J'ai vu le train se disloquer, le wagon de tête, celui dans lequel se trouvait la cabine de pilotage, effectuer une véritable pirouette et venir fracasser une voiture où, quelques instants plus tôt, je me trouvais. *[briser avec bruit. mettre en pièces]*

M. LEFORT – Le train roulait à plus de 150 km/h. Il a arraché la cabine du semi-remorque, l'a littéralement broyée. Mais le train n'a pas pu s'arrêter tout de suite. Le wagon de tête s'est renversé 300 mètres après le lieu du choc. Puis est venu le tour des cinq autres voitures sur les douze que comptait le train. C'est un miracle qu'il n'y ait pas eu plus de victimes. *[écraser réduire en poudre]*

Les déclarations des autorités

UN GENDARME – Il faut déplorer la mort de huit personnes. On compte aussi cinquante-cinq blessés, plus des dégâts matériels énormes.

LE MAIRE DE SAINT-PIERRE – Le chauffeur, qui est mort dans l'accident, devait effectuer une livraison à l'usine de chaussures. C'est pour cette raison qu'il a emprunté cet itinéraire qui, habituellement, est interdit aux poids-lourds. Il semble d'ailleurs qu'il ne connaissait pas le village, ce qui peut expliquer ses hésitations.

LE COMMANDANT DE GENDARMERIE – Ce que l'on ne comprend pas très bien, c'est pourquoi le camion se trouvait précisément sur le passage à niveau alors que les feux ont parfaitement clignoté. De même on peut se demander pourquoi le chauffeur a essayé de reculer au lieu de continuer à avancer, quitte à briser la barrière qui venait de s'abaisser.

Les déclarations d'un responsable de la S.N.C.F.

LE DIRECTEUR RÉGIONAL – Nous sommes certains qu'il n'y a pas eu de défaillance du système de sécurité. Le passage à niveau de Saint-Pierre est automatisé depuis 1977 et plus de cent quatre-vingts trains y passent chaque jour sans que l'on ait eu à déplorer le moindre accident. Clignotants et barrières sont actionnés quasiment une minute avant l'arrivée du train, ce qui laisse, comme vous le voyez, une marge de manœuvre certaine.

C'était à Saint-Pierre-du-Vauvray, dans l'Eure, le 8 juillet, aux environs de neuf heures du matin. Il s'agissait du train Corail Le Havre-Paris.

Le Monde, 10-07-1985.

Voici le scénario type de la catastrophe.

1. QUI ?	acteur/agent	➤	train Corail
2. FAIT QUOI ?	action	➤	entrer en collision
3. À QUI ?	patient/objet	➤	semi-remorque
4. OÙ ?	lieu	➤	Saint-Pierre-du-Vauvray
5. QUAND ?	moment	➤	8 juillet
6. COMMENT ?	manière	➤	à 160 km/h
7. POURQUOI ?	cause	➤	semi-remorque bloqué sur passage à niveau
8. AVEC QUELLE CONSÉQUENCE ?	conséquence	➤	huit morts, douze blessés, dégâts matériels

3. Écrivez

En suivant le scénario qui vous est proposé, vous rédigez maintenant un texte court qui rapporte l'événement dans son ensemble (type article de journal, par exemple).

4. Lisez l'article

 DOCUMENT 3

Une information judiciaire a été ouverte après l'accident de Saint-Pierre-du-Vauvray

arriver inopinément

Plus de quarante-huit heures après la catastrophe ferroviaire survenue dans l'Eure, lundi 8 juillet, à Saint-Pierre-du-Vauvray, le nombre des victimes s'élève bien à huit alors que plusieurs blessés sont dans un état critique. Une information judiciaire a été ouverte et confiée à Mme Michèle Vaubaillon, juge d'instruction à Évreux, qui s'est rendue, mardi, sur les lieux de l'accident.

En dépit du témoignage isolé d'un camionneur assurant que le feu rouge clignotant signalant le passage du train ne fonctionnait pas à 8 heures 30, soit une demi-heure avant la catastrophe, il semble bien que l'installation du passage à niveau était en bon état de fonctionnement. Il est en fait probable que le chauffeur du semi-remorque s'était mal présenté face au passage. Se rendant compte de sa mauvaise manœuvre, il n'aurait pas eu la possibilité de reculer en raison de la présence d'un ou de plusieurs véhicules derrière lui ; de même n'aurait-il pas osé forcer les demi-barrières du passage à niveau alors qu'elles s'abaissaient.

La S.N.C.F. précise que ces barrières « matérialisent l'arrêt nécessaire, mais sont conçues pour être cassées en cas de danger ». Celles-ci sont fabriquées avec des matériaux légers. La « séquence de sécurité » des passages à niveau automatisés dure cinquante secondes entre le déclenchement de la sonnerie puis du feu rouge clignotant et l'arrivée des trains. Les demi-barrières s'abaissent vingt-cinq secondes après le déclenchement de la sonnerie.

Le Monde, 11-07-1985.

Relevez dans le texte :

1. Ce dont le journaliste est **sûr**.

2. Ce qui lui paraît seulement **possible** ou **probable**.

5. Transposez

Voici le compte rendu d'une autre catastrophe ferroviaire (document 4). À partir de ces données, reconstituez le travail oral d'enquête du journaliste.

1. Le journaliste interroge les témoins directs de la collision (à la gare, sur les lieux mêmes de l'accident).

2. Le journaliste interroge les responsables des secours (capitaine des pompiers, médecins, gendarmes…).

3. Le journaliste interroge un responsable de la S.N.C.F. pour déterminer les causes de la catastrophe.

Lot : une voie, deux trains, trente-quatre morts

Samedi, 15 h 50, l'autorail qui a quitté la gare d'Assier dans le Lot, avec le feu vert du chef de gare, entre en collision frontale avec le train Corail Paris-Capdenac. Un bilan provisoire de trente-quatre morts. La catastrophe est vraisemblablement due à la défaillance humaine.

Flaujac (envoyé spécial)

« Les chauffeurs des locos ont eu à peine deux secondes pour voir qu'un autre train arrivait en face. Ça suffit pour comprendre mais c'est trop peu pour tenter quoi que ce soit. Le train Corail arrivait de Paris à 100 km/h. La micheline qui arrivait de Rodez commençait de décélérer pour entrer en gare de Flaujac. Le choc a été épouvantable. La loco diesel du Corail s'est jetée sur l'autorail et a écrasé, littéralement écrasé, l'avant de la voiture motrice dont l'arrière s'est cabré. Les voyageurs de Rodez ont été éjectés par le toit », explique l'adjoint de la direction régionale S.N.C.F.

On voit bien la loco diesel, couchée comme un dinosaure bavant de la ferraille sur le ballast. Du reste du convoi, on ne distingue rien. « La première voiture de l'autorail a été pulvérisée. La deuxième a brûlé à moitié dans l'incendie. Les 1 800 litres de fuel des motrices se sont enflammés sur le choc. » La suite, c'est Pierre Gabaret : « J'étais à Saint-Simon, à 5 kilomètres de là, j'ai vu les flammes et une colonne de fumée noire monter dans le ciel. Puis il y a eu des explosions. Je suis vite redescendu ici. Je pensais que c'était la ferme qui brûlait. » Pierre Pesquie, lui, moissonnait son champ à 200 mètres de là, quand le choc s'est produit : « J'ai vu des gens courir à côté du pont, hébétés, dans tous les sens. Les uns boitaient, les autres hurlaient en appelant les gosses. On en a vu ramper pour fuir : ils n'avaient plus de pied. »

Yves Saliens n'aurait jamais dû donner le signal de départ à l'autorail Rodez-Brives. Entre la gare d'Assier et de Gramat, il n'y a qu'une voie unique. Les tortillards attendent toujours que l'express en face soit passé pour s'engager.

Cet après-midi de samedi, Yves Saliens, qui remplaçait le chef de gare titulaire d'Assier, s'est pris les pieds dans les horaires, en donnant le feu vert à l'autorail. Il s'est aussitôt aperçu de son erreur en revenant dans son bureau et en entendant la sonnerie annonçant le train de Paris. Le sang au ventre, le froid aux tempes. Coups de téléphone tous azimuts. « Arrêtez tout. » Mais, justement, on ne pouvait plus rien arrêter. « Les chauffeurs des locos s'en tiennent à la signalisation. C'est leur job. Le choc était inévitable », reprend l'adjoint régional de la S.N.C.F. en baissant les yeux derrière ses lunettes fumées.

AVANT 70, IL Y AVAIT UN GARDE-BARRIÈRE ENTRE LES DEUX GARES

Un routier de Gramat, ville voisine, pose le menton sur son gros ventre : « Quand on voit arriver l'autre en face, y'a que deux choses à faire : sauter en marche ou aller s'enfermer dans le couloir derrière la cabine. » Dimanche midi, on évacue justement le corps en bouillie et calciné de son copain de Capdenac qui s'est enfermé dans ce fameux couloir. « Ce gars-là revenait de chez lui. Le chauffeur, lui, a été écrasé aux commandes. » Ce roulier qui témoigne est arrivé tôt sur les lieux en même temps que les ➡

◆ pompiers de Gramat, les premiers avertis, les premiers accourus. Samedi, vers 16 heures, il est tombé nez à nez avec la tête du contrôleur qui pendait dans les arbres.

« C'est pas pensable, proteste Jeanne Gabaret, une voisine. à notre époque, il devrait y avoir un moyen de donner l'alerte. Avant, on mettait des pétards et des torches quand il y avait un problème. » Avant, c'est en 1970, quand il y avait encore un garde-barrière au Pas-de-la-Clède, à 50 mètres de l'accident, et un chef de gare à Flaujac. « Ils ont supprimé tout ça. À ce moment-là mon beau-père me disait "Achète un grand champ pour y construire un cimetière". » Vilaine prémonition.

Jeanne Gabaret, accoudée sur une murette de pierres, explique : « Tenez, le martelot de l'Adour qui était garde-barrière : un jour qu'il y avait des travaux sous le pont, il a placé des pétards sur la voie et des torches aussi. Comme ça on évitait les accidents. Ils ont aussi arrêté le Capitole, de la même manière. Une manifestation agricole bloquait la gare de Gourdon, quand il n'y a personne pour le faire... »

Des voies désertes et uniques comme celle-là où il faut jongler avec les créneaux horaires, il y en a beaucoup dans la région. Parmi elles, la plus chargée d'Europe entre Toulouse et Saint-Sulpice. Mais il n'y a jamais eu d'accident. La S.N.C.F. reste le moyen le plus sûr. Malgré tout. Malgré les corps disloqués jusqu'à 50 mètres dans les bois.

Le choc a eu lieu en rase campagne dans une espèce de tunnel naturel de chênes du Quercy, râblés, jamais vraiment verts mais durs comme de la pierre. On y a retrouvé les lambeaux des treize premiers corps. Les secours ont d'abord consisté aux jeux sinistres et bruyants des tronçonneuses qui ont dégagé les abords de la voie. Trois grues de l'armée et de la S.N.C.F. se sont calées ensuite en contrebas pour soutenir cet amas de ferraille en équilibre. Le premier wagon du Corail est à peine déraillé, mais on y a dénombré plusieurs morts.

LES SECOURS ONT TRAVAILLÉ TOUTE LA NUIT

« J'ai pu sortir par la fenêtre avec mes trois gosses, on n'avait rien. » Cette femme trie quelques affaires à moitié brûlées dans le tas récupéré par les pompiers. C'est « une rescapée » comme on dit maintenant sur ce camp de base où les secours sont organisés entre deux tentes de campagne, occupées par les gendarmes mobiles et des pompiers qui crèvent de sommeil. Dans cette voiture, les voyageurs ont été projetés contre les « murs ». Il y a des têtes qui ont roulé seules jusqu'à l'avant quand les corps restaient coincés entre deux sièges à l'arrière.

Les pompiers opèrent avec des gants hygiéniques et on n'embarque jamais que des sacs plastiques sur les brancards. « Un quart d'heure après l'accident, les secours sont arrivés de Gramat. Une demi-heure après, tous les hôpitaux de la région Figeac, Toulouse, Saint-Céré étaient avertis. Une heure et quart après le choc, il ne restait aucun blessé sur le terrain. Tous étaient évacués. » Ce jeune capitaine du centre de secours de la préfecture de Cahors, qui parle, livide d'une nuit sans dormir, passe sur le coup de midi le relais au commandant en second. Lui est là depuis 10 heures. Les grands travaux ont duré toute la nuit sous la pluie, dans le ronflement des tronçonneuses toujours, l'odeur du diesel des grues, et la lumière des spots de campagne et des gyrophares bleus. On a vu un pompier épuisé vomir et pleurer en descendant le corps calciné d'un enfant d'une voiture de l'autorail. Pas de plan Orsec, pas d'hôpital de campagne. Il a fallu évacuer. Évacuation sur ces routes du Quercy dangereuses et étroites.

« Selesta 25 à Cadis 46 ; trois corps emmenés par ambulance privée vers l'hôpital Purpan à Toulouse. Message terminé. » Dimanche matin, on retrouve encore sous les tôles quelques restes humains. Ceux de la voiture motrice de la micheline qui comprend malheureusement un compartiment voyageur. Le compartiment tueur de ce convoi. « La micheline est moins solide, elle a explosé. » Les corps méconnaissables sont tous transportés à Toulouse pour identification, précise le capitaine des pompiers. C'est-à-dire la plupart des corps. Il suffit de voir les blessés pour comprendre : une armée de mutilés et d'agonisants sans visage est sortie du train.

Sous le gros tilleul qui pousse son ombre jusque sur le crépi de la mairie de Flaujac quelques familles attendent. C'est à tour de rôle qu'on entre dans la chapelle ardente, morgue des corps déchiquetés et transportés là pour identification. Odeur d'ammoniaque, silence des cigales. Le maire de Flaujac va et vient. L'hélicoptère des pompiers siffle au-dessus de ces têtes basses et atterrées pour amener les sacs suivant, le sac n° 35...

LE CHEF DE GARE A RECONNU SON ERREUR

Yves Salens est en garde à vue. « Il a passé la nuit au calme à Cahors. Il est entendu cet après-midi par le magistrat instructeur de cette ville », Yves Salens a reconnu son erreur. Avant même qu'on lui demande quoi que ce soit. « Ne dites pas que Salens est un intérimaire », poursuit le responsable S.N.C.F. : « Il n'est pas titulaire mais c'est un agent mobile permanent qui connaît, qui est formé à ce travail. Et vous savez, souvent, ceux qui ont travaillé dans de nombreuses gares sont plus consciencieux que les titulaires d'un poste. Yves Salens, pour sa part, était remarquablement bien noté. » Les hommes des chemins de fer se sont mêlés aux équipes de secours. En ordre, ou bien spontanément. Ils ont dépassé les barrières de gendarmerie qui endiguaient les visiteurs du dimanche, jumelles en bandoulières. « Je suis de la maison », c'était pour eux le mot de passe. La maison n'enfoncera pas son chef de gare intérimaire. Ses collègues haussent les épaules : « Bien sûr, c'est une erreur humaine. Mais Salens n'a eu humainement aucune chance ni surtout aucun moyen technique de la réparer... »

Gilbert LAVAL, *Libération*, 5-08-1985.

II. UN ÉVÉNEMENT À VENIR

Certains projets d'aménagement (installation de lignes électriques, édification d'un barrage, construction d'une autoroute, etc.) peuvent provoquer le mécontentement des populations concernées. Par exemple, cette affaire :

1. Observez

DOCUMENT 5

L'uranium abondant que boude les Bondons

Le sous-sol des Bondons (près de Florac) recèle de l'uranium. Beaucoup d'uranium. Mais les habitants du village s'opposent à l'ouverture d'une mine. Antinucléaires ? Non. Simplement, ils veulent préserver leurs pâturages et leurs rivières à truites.

Aux Bondons, les habitants vivent de la terre et du tourisme. Alors l'uranium, vous comprenez…

Libération, 25-07-1985.

2. Écoutez et prenez des notes

Voici le scénario type d'un projet d'aménagement.

Il ne s'agit plus ici d'un événement déjà survenu, mais d'un événement à venir, qui relève de l'éventuel.

Les éléments en sont :

– un LIEU paisible, agréable, où les gens vivent heureux/tranquilles ;

– un ORGANISME PUBLIC, une SOCIÉTÉ, la mine : poussée(e) par des besoins ➤ manque d'uranium, porteur(-euse) d'un projet d'aménagement ➤ nouvelle usine ;

– un PROJET qui doit bouleverser ce cadre de vie ➤ l'usine ;

– les HABITANTS, réunis en ASSOCIATION, qui s'y opposent.

L'ingénieur responsable du projet

Nous avons une usine de traitement de l'uranium dans le nord du département, près de Langagne. Jusqu'à maintenant, elle était alimentée par le gisement du Cellier, mais celui-ci est maintenant épuisé. Nous avons alors cherché ailleurs et nous avons trouvé un nouveau gisement, ici, aux Bondons.

Un agriculteur des Bondons

Il n'est pas question de laisser faire une telle opération. Nous tenons à nos terres, vous comprenez. Si on accepte, cela signifie tirs de mines, poussières, allées et venues de camions, sans compter le risque de pollution de la rivière.

Le maire des Bondons

Notre seule ressource ici, c'est l'élevage. Nous avons cinq jeunes qui ont accepté de reprendre l'exploitation de leurs parents. Si nous acceptons la mine, plus de pâturages. Quinze années d'efforts pour rien. Et cela d'autant plus que les ouvriers qui travailleront à la mine viendront de celle du Cellier qui doit fermer. Il n'y aura pas d'emploi pour les gens des Bondons.

Le directeur du parc national des Cévennes

Nous avons fait de gros efforts pour maintenir une activité agricole dans cette région et développer le tourisme rural. Nous y sommes parvenus. Accepter l'ouverture de la mine, ce serait remettre en question dix années de travail. Et cela, il n'en est pas question !

3. Écrivez

En vous aidant des éléments ci-dessus, vous rédigez maintenant un article de presse qui expose l'ensemble du problème.

4. Lisez l'article

DOCUMENT 7

« Haute tension » au-dessus des Pyrénées

« No a la linea alta tension », « Non aux 400 000 volts. » Derrière ces banderoles, ils étaient près de cinq cents, Espagnols et Français, samedi 17 août, à manifester dans la montagne à Genos (Hautes-Pyrénées). Simples éleveurs, représentants d'associations, élus municipaux, conseiller général du canton. Non, ils n'étaient pas en bérets et sabots. Ils portaient chemisette, blue-jean et bob comme tout le monde. Ce n'était pas et ce ne sera pas le folklore contre le progrès venant des plaines. Ils réclament une meilleure desserte électrique, téléphonique et routière de leur village. Mais ils contestent le tracé d'une transpyrénéenne à haute tension qu'on veut leur imposer. Ils le jugent illogique, destructeur, absurde.

Les vallées ? En France, celle du Nistos, bijou moussu, feuillu, intact, s'insinuant entre de splendides futaies. Puis celle du Louron, douze villages, des bois, des pâturages où retentissent les sonnailles… En Espagne, le val de Gistau, magnifique, sauvage, au pied de la Maladeta, le sommet des Pyrénées. Un haut lieu sacré pour les alpinistes.

Là-dedans, sur 80 kilomètres du nord au sud, la ligne va trancher. Bulldozers, hélicoptères, coups de sabre dans la forêt, saignée dans les alpages, et finalement des centaines de pylônes géants en treillis de fer galvanisé de 50 à 70 mètres de haut supportant quatre paires de câbles d'aluminium. Un danger pour les rapaces et les palombes, mais aussi pour les avions légers et les apprentis du vol libre. Une atteinte aux équilibres paysagers, à l'esprit même de ces lieux.

Or la ligne pouvait passer ailleurs plus facilement, pour moins cher, dans des vallées déjà industrialisées, donc habituées aux marques du modernisme brutal. En manifestant samedi, les Aragonais et les Bigourdans posaient bien des questions : sur le mode de décision technocratique, sur la politique énergétique de leurs pays respectifs, sur le mépris des gouvernants pour la nature et les horizons et, en le faisant ensemble, ils exprimaient mieux que bien des traités l'amarrage de l'Espagne à la Communauté européenne.

Le Monde, 20-08-1985.

Établissez le scénario type de cet événement, en en précisant chacun des éléments.

5. Transposez

Vous venez de lire le compte rendu d'un projet d'aménagement qui propose lui aussi la contestation des populations concernées. Essayez de reconstituer le travail oral d'enquête du journaliste.

1. Le journaliste interroge un éleveur de la vallée du Louron.

2. Le journaliste interroge le responsable d'un aéroclub local.

3. Le journaliste interroge le directeur départemental de l'Équipement.

4. Le journaliste interroge les élus municipaux espagnols et français.

2 - INTERPRÉTATIONS

I. DE LA REPRÉSENTATION À L'EXPLICATION

CAUSE	- - - - - - - - - -▶	CONSÉQUENCE
• erreur de manœuvre du chauffeur du camion		• collision entre le train et le poids-lourd

• Une erreur de manœuvre du chauffeur du camion

	EST À L'ORIGINE DE EST RESPONSABLE DE A PROVOQUÉ A ENTRAÎNÉ	la collision...
• C'est	PARCE QU'IL Y A EU À CAUSE D'UNE	erreur de manœuvre du chauffeur du camion qu'il y a eu collision entre le train et le poids-lourd.

	• La collision entre le train	EST DUE À S'EXPLIQUE PAR

... une erreur de manœuvre du chauffeur du camion.

• SI le chauffeur du camion *avait brisé* les barrières du passage à niveau,	la collision *aurait pu être évitée.* (conséquence envisagée dans sa non-réalisation. Mais la collision s'est bien produite : irréel du passé)
• SI on *installe* cette ligne à haute tension, (à cause éventuelle...)	la vallée *sera* défigurée. (conséquence possible)

Les verbes de sens logique

RELATION LOGIQUE 1 (p. 17)

• cause ▶ conséquence (cf. ci-dessus) être à l'origine de être responsable de	déterminer entraîner occasionner

produire
provoquer
causer

• *conséquence* ──▶ *cause (cf. p. 16)*
être dû à
être la conséquence de
s'expliquer par
résulter de
provenir de
dépendre de

RELATION LOGIQUE 2 (p. 18)

inciter

pousser
déterminer
conduire
encourager
pousser
engager

RELATION LOGIQUE 3 (p. 18)

empêcher
dissuader
décourager
faire obstacle à
s'opposer à

EXERCICE 1

Sur le modèle suivant :

– Mais, que s'est-il passé ?
– Il y a eu une erreur de manœuvre du chauffeur, le choc s'est alors produit entre le camion et le rapide Le Havre-Paris.
– Il n'y a pas eu défaillance du matériel ?
– Non, non ; c'est parce qu'il y a eu erreur de manœuvre du chauffeur qu'il y a eu ce terrible accident.
– L'accident est donc bien dû à une erreur humaine ?
– C'est bien cela, c'est une erreur de manœuvre du chauffeur qui

> *est à l'origine de*
> *est responsable de*
> *a provoqué*
> *a entraîné*   *ce terrible accident.*

➡ À propos de Flaujac

– Mais que s'est-il passé ?
– ......
– Il n'y a pas eu défaillance du matériel ?
– ......
– L'accident est donc bien dû à une erreur humaine ?
– ......

➡ Sur des accidents ou des catastrophes survenus dans l'actualité récente, reprenez la même démarche.

Type de relation logique 1			
tel facteur /			
telle cause	X	*a un effet*	Y

EXERCICE 2

Sur le modèle suivant (à propos de l'uranium des Bondons) :

– Qu'est-ce qui est à l'origine du projet ?
– Le gisement du Cellier s'épuise et il faut bien faire tourner l'usine de traitement du minerai qui se trouve dans le nord du département.
– Mais pourquoi justement avoir choisi le site des Bondons ?
– Nous l'avons choisi parce que c'était le seul gisement qui se trouvait à proximité de l'usine.
– C'est donc pour des raisons de proximité que le site a été retenu ?
– C'est bien cela, c'est la proximité de l'usine de traitement qui nous a

> *incités*
> *poussés*
> *déterminés*
> *conduits*   *à retenir le site des Bondons.*

➡ À propos de la ligne électrique au travers des Pyrénées.

– Qu'est-ce qui est à l'origine du projet ?
– ......
– Mais pourquoi choisir un tel itinéraire ?
– ......
– C'est donc pour des commodités d'implantation que l'on a choisi cet itinéraire ?
– ......

◆ Sur des projets d'aménagement analogues qui se sont présentés dans l'actualité récente, reprenez la même démarche.

Type de relation logique 2				
tel facteur /				
telle cause	*pousse*	*Y*	*à entreprendre*	*Z*

EXERCICE 3

Reprenez l'exercice précédent en tenant compte des modifications suivantes (à propos de l'uranium des Bondons).

– Qu'est-ce qui est à l'origine du projet ?
– Le gisement du Cellier s'épuise et il faut bien faire tourner l'usine de traitement du minerai qui se trouve dans le nord du département.

– Mais pourquoi ne pas avoir choisi un gisement plus facile à exploiter/posant moins de problèmes ?
– C'était impossible parce que les autres gisements étaient trop éloignés.

– C'est donc pour des raisons d'éloignement que vous avez écarté les autres gisements ?
– C'est bien cela, l'éloignement des autres gisements nous a
*   empêchés*
*   dissuadés*
*   détournés   d'exploiter les autres gisements.*

◆ À propos de la ligne à haute tension à travers les Pyrénées.

Refaites le même exercice.

Type de relation logique 3				
tel facteur /				
telle cause	*dissuade*	*Y*	*d'entreprendre*	*Z*

APPUIS LINGUISTIQUES

COMMENT FAIRE POUR...

1. SAVOIR CE QUI S'EST PASSÉ

– Qu'est-ce qui s'est passé ? Que s'est-il passé ?
– Qu'est-ce qu'il y a eu ? Qu'y a-t-il eu ?
– Qu'est-ce qui est arrivé ? Qu'est-il arrivé ?
– Qu'est-ce qui s'est produit ? Que s'est-il produit ?
– Où cela | s'est-il passé ?
          | a-t-il eu lieu ?
          | est-il arrivé ?
          | s'est-il produit ?
– Quand cela s'est-il passé ?
– Comment cela s'est-il passé ?

2. EXPOSER CE QUI S'EST PASSÉ

• **Tel événement** (avoir lieu)
                  (arriver)
                  (se passer)
                  (survenir)
                  (se produire)
                  (se dérouler)

- **Indiquer les phases de l'événement**

apparaître ➜	continuer ➜	aboutir
débuter	se poursuivre	(s') achever
se déclarer	se prolonger	finir par
démarrer	persister	se terminer/ terminer
commencer	s'étendre	s'arrêter
entamer	durer	circonscrire
entreprendre	(ne pas) cesser de	interrompre
		suspendre

3. ENVISAGER CE QUI PEUT SE PASSER

avoir l'intention de ➜	construire
vouloir/souhaiter	édifier
être décidé à	installer
chercher à	établir
désirer	modifier
tenir à	exploiter

EXERCICE 4

Complétez chaque phrase par le verbe qui semble convenir.

– De violentes émeutes ...... hier dans la périphérie sud de la ville.

– Le voyage du Premier ministre en Bretagne ...... sans le moindre incident.

– La collision ...... entre les deux rames de métro à la station Auber n'a fait que quelques blessés.

– Un très grave accident de voiture ...... à la sortie d'Aurillac dans la nuit de samedi à dimanche.

– L'incendie qui ...... jeudi après-midi dans une entreprise de produits chimiques n'a occasionné que des dégâts matériels.

– Trente-cinq personnes au moins ont péri dans la collision ferroviaire qui ...... samedi 3 août, peu avant 16 heures, au lieu-dit le Point du Jour, près de Flaujac.

– Une manifestation contre l'établissement d'une ligne à haute tension ...... devant la sous-préfecture.

– En dépit des précautions de la police, des incidents ...... entre les supporters des deux équipes lors du dernier match opposant Paris-Saint-Germain à Nantes.

EXERCICE 5

Relevez dans le texte suivant les verbes qui indiquent la survenue et le déroulement de l'événement.

UNE ENTREPRISE DE PRODUCTION DE CHARBON DE BOIS ENTIÈREMENT DÉTRUITE PAR LE FEU

Saint-Flour – Hier, lundi 30 juillet, vers 14 heures, un feu s'est déclaré dans une entreprise de production de charbon de bois située au lieu-dit Chavanne, au-dessus d'Aurillac-l'Église, et appartenant à MM. Suarez qui l'ont acquise au mois de février.

Le feu, parti d'un petit four produisant du charbon de bois, s'est étendu très rapidement en raison d'un vent violent. Les propriétaires ont aussitôt prévenu les pompiers du centre de secours de Blesle, puis ceux de Massiac qui sont arrivés, vers 14 heures 30, sur les lieux du sinistre.

Le feu ravageait alors tous les stocks de bois et de charbon, il commençait à s'étendre à la forêt avoisinante. Les pompiers des centres de secours de Saint-Flour et de La Chapelle-Laurent ont été appelés en renfort. Vers 16 heures, le feu était circonscrit.

Les sapeurs-pompiers, sous les ordres de M. Coumoul, chef de corps du centre de secours de Massiac, sont restés sur les lieux jusqu'à la nuit tombée.

La Montagne, 31-07-1984.

II. L'ÉVÉNEMENT COMME CAS PARTICULIER

Voici le scénario type d'une attaque de banque.

DOCUMENT 1

fausse / artificial *monk's cloaky hood*

Le gang dit des « postiches » – bien qu'il sévisse parfois à visage découvert ou dissimulé par une cagoule – a trouvé un scénario imparable et s'y cramponne.

Cinq à dix hommes armés envahissent une succursale bancaire, tiennent en respect clients et personnels, descendent à la salle des coffres, et les opérations commencent. Tandis que deux gangsters attaquent les coffres au marteau et au burin, un troisième trie, un autre enfourne, les derniers surveillent le personnel, qui, sous la menace, répond très normalement au téléphone. Les clients qui continuent d'arriver sont accueillis. De l'extérieur, rien d'anormal.

Pas d'insultes inutiles. Quelques gifles ou coups de crosse distribués au début pour décourager les actes d'héroïsme inconsidérés. Clients et personnel sont ensuite enfermés dans la salle des coffres, meubles et plantes vertes jetés dans l'escalier pour retarder leur libération, et, après avoir pris soin d'emporter les bandes des caméras vidéo où sont enregistrés leurs exploits, les gangsters vident les lieux.

Même l'imprévu est programmé : le gang est muni d'un récepteur scanner de poche, qui se branche automatiquement sur les fréquences utilisées par la police et l'avertit d'une possible irruption. Il peut ainsi « travailler » à son aise.

Le Monde, 3-04-1984.

À l'aide des indications spécifiques suivantes, rédigez les comptes rendus correspondants.

CRÉDIT AGRICOLE
rue d'Alésia, Paris XIVe.
Date : 2 mars 1984.
Heure : 15 h 00.
Temps : 55 minutes.
Groupe : 6 hommes masqués, grimés.
Coffres : 80, dont certains contiennent des dizaines de lingots d'or. Le butin est évalué à 20 millions de francs actuels.
Otages : 30.

SOCIÉTÉ GÉNÉRALE
28, rue de Passy, Paris XVIe.
Date : 6 mars 1984.
Heure : 15 h 45.
Temps : 28 minutes.
Groupe : 5 hommes, barbes, moustaches. Les « ouvriers » portent des cagoules de coton noir.
Coffres : 150, sur 450 dans l'agence. Plusieurs millions de francs de butin.

RENDRE COMPTE D'UN ÉVÉNEMENT
DANS SA SINGULARITÉ (cas particulier)

CATÉGORIES DE SENS	FORMES SYNTAXIQUES	EXEMPLES
ACTEURS	• nom propre	*Jacques* *Mme Laroche*
	• nom commun + caractérisation – qualificatif	*une jeune femme* *blonde*
	– apposition	*un homme de* *quarante ans*
	– complément du nom	*la voiture du* *directeur* *les habitants de* *Saint-Jean-du-Gard*
	– proposition relative	*l'homme qui est sorti* *en courant*
ACTION	• époque passée – vue en accomplis- sement (imparfait)	*il faisait chaud* *il était en train de* *faire ses comptes*
	– vue comme accomplie (passé composé) (passé simple)	*ils sont entrés* *ils entrèrent*
CIRCONSTANCES • temporelles	• indication de la date, de l'heure	*samedi 8 juillet* *le 8 juillet* *en juillet dernier* *à la mi-juillet*
	– détermination approximative	*aux environs de* *8 heures* *il était à peu près* *8 heures* *c'était un peu* *avant/après 8 heures*
• spatiales	• nom propre géographique	*à Paris* *rue de Rennes* *boulevard des* *Invalides*
	– avec préposition et groupe prépositionnel	*en Bourgogne* *dans le sud de la* *Bourgogne*
	– détermination approximative	*aux environs de* *près de/un peu* *avant/un peu après*

III. HYPOTHÈSES AUTOUR D'UN ÉVÉNEMENT

L'accident de Saint-Pierre-du-Vauvray était-il inévitable ? Remontons dans le passé.

À quelles conditions le choc aurait-il pu être évité ?

exemple

S'il y avait eu un garde-barrière à Saint-Pierre-du-Vauvray, le choc entre le rapide Le Havre-Paris et le semi-remorque aurait pu être évité.

À quelles autres conditions le choc aurait-il pu être évité ?

– comportement du conducteur,
– choix d'une autre voie,
– etc.

EXERCICE 1

La catastrophe de Flaujac aurait-elle pu, elle aussi, être évitée ?

Trouvez les conditions qui auraient permis de l'éviter :
– système de signalisation,
– garde-barrière,
– etc.

EXERCICE 2

Mêmes remarques à propos de ces événements.

– Un avion s'est écrasé à l'atterrissage par temps d'orage.
– Si ......

– Des skieurs ont été emportés par une avalanche.
– Si ......

– Des coffres ont été pillés dans cette banque.
– Si ......

> **La condition envisagée dans le passé :**
>
> SI + PLUS-QUE-PARFAIT ➡ CONDITIONNEL PASSÉ

EXERCICE 3

Au-delà des cas particuliers qui viennent d'être évoqués, dites à quelle condition, selon vous, on pourrait éviter :
– les accidents de chemin de fer type Saint-Pierre-du-Vauvray,
– les accidents de chemin de fer type Flaujac,
– les catastrophes aériennes,
– le pillage des banques,
– les morts sur les routes,
– les accidents de montagne,
– l'insécurité dans les villes,
– le chômage des jeunes,
– la diminution des naissances.

Plusieurs réponses sont possibles à chacune de ces questions.

> **Condition non réalisée dans le présent :**
>
> SI + IMPARFAIT ➡ CONDITIONNEL PRÉSENT

EXERCICE 4

Que se passera-t-il, selon vous, SI... (plusieurs conséquences peuvent être envisagées pour chaque cas) :
– on exploite le gisement d'uranium des Bondons,
– on édifie le barrage,
– on installe les lignes électriques à haute tension,
– on agrandit l'aéroport,
– on autorise la chasse dans le parc régional,
– on rase le vieux quartier,
– on ouvre une nouvelle voie express,
– on construit des immeubles le long de la plage.

> **Cause éventuelle, conséquence possible :**
>
> SI + PRÉSENT ➡ FUTUR

EXERCICE 5

Relation logique + condition

Sur le modèle suivant (à propos de Saint-Pierre-du-Vauvray) :

– Ce type d'accident est-il inévitable ?

– Bien sûr que non ; s'il y avait un passage souterrain à Saint-Pierre-du-Vauvray, il n'y aurait pas eu le choc entre le semi-remorque et le rapide Le Havre-Paris.

– Effectivement, le remplacement des passages à niveau par des ponts ou des souterrains éviterait ce genre d'accident (éviter, empêcher, supprimer, prévenir, *etc.*).

➤ À propos de Flaujac.

– Ce type d'accident est-il inévitable ?
– Bien sûr que non ; ......
– Effectivement, ...

➤ À propos de l'installation de lignes électriques dans les Pyrénées.

– Ce type de solution envisagée par E.D.F. est-elle la seule envisageable ?

– Bien sûr que non ;......
– Effectivement, ...

➤ À propos du pillage des coffres de banque.

– Ne peut-on rien faire face à de telles actions ?
– Bien sûr que si ; ......
– Effectivement, ...

➤ À propos d'un accident d'automobile dû à un excès de vitesse.

– Ne peut-on rien faire pour éviter un tel accident ?
– Bien sûr que si ; ......
– Effectivement, ...

Type de relation logique :	
X *fait que*	Y *est impossible*

L E C T U R E

ARCHÉOLOGIE

LA NÉCROPOLE ET L'AUTOROUTE

Colère à Allichamps (Cher) : le « champ des morts » – un site mérovingien – est condamné par la construction de l'A 71.

Célèbre pour sa borne militaire, qui marque, dit-on, le centre de la France, le petit village de Bruère-Allichamps (Cher), six cent trente-huit habitants, s'oppose à la destruction d'une nécropole mérovingienne située sur la commune.

Les archéologues sont en train de procéder à une fouille de sauvetage, avant de livrer le site, le 24 avril, à un carrier. La construction de l'autoroute A 71 reliant Orléans à Clermont-Ferrand, toute proche, nécessite des matériaux. Un exploitant de carrière, travaillant à proximité, a jeté son dévolu sur ce site archéologique qui recèle de mille à trois mille tombes. Les archéologues restent flous sur la densité du gisement. Néanmoins, deux cent cinquante sarcophages ont été répertoriés. Le préfet du Cher devrait prendre dans les tout prochains jours un arrêté permettant à l'exploitant d'engloutir le « champ des morts », comme on l'appelle dans la commune.

Le site d'Allichamps (traduction en langue d'oil d'Alyscamps) est connu depuis le XVIIe siècle. Il fut même étudié par celui qui est considéré comme le premier archéologue de France, le savant du Caylus, qui fut informé de la découverte de la borne militaire en 1757. Des traces d'occupation néolithique ont été relevées. En 1985, une nécropole gallo-romaine avait déjà disparu sous les coups de pelleteuse de la même entreprise de matériaux.

Depuis le mois de février, les archéologues, aidés par des bénévoles de l'armée, livrent une course contre la montre, déblayant une dizaine de sépultures par jour qui sont acheminées dans un dépôt à Bourges.

Venu sur le site, le directeur des Antiquités historiques de la région Centre a dû faire face à cent vingt Berrichons en colère. Lors du dernier scrutin municipal, après avoir déposé leur bulletin dans l'urne, les habitants de la commune ont signé une pétition déposée à proximité de l'isoloir. Deux lettres ont été adressées à François Mitterrand et à Jack Lang. La commune pleure sur ses projets de tourisme culturel autour du prieuré roman d'Allichamps, proche du site, qu'elle vient de restaurer. Instigateur de la « révolte » des habitants de Bruère, M. Jean-Yves Hugoniot, conservateur du musée de Saint-Armand-Montrond, estime que le rôle des services de l'archéologie « est certes de fouiller mais aussi de protéger et de mettre en réserve des sites, surtout quand ils sont aussi notoires ».

Directeur des Antiquités historiques du Centre, M. Michel Clément est catégorique : « Le site est intéressant, mais pas exceptionnel. Toutes les précautions sont prises sur le plan scientifique. La préservation des vestiges *in situ* ne se justifie pas. Sous prétexte d'une émotion locale légitime – et nous reconnaissons un manque d'information – nous ne pouvons remettre en question une politique basée sur la prévention. » Un accord exemplaire, en effet, a été signé entre la Direction régionale des Antiquités historiques (D.R.A.H.) du Centre et le maître d'œuvre de l'autoroute A 71. Précédant les scrappers sur le tracé, les archéologues ont fait une abondante moisson.

Plus de 400 000 F ont été « arrachés » par la D.R.A.H. pour mener cette seule fouille d'Allichamps à l'entreprise de matériaux, aujourd'hui montrée du doigt par la population d'Allichamps. « Chaque négociation est une partie de bras de fer », plaide Michel Clément. « C'est là le danger, répond J.-Y. Hugoniot. Certes, c'est le destructeur qui paye. Mais, du coup, l'État se désengage. N'assiste-t-on pas alors à une privatisation de l'archéologie ? »

Régis GUYOTAT, *Le Monde,* 12-04-1988.

❏ POUR LIRE LE TEXTE

1. Repérez dans le texte les passages relatifs :
– au LIEU et à sa description ;
– au PROJET, sa nature, les motifs qui sont à son origine ;
– l'ORGANISME DE DÉCISION : qui est-il ? qui en fait partie ?
– à l'OPPOSITION et au débat que ce projet fait naître dans l'opinion publique
   ► conséquences redoutées,
   ► perspectives possibles.

2. Interrogez-vous sur l'ordre d'apparition de ces éléments d'information dans le texte. Quelles sont les raisons d'une telle disposition ?

Production de texte

Choisissez un événement pris dans l'actualité du moment par exemple.

VOUS ÊTES JOURNALISTE

dans un quotidien

dans un hebdomadaire

1. Vous rapportez l'événement dans son détail :

– qui ?
– quoi ?
– où ? etc.

avec récit des témoins et couleur dramatique.

2. Vous évoquez brièvement les causes possibles.

3. Vous citez d'autres événements analogues.

1. Vous rappelez les grands traits de l'événement dans un passé vu comme accompli.

2. Vous exposez les différentes causes qui sont à l'origine de l'événement.

3. Vous dites à quelles conditions l'événement aurait pu être évité.

4. Vous développez les suites ou conséquences possibles de cet événement :

– ce qui peut inciter à…
– mais ce qui peut dissuader de…

Vous rédigez l'article correspondant.

2

Récits de la vie ordinaire

●

La vie des Français depuis les années cinquante a beaucoup changé. Le niveau de vie de la plupart a augmenté et cette amélioration matérielle a modifié profondément leur façon de vivre et de voir les choses. Mais le vingt et unième siècle approche, avec son cortège d'incertitudes, les craintes et les espoirs qu'il peut susciter.

Alors, ces Français ? Qui sont-ils ? heureux ou malheureux ? inquiets ou optimistes ? Qu'en pensez-vous ?

Regardez ces photos. Situez-les approximativement dans le temps. Quels sont les changements que vous pouvez noter dans le cadre de vie des Français (évolution des mœurs, des habitudes) ?

Voici quelques images des Français d'aujourd'hui. À partir de ces quelques photographies, pouvez-vous répondre à la question posée : « Qu'est-ce qu'un Français ? »

Qu'est-ce qu'un Français ?
La « France de toujours » ressemble, en fait, à bien d'autres pays d'Europe :
1. La France des bars, des cafés, des terrasses (Saint-Paul-de-Vence, 1970).
2. Noce en Poitou dans les années 1950.
3. Dimanche au stade, la grand-messe par excellence : le goût du spectacle et la fringale des commentaires.
4. Un couple d'amoureux (1970) : la séduction par la parole ? (cf. Doisneau/Rapho, © Henri Cartier-Bresson/Archives Magnum).

L'Histoire, n° 96, janvier 1987.

> La mémoire d'un peuple s'organise selon une chronologie qui lui est propre, avec un découpage en périodes particulières. Quels sont les grands moments de la mémoire des Français ? Le découpage en périodes correspond-il à celui de votre pays ou en diffère-t-il ?

Repères chronologiques

Voici quelques dates de l'histoire de France à partir de 1789. Bien entendu, ce n'est qu'une chronologie indicative.

La Révolution française et l'Empire   (1789-1815)

1789 5 mai : ouverture des états généraux à Versailles.
14 juillet : prise de la Bastille.
26 août : *Déclaration des droits de l'homme et du citoyen.*

1790 14 juillet : fête de la Fédération.

1792 10 août : chute de la royauté.
20 septembre : victoire de Valmy.
22 septembre : la République est déclarée une et indivisible.

1793 21 janvier : exécution de Louis XVI.
Mars : début du soulèvement vendéen.

1794 La grande Terreur de Robespierre (lois de prairial an II).

1801 Concordat.

1804 Napoléon Bonaparte devient empereur sous le nom de Napoléon Iᵉʳ. Code civil.

La Restauration et la monarchie de Juillet (1815-1848)

1815 Retour des Bourbons (Louis XVIII).

1830 Prise d'Alger. « Les Trois Glorieuses » instaurent la monarchie de Juillet. Louis-Philippe, roi des Français.

1848 La révolution de février donne naissance à la deuxième République. En décembre, Louis-Napoléon Bonaparte est élu président au suffrage universel masculin.

Le second Empire (1852-1870)

1851 Coup d'État du 2 décembre. Un an plus tard, Bonaparte devient Napoléon III (2 décembre 1852-1870).

1853 Début des grands travaux de Haussmann à Paris.

1855 Achèvement de la voie ferrée Paris-Marseille.

1860 Réunion de Nice et de la Savoie.

1863 Annexion de la basse Cochinchine – protectorat sur le Cambodge.

1870 4 septembre : déchéance de Napoléon III après la défaite de Sedan. La France perd l'Alsace et la Lorraine.

1871 18 mars-28 mai : la Commune de Paris.

La troisième République (1875-1940)

1875 Lois constitutionnelles : instauration de la République.

1881-1882 Lois Ferry sur l'enseignement primaire.

1884 Lois Waldeck-Rousseau sur les syndicats et Naquet sur le divorce.

1889 Exposition universelle ; inauguration de la tour Eiffel.

1898-1899 Apogée de l'affaire Dreyfus.

1896 Annexion de Madagascar.

1905 Séparation de l'Église et de l'État.

1914 3 août, déclaration de guerre de l'Allemagne.

1918 11 novembre : armistice avec l'Allemagne.

1920 Canonisation de Jeanne d'Arc.

1936 Gouvernement de « Front populaire ».

1939 Déclaration de guerre à l'Allemagne qui a envahi la Pologne.

1940 18 juin : appel du général de Gaulle depuis Londres.
10 juillet : Pétain obtient les pleins pouvoirs.

1940-1944 L'État français remplace la République.

1943 Fondation du comité national de la Résistance.

1944 6 juin : débarquement en Normandie.
25 août : libération de Paris.
5 octobre : droit de vote accordé aux femmes.

Quatrième et cinquième République (1946-1991)

1946 13 octobre : référendum sur la Constitution de la quatrième République (jusqu'en 1958).

1946- Guerre d'Indochine, qui aboutit à la conclusion
1954 des accords de Genève.

1954- Guerre d'Algérie qui s'achève par la négociation
1962 avec le F.L.N. et les accords d'Évian.

1957 Traité de Rome fondant le Marché commun.

1958 Retour de De Gaulle et nouvelle Constitution : cinquième République.

1960 Le nouveau franc.

1962 Après référendum, l'élection du président de la République se fera désormais au suffrage universel.

1973 Loi Royer sur le commerce et l'artisanat, limitant l'essor des grandes surfaces.

1981 Premier gouvernement de gauche de la cinquième République.

1982 Loi Defferre sur la décentralisation. Au recensement de mars, la France compte 54 200 000 habitants.
Abolition de la peine de mort.

1987 Réforme du Code de la nationalité française.

1988 François Mitterrand réélu président de la République.
Instauration du R.M.I. (revenu minimum d'insertion).

1991 Engagement de la France dans la guerre du Golfe.

1 - REPRÉSENTER

I. LE MAÎTRE OUVRIER

DOCUMENT 1

LES CINQ VOITURES DU MAÎTRE OUVRIER

PAR PIERRE BEAUDEUX

Richard Schnell, ouvrier serrurier qualifié des années 50 (en haut, au centre), est devenu (en bas), maître ouvrier et homme de confiance de son patron, Daniel Jadot (en pull-over).

Depuis 1950, les revenus des Français ont été multipliés au moins par 20 en monnaie courante, et leur pouvoir d'achat par 2 (pour les commerçants) à 2,7 (pour les ouvriers). Mais la statistique est un bien faible instrument pour rendre compte concrètement des changements profonds que ce progrès sans précédent a apportés dans la vie de chacun – changements qu'il est d'ailleurs facile d'oublier, tant il est vrai qu'on s'habitue facilement aux bonnes choses. Rares sont ceux qui ont gardé des souvenirs – et des comptes – assez précis pour mesurer exactement le chemin parcouru. Voici ceux de Richard Schnell, fils et petit-fils de mineurs de la région d'Hettange-Grande, en Moselle.

L'Expansion, octobre/novembre, 1985.

1. Observez

a) Les photographies

Que représentent-elles ? Pourquoi deux photographies ? Que signifient-elles ?

b) Le titre

Pourquoi la référence à « cinq voitures » ?
Quelle idée peut-on se faire sur la façon dont ce portrait va être organisé ?

c) Le chapeau

– Relever les chiffres. À quoi se rapportent-ils ?
– Les noms propres, que nous apprennent-ils ?
– En quoi le chapeau éclaire-t-il le titre ?

De cette somme d'indices, quelles hypothèses peut-on formuler concernant le contenu du document qui va être présenté ?

Peut-on dès maintenant construire une grille d'écoute ou de lecture ? Quelles indications devrait-elle comporter ?

2. Écoutez / lisez

DOCUMENT 2

Premier boulot à 14 ans, première voiture à 27 ans, la maison à 52 ans.

Dès le départ, Richard savait que sa vie se passerait autour des machines, les pieds dans l'huile. Le 23 mai 1947, à 14 ans, il obtient son certificat d'études. « À l'époque, se souvient-il, on savait parfaitement lire, écrire et compter. Cela a changé depuis... » Le lendemain matin, il entre comme apprenti chez Albert Serva, chaudronnier d'art à Étain, dans la Meuse.

Les temps sont durs. Avec leurs trois vieilles bicyclettes, les membres de la famille Schnell vont donner un coup de main à quelques cultivateurs, histoire de desserrer les fins de mois. « Chez Serva, je gagnais 10 francs de l'heure, 10 francs de l'époque, et le paquet de cigarettes le moins cher, les Élégantes, valait 20 francs... » Dans leur trois-pièces-cuisine, sans douche ni salle de bains, les Schnell vivent au jour le jour.

Richard va rester trois ans apprenti, avec les cours du soir et le samedi pour améliorer son arithmétique, son orthographe, pour apprendre la technique et le dessin industriel. Son C.A.P. de serrurier fait de lui en 1950 un ouvrier qualifié. Il grimpe à 20 000 francs (anciens) [= 200 F] par mois et, en 1954, au moment de partir pour le service militaire, arrive à 35 000 francs [= 350 F]. C'est le salaire moyen d'un ouvrier de l'époque.

Après son mariage en décembre 1954, sa femme prend un travail chez Petitcollin, le fabricant de baigneurs. En 1958, elle va apporter au ménage 35 000 francs [= 350 F] par mois en multipliant les heures supplémentaires. De quoi acheter le mobilier. Et puis Serva, le patron, fournit au couple le petit logement, le chauffage et l'électricité. Richard Schnell roule sur un Solex d'occasion, et ne rate pas une occasion de faire des petits travaux « au noir ».

« C'est vers 1960, dit-il, que j'ai senti ma situation s'améliorer. » Cette année-là, il touche 743 francs (nouveaux) par mois et il fête un grand événement : sa première voiture, une 2 CV achetée d'occasion, à crédit, 3 000 francs. Le frigo et la télé viennent aussi à cette époque. Richard Schnell a compris que le crédit lui permet d'améliorer son sort un peu plus vite, mais, en Lorrain prudent, n'en prend jamais qu'un seul à la fois. Il s'émerveille sur la 3 CV achetée en 1965, neuve celle-là, pour 7 500 francs, soit près de six mois de son salaire (1 286 francs). Sur le plan professionnel, ça marche bien : il passe OQ 1, puis OQ 2, puis OQ 3. Son patron, Daniel Jadot, qui a repris en 1959 l'affaire de son beau-père Albert Serva, abandonne les productions traditionnelles et se lance à fond dans les biens d'équipement industriel. Les nouveaux marchés, notamment à l'exportation, propulsent en avant la petite entreprise familiale. Mais les fluctuations annuelles sont importantes et l'intéressement, qui peut atteindre 40 % du salaire, joue aux montagnes russes.

En 1970, quand Richard Schnell gravit un nouvel échelon en achetant une GS pour 14 000 francs, il en est à 2 200 francs de salaire mensuel. « Mais ma première vraie folie date de 1975 », explique-t-il. Cette fois, c'est une GS Pallas avec toutes les options : peinture métallisée, vitres teintées... Il lui en coûte 35 000 francs, soit près de huit mois de salaire.

Martine, née en 1958, et Sandrine, née en 1966, découvrent pour la première fois les grandes vacances lointaines dans la caravane payée 14 000 francs en 1974. Objectif, le même chaque année : le camping municipal de Narbonne. « En vacances, je n'avais pas l'habitude de me priver, se souvient Richard. On a connu de bons moments. » Et puis tout doucement, vers la fin des années 70, des ombres vont venir obscurcir la vie de l'OHQ devenu maître ouvrier. « En 1981, ma troisième GS, à 52 000 francs, sans aucune option, m'a semblé drôlement chère. Mon salaire avait baissé l'année précédente de 6 188 francs à 4 645 francs. Les 650 francs que ma femme gagnait en entretenant des bureaux étaient les bienvenus. On a senti qu'il y avait de vrais problèmes. Résultat, on a supprimé les vacances depuis deux ans. Une grosse créance que l'entreprise n'a pas réussi à recouvrer a fait très mal à mes salaires : 8 820 francs en 1983, 7 900 francs en 1984, 6 500 francs en 1985 ! » ➡

Richard Schnell n'a pas besoin qu'on lui parle de la crise. La crise, il connaît. Mais il conserve le moral. S'il n'a jamais pensé à s'acheter une maison, c'est que son patron le logeait. Il se consolait avec ses voitures. Mais il vient de dégotter un pavillon de trois pièces : 200 000 francs, avec les travaux. « Je vais prendre un crédit sur vingt ans ; à 52 ans, c'est encore faisable. » Quand on sait, en partant du plan d'une centrale à béton, passer au module, faire la découpe, le soudage, le montage, terminer par le câblage, et rédiger en plus le bordereau pour le client, on appartient à l'élite ouvrière, et on se sent plus riche que les 6 500 francs par mois de salaire net gagnés cette année. Pour un maître ouvrier, le plaisir c'est un travail bien fait jour après jour et un patron qu'on respecte. Cela permet d'oublier qu'on est en train de se serrer la ceinture.

L'Expansion, octobre/novembre 1985.

Au cours de la lecture/audition du document, replacez dans le tableau ci-dessous les informations les plus significatives (chaque type d'information peut être pris en charge par un groupe).

DATE	VIE PROFESSIONNELLE	VIE FAMILIALE	SALAIRE	VOITURE	MAISON
......	......	......	......	......	......
......	......	......	......	......	......

Quels sont les premiers commentaires que vous inspire ce récit de vie ?

À partir du tableau ci-dessus, **reconstituez oralement le récit de la vie de Richard Schnell,** en vous exprimant à la 1re personne.

3. Écrivez

Rassemblez les caractéristiques les plus manifestes de la vie de Richard Schnell **dans un court texte écrit.**

EXERCICE 1

Vous êtes Richard Schnell. Vous répondez aux questions du journaliste.

exemple

J. – Vous avez commencé à travailler à l'âge de **quatorze ans.** *C'est bien cela ?*
R.S. – C'est exact, je travaille **depuis** *l'âge de* **quatorze ans.**
J. – Cela fait alors combien de temps que vous travaillez ?
R.S. – Comme vous le voyez, **cela fait** *maintenant* **trente-cinq ans** *que je travaille.*
(ou) ... **il y a** *maintenant* **trente-cinq ans** *que je travaille.*
(ou) ... je travaille maintenant **depuis trente-cinq ans.**

J. – Vous êtes passé ouvrier à dix-sept ans. C'est bien cela ?
R.S. – ......
J. – Cela fait alors combien de temps que vous êtes passé ouvrier ?
R.S. – ......

J. – Vous êtes entré chez Serva à quatorze ans. C'est bien cela ?
R.S. – ......
J. – Cela fait alors combien de temps que vous travaillez chez Serva ?
R.S. – ......

J. – C'est en 1960 que vous avez acheté votre première voiture, c'est bien cela ?
R.S. – ......
J. – Cela fait alors combien de temps que vous avez une voiture ?
R.S. – ......

J. – C'est en 1982 que vous êtes parti en vacances pour la dernière fois ?
R.S. – ......
J. – Cela fait alors combien de temps que vous n'êtes pas parti en vacances ?
R.S. – ......

➡ Et vous, à quel âge avez-vous commencé à *apprendre* le français ? Cela fait combien de temps que vous *étudiez* le français ?

(*apprendre à / savoir* conduire)
(*apprendre à / savoir* jouer d'un instrument de musique)

Cherchez dans les Repères chronologiques

◆ En quelle année le divorce a-t-il été autorisé en France ?
Cela fait combien de temps maintenant que l'on peut divorcer en France ?
Et dans votre pays ?

◆ En quelle année le vote des femmes a-t-il été autorisé ?
Cela fait combien de temps maintenant que les femmes peuvent voter en France ?
Et dans votre pays ?

◆ En quelle année la France a-t-elle adhéré au Marché commun ?
Cela fait combien de temps que la France fait partie du Marché commun ?
Et votre pays (si vous êtes originaire d'un pays européen) ?

EXERCICE 2

exemple

J. – Vous êtes resté apprenti trois ans. C'est à ce moment que vous avez passé votre C.A.P. (certificat d'aptitude professionnelle) de serrurier ?
*R.S. – C'est bien cela/C'est exact. J'étais apprenti **depuis** trois ans **quand** j'ai passé mon C.A.P. de serrurier.*
*(ou) ... **il y avait** trois ans que...*
*(ou) ... **cela faisait** trois ans que...*

J. – Vous étiez chez Serva depuis un certain temps quand vous vous êtes marié ?
R.S. – ......

J. – Il y avait combien de temps que vous travailliez quand vous avez acheté votre première voiture ?
R.S. – ......

J. – Vous étiez déjà depuis pas mal de temps chez Serva quand l'entreprise a changé de patron ?
R.S. – ......

J. – Vous étiez déjà depuis un certain temps chez Serva quand vous vous êtes marié ?
R.S. – ......

J. – Vous avez dû travailler longtemps avant de pouvoir partir en vacances pour la première fois ?
R.S. – ......

◆ Et vous, vous étiez à l'école depuis longtemps quand vous avez commencé à apprendre le français ?

◆ Vous étudiiez le français depuis longtemps quand vous vous êtes rendu en France pour la première fois ?

Cherchez dans les Repères chronologiques

◆ Il y avait combien de temps que la Seconde Guerre mondiale était achevée quand la guerre d'Indochine a commencé ?

◆ Il y avait longtemps que la guerre d'Algérie avait commencé quand le général de Gaulle est revenu au pouvoir ?

EXERCICE 3

exemple

J. – Vous avez pu passer ouvrier tout de suite ?
R.S. – Non, j'ai dû rester apprenti pendant trois ans avant de passer ouvrier.

J. – Votre première voiture, vous avez pu l'acheter dès votre entrée chez Serva ?
R.S. – ......

J. – Et c'est à ce moment-là que vous avez acheté votre première voiture neuve ?
R.S. – ......

J. – C'est au moment de votre mariage que vous avez acheté votre frigo et votre télé ?
R.S. – ......

J. – C'est à la naissance de vos enfants que vous êtes parti pour la première fois en vacances ?
R.S. – ......

J. – Vous avez acheté votre maison tout de suite après votre mariage ?
R.S. – ......

Cherchez dans les Repères chronologiques

▶ Les femmes ont-elles obtenu le droit de vote dès l'avènement de la troisième République ?

▶ Les accords de paix en Algérie ont-ils été signés dès le retour au pouvoir du général de Gaulle ?

▶ La gauche est-elle revenue très vite au pouvoir sous la cinquième République ?

L E C T U R E S

1. LA VIE DE RICHARD S.

Richard S., né en 1933, s'est marié en 1954. Avec son certificat d'aptitude professionnelle de serrurier, il gagne alors 35 000 anciens francs [= 350 F] par mois, il fatiguera longtemps son Solex et ne dédaigne jamais les petits boulots « au noir[1] ». En 1958, une fille lui naît et sa femme prend un travail : nouvel effort pour dégager ce petit plus avec lequel le couple se met enfin dans ses meubles, tandis que l'entreprise familiale qui emploie Richard lui offre un logement à bon compte. Vers 1960, le rêve n'est plus inaccessible : il a sa première auto, une 2 CV d'occasion et à crédit, payée 3 000 francs alors qu'il touche 743 F par mois. D'autres crédits harmonieusement répartis apportent la télé et le frigo à domicile. En 1965, Richard roule en famille sur du neuf, une 3 CV étincelante qui vaut une demi-année de son salaire mensuel de 1 286 F. C'est l'honnête récompense d'un bon ouvrier qui sait tout faire, couper, souder, monter et câbler, qui vient de passer OQ 3 (ouvrier qualifié) et dont la boîte[2] se lance hardiment dans les petits équipements industriels et fait pas mal d'exportation. En 1970, les S. investissent sept mois de salaire de l'homme dans une GS à 14 000 F. En 1975, ils s'offrent une nouvelle GS Pallas avec vitres teintées et peinture métallisée. Une folie de 35 000 F que la crise lorraine leur fera bientôt regretter. L'année d'avant, toute la famille, papa, maman, Martine, dix-huit ans, et Sandrine, douze ans, dans une superbe caravane à 14 000 F, ont glorieusement mis le cap sur les premières grandes vacances lointaines : ils les passeront « sans se priver », au gentil camping municipal de Narbonne, mais en jetant un œil envieux sur les milliers d'autres vacanciers qui courent s'affaler sur la Costa Brava.

Richard, il est vrai, a eu la chance de n'avoir pas de gros tracas pour se loger, d'avoir acquis à l'école primaire le bon bagage du lire-écrire-compter qui a fait du petit apprenti-serrurier un chaudronnier d'art capable de suivre et de rédiger le bordereau pour les clients. Il a passionnément aimé ses voitures fourbies chaque dimanche matin à la Nénette[3]. Mais il n'a jamais craché sur les heures supplémentaires qui chargent la semaine, il a mené sa barque sans prendre de vacances avant la quarantaine. Et la crise l'attend. Aujourd'hui, avec un salaire proportionnellement en baisse, un patron menacé et un pavillon à retaper, il sait que la retraite anticipée le guette. Rétrospectivement, il considère que ces quinze années de 1960 à 1975 auront été les plus belles. Au passage, cet ouvrier, qui sut si bien mordre aux fruits de l'expansion, nous enseigne une autre grande loi de ces temps favorables : la consommation fut aussi justice.

Jean-Pierre RIOUX, « Vive la consommation ! », *L'Histoire*, n° 102, juillet 1987.

1. Travail fait en dehors du travail régulier et dont le bénéfice n'est pas déclaré aux impôts.

2. Terme familier pour désigner l'usine, l'entreprise.

3. Marque d'un matériel de nettoyage, célèbre notamment pour le brillant qu'il donnait aux carrosseries de voitures.

❏ POUR SITUER LE TEXTE

L'auteur de ce texte, comme vous avez pu le constater, reprend les éléments contenus dans l'article de *L'Expansion* (document 1), pour les utiliser dans le cadre d'une étude plus vaste sur la consommation dans la France des années 70.

À la lecture
– Repérez les aspects de la vie de R.S. qui ont été repris, ceux qui ont été négligés.
– Y a-t-il des ajouts ? si oui, lesquels ? Que signifient-ils ?
– L'approche globale de la vie de R.S. est-elle analogue à celle du texte de *L'Expansion* ?

2. UNE VIE

(Annie Ernaux retrace dans *La Place* la vie de son père, petit commerçant – épicerie-café – à Yvetot[1] en Normandie. Le passage ci-dessous se situe dans les années 50.)

À quel moment ce rêve, l'espérance que je serais mieux que lui, a-t-il remplacé son propre rêve, avoué une fois, tenir un beau café au cœur de la ville, avec une terrasse, des clients de passage, une machine à café sur le comptoir. Manque de fonds, crainte de se lancer encore, résignation. Que voulez-vous.

Il ne sortira plus du monde coupé en deux du petit commerçant. D'un côté les bons, ceux qui se servent chez lui, de l'autre les méchants, les plus nombreux qui vont ailleurs, dans les magasins du centre reconstruits. À ceux-là joindre le gouvernement soupçonné de vouloir notre mort en favorisant les gros. Même dans les bons clients, une ligne de partage, les bons, qui prennent toutes leurs commissions à la boutique, les mauvais venant nous faire injure en achetant le litre d'huile qu'ils ont oublié de rapporter d'en ville. Et des bons, encore se méfier, toujours prêts aux infidélités, persuadés qu'on les vole. Le monde entier ligué. Haine et servilité, haine de sa servilité. Au fond de lui, l'espérance de tout commerçant, être seul dans une ville à vendre sa marchandise. On allait chercher le pain à un kilomètre de la maison parce que le boulanger d'à côté ne nous achetait rien.

Il a voté Poujade, comme un bon tour à jouer, sans conviction, et trop « grande gueule » pour lui.

Mais il n'était pas malheureux. La salle de café toujours tiède, la radio au fond, le défilé des habitués de sept heures du matin à neuf heures du soir, avec les mots d'entrée rituels, comme les réponses. « Bonjour tout le monde – Bonjour tout seul. » Conversations, la pluie, les maladies, les morts, l'embauche, la sécheresse. Constatation des choses, chant alterné de l'évidence, avec, pour égayer, les plaisanteries rodées « c'est le tort chez moi, à demain chef, à deux pieds ». Cendrier vidé, coup de lavette à la table, de torchon à la chaise.

Entre deux, prendre la place de ma mère à l'épicerie, sans plaisir, préférant la vie du café, ou peut-être ne préférant rien, que le jardinage et la construction de bâtiments à sa guise. Le parfum des troènes en fleur à la fin du printemps, les aboiements clairs des chiens en novembre, les trains qu'on entend, signe de froid, oui, sans doute, tout ce qui fait dire au monde qui dirige, domine, écrit dans les journaux, « ces gens-là sont *tout de même* heureux ».

Le dimanche, lavage du corps, un bout de messe, parties de dominos ou promenade en voiture l'après-midi. Lundi, sortir la poubelle, mercredi le voyageur des spiritueux, jeudi de l'alimentation, etc. L'été, ils fermaient le commerce un jour entier pour aller chez des

1. Yvetot, comme la plupart des villes de Normandie, avait subi de très violents bombardements avant le débarquement de 1944.

amis, un employé du chemin de fer, et un autre jour ils se rendaient en pèlerinage à Lisieux. Le matin, visite du Carmel, du diorama, de la basilique, restaurant. L'après-midi, les Buissonnets et Trouville-Deauville. Il se trempait les pieds, jambes de pantalon relevées, avec ma mère qui remontait un peu sa jupe. Ils ont cessé de le faire parce que ce n'était plus à la mode.

Chaque dimanche, manger quelque chose de bon.

La même vie désormais pour lui. Mais la certitude qu'on ne peut pas être plus heureux qu'on est.

Annie **ERNAUX**, *La Place,* Gallimard, 1984.

❏ POUR SITUER LE TEXTE

• Le thème est traité au niveau :
❏ du cas particulier
❏ de la règle générale

• Dans la façon de dire les choses, il s'agit :
❏ d'un discours ordinaire, pour grand public
❏ d'un discours savant, pour spécialistes

• Le thème est traité sous la forme :
❏ d'une narration
❏ d'une description
❏ d'une explication

• Le texte est rédigé :
❏ à la forme personnelle
❏ à la forme impersonnelle

❏ POUR COMPRENDRE LE TEXTE

1. Quels sont les deux aspects de la vie du père ?
2. « Le monde coupé en deux du petit commerçant. » Quelles sont les catégories adoptées pour définir le monde ? Que reflètent-elles ?
3. Il y a la référence à un événement politique. Lequel ? (Cf. chronologie pp. 30-31.) Y a-t-il d'autres références à des événements extérieurs à la vie familiale ?
4. Quelle est la forme syntaxique dominante des phrases du texte ? Quelles sont la nature et la signification de cette forme ?
5. Relevez dans les trois derniers paragraphes les références à l'organisation du temps. À quels événements de la vie sont-ils associés ?
6. Quelle est la position de la narratrice par rapport à son propos : distance/adhésion ; sympathie/ironie ?
7. Ce texte est-il un document ou une œuvre littéraire ?
8. Quelles sont les relations de ce texte avec *Une certaine idée de la France,* p. 55 et le document 2.

APPUIS LINGUISTIQUES

SITUER DANS LE TEMPS

1. À UN MOMENT DONNÉ

• tel événement s'est passé
EN 1950
EN décembre 1954
EN juin
LE 23 mai 1947
LE lundi (7 décembre)

• situé approximativement
VERS 1950
VERS la fin des années 50
VERS le début de juin 1954
AUX ALENTOURS du 10 juillet

2. EXPRIMER LA DURÉE

• dans un intervalle de temps exactement délimité
DE 1954 .... À 1959
DU 10 juin .... AU 27 décembre
DE juin 1954 .... À décembre 1959
À PARTIR DU 10 juin .... JUSQU'AU 14 août
DU 10 AU 27 décembre

• en précisant la quantité
– La télévision couleur fonctionne en France DEPUIS vingt ans.
– IL Y A vingt ans QUE la télévision couleur fonctionne en France.
– Richard Schnell travaille dans la même entreprise DEPUIS quarante ans.
– IL Y A quarante ans QUE Richard Schnell travaille dans la même entreprise.
(action ou état vu comme accompli)
– Richard Schnell a travaillé PENDANT quarante ans dans la même entreprise.

• avec indication du moment initial :
– Richard Schnell travaille chez Serva DEPUIS 1947.
– Richard Schnell travaille chez Serva DEPUIS l'âge de quatorze ans.
– Les congés payés existent en France DEPUIS 1936.

• tourné vers l'avenir :
– Richard Schnell partira à la retraite DANS dix ans.
– Les travaux de rénovation de ce quartier seront terminés DANS six mois.
– Il reste ENCORE dix ans d'activité à Richard Schnell AVANT le départ à la retraite.
– Il reste ENCORE six mois AVANT que les travaux de rénovation du quartier ne soient achevés.

II. UNE VIE D'OUVRIER

Le portrait de Richard Schnell, tel qu'il vient d'être tracé, est celui d'un **individu particulier,** avec **son histoire propre,** dans une région donnée de France. Ces caractéristiques sont exprimées tout à la fois par des noms propres (noms de personnes, noms de lieux), des dates, des références à des événements nettement localisés.

Mais Richard Schnell n'est pas le seul de son espèce. **Il fait partie d'un ensemble plus vaste d'individus** qui, situés de façon identique dans la société, ont des conduites proches.

GÉNÉRALISER consiste donc à **passer de la vie de Richard Schnell à une vie d'ouvrier.** À cet effet, il faut procéder à un certain nombre de modifications lexicales et syntaxiques.

L'image de l'ouvrier français se profile scientifiquement

À travers des études effectuées entre 1981 et 1986, l'INSEE a essayé de photographier la vie de la classe ouvrière d'aujourd'hui. Apparemment, rien de vraiment nouveau dans ses habitudes et ses comportements.

Ils ont peu de patrimoine, mais quand ils ont quelques économies, ils les placent *illico* sur les livrets d'épargne classiques. Rarement propriétaires, leurs logements sont peu spacieux, sans lave-vaisselle mais pourvus d'un lave-linge, d'un congélateur, et surtout d'une télé. Ils mangent beaucoup de féculents, mais peu de viande. Ils fument énormément, et partent moins que les autres en vacances. Et quand ils partent, c'est généralement dans la famille, ou vers des terrains de camping. Ils, ce sont les ouvriers français au sens large, dont l'INSEE, à partir d'études compilées de 1981 à 1986, tire le portrait-robot.

Contremaîtres exceptés, les ouvriers (du manœuvre à l'ouvrier qualifié) disposent donc de peu de patrimoine. Logique, ils se marient souvent entre eux, et font beaucoup d'enfants. Peu d'héritages à se partager. D'autant que conditions de travail, maladies ou accidents du travail obligent, leur avenir proche est rarement synonyme de meilleure situation financière.

Quand ils épargnent pourtant, les ouvriers font classique. Le livret de caisse d'épargne reste leur bas de laine privilégié. Les SICAV, ils ne connaissent pas ou peu. Méfiance, méconnaissance ou tout simplement le signe, note l'INSEE, « que pour eux, les avantages fiscaux sont moins incitatifs ». En tout cas, ce n'est pas avec leur épargne que les manœuvres s'achètent un appartement. Deux manœuvres sur trois ne sont pas propriétaires et n'ont même pas de projet d'acquisition.

L'ouvrier français : son avenir proche est rarement synonyme de meilleure situation financière.

Contre un sur deux pour les ouvriers qualifiés et les « OS ». Et trois sur quatre pour les contremaîtres. Privilégiés, si l'on peut dire : les ouvriers agricoles. Ils sont pour la plupart logés gratuitement.

Qu'ils soient locataires, ou propriétaires, les ouvriers disposent généralement de logements peu spacieux. Et deux logements sur trois disposent du chauffage central ou de radiateurs électriques. Les familles sont nombreuses, les lave-vaisselle rares. Ils sont présents dans un foyer ouvrier sur cinq, contre un sur trois chez les autres salariés. En revanche, omniprésents, le lave-linge (leur nombre se rapproche de celui des autres ménages) et le congélateur. Plus de 40 % des foyers ouvriers « congèlent » contre 38 % chez les autres salariés. La différence, c'est qu'ils utilisent l'engin quand les denrées alimentaires sont

bon marché, pour pouvoir les consommer quand le prix de ces denrées est prohibitif.

Leurs loisirs ? Largement conditionnés par leurs conditions de travail. Les ouvriers se lèvent très tôt, et un ouvrier sur cinq qui habite la ville travaille la nuit. Contre un sur dix chez les autres salariés. Du coup, les loisirs, c'est fait pour récupérer. Ils bougent et bricolent peu. Ils dorment, et regardent la télé. 93 % des foyers ouvriers ont un poste, 5 % de plus que chez les cadres supérieurs. Et devant la télé, ils consomment feuilletons, jeux, films, et prisent peu les émissions littéraires. Les jeux de hasard, loto ou tiercé, ils aiment. Une manière sans doute d'aspirer à changer un jour de condition. Peu férus de sport, en tant qu'exercice physique, associé d'une manière naturelle au travail manuel, ils passent beaucoup de temps

en revanche à assister à des manifestations sportives, sur un terrain, ou derrière leur poste. Peu enclins à bouger, ils ont peu de goût pour la vie associative. Et, ce qui surprendra certains, ils ne se syndiquent pas. 14 % des ouvriers qualifiés adhèrent à une organisation syndicale, contre 25 % pour les autres salariés.

Sédentaires quand il s'agit de prendre du repos, les ouvriers partent moins souvent en vacances que les autres salariés. Moins d'un départ sur deux pour les ouvriers non qualifiés. Et quand ils partent, ils ne fractionnent pas, et pour 40 % d'entre eux, à bord d'une voiture achetée d'occasion, ils rejoignent, l'été, les résidences principales de leurs parents ou amis. Pas moyen de faire autrement.
M. Gn.

Libération, vendredi 25 mars 1988.

1. Observez / lisez

a) Le titre

Les constituants du titre (surtitre, titre, chapeau) : quelles sont les relations de sens qui lient ces différents éléments ?

b) La photographie et sa légende

– éléments représentés ;
– signification ;
– relation de sens entre la photographie et le titre.

c) Le texte

Il comprend six paragraphes. Comment ces paragraphes sont-ils organisés par rapport aux autres ? Quelle est l'expression qui figure au début de chaque paragraphe ? À quels aspects de sens déjà énoncés renvoie-t-elle ?

d) À partir de quelles catégories est établi le portrait-robot de l'ouvrier français ?

2. Comparez

a) Comparez maintenant les éléments d'information figurant dans le document 2 et ceux figurant dans le document 3. Quels sont les éléments qui correspondent ? Y a-t-il des différences ?

b) L'ordre de présentation est-il identique dans les deux documents ?

c) Repérez, pour une même catégorie descriptive (la maison, les revenus, etc.), les équivalences de sens et les formulations adoptées dans chaque cas.

3. Généralisez

Voici des expressions regroupées deux à deux. Indiquez à chaque fois celle qui relève du point de vue le plus général :

❑ la vie d'un ouvrier
❑ la vie de Richard Schnell

❑ la vie d'un ouvrier
❑ la vie de l'ouvrier

❑ une vie d'ouvrier
❑ la vie de l'ouvrier

❑ la maison de Richard Schnell
❑ le pavillon trois pièces de Richard Schnell

❑ le logement de Richard Schnell
❑ la maison de l'ouvrier

❑ un logement d'ouvrier
❑ le logement de l'ouvrier

❑ un logement confortable
❑ un appartement confortable

Classez les énoncés suivants du plus particulier au plus général (avec des chiffres, en partant de 1 pour le plus particulier) :

❑ une vie d'ouvrier
❑ la vie de l'ouvrier
❑ la vie de Richard Schnell
❑ la vie d'un ouvrier

❑ la voiture d'un ouvrier
❑ la voiture de Richard Schnell

❑ la GS de Richard Schnell
❑ la voiture de l'ouvrier

❑ une voiture de Richard Schnell

❑ le logement de Richard Schnell
❑ la maison de l'ouvrier
❑ le logement de l'ouvrier

❑ la maison de Richard Schnell
❑ le pavillon de Richard Schnell
❑ le logement d'un ouvrier

❑ les vacances d'un ouvrier
❑ le séjour au camping municipal de Narbonne de Richard Schnell
❑ les vacances de Richard Schnell
❑ les vacances de l'ouvrier
❑ les vacances dans le Midi de Richard Schnell
❑ les vacances dans le Midi d'un ouvrier

❑ les achats de Richard Schnell et de son épouse
❑ un achat de Richard Schnell et de son épouse
❑ les achats d'un ménage ouvrier
❑ les achats des ménages ouvriers
❑ l'achat d'un réfrigérateur par Richard Schnell et son épouse
❑ les achats des Français

❑ les achats alimentaires de Richard Schnell et son épouse
❑ les achats de pâtes et de surgelés par Richard Schnell et son épouse
❑ les achats d'alimentation d'un ménage ouvrier
❑ les achats des Français
❑ les achats d'un Français

EXERCICE 3

Mettez en relation chacun des éléments précédés d'un chiffre (aspects caractéristiques de la vie de Richard Schnell) avec les éléments correspondants précédés d'une lettre.

1. Richard Schnell

2. pavillon trois pièces

3. Frigidaire, machine à laver

4. certificat d'études

5. toucher/gagner X... francs par mois

6. a toujours vécu à Étain

7. C.A.P. d'ouvrier serrurier

8. a toujours travaillé chez Serva

9. en vacances à Narbonne au camping municipal

10. chez Albert Serva, chaudronnier d'art

11. Daniel Jadot

12. la 2 CV, la GS

13. le poste T.V.

14. ne prend qu'un crédit à la fois, en Lorrain prudent

15. son patron le loge/un patron qu'on respecte

16. la troisième GS a coûté drôlement cher/mon salaire a baissé

a   niveau d'instruction scolaire

b. entreprise paternaliste

c. l'employeur

d. la mobilité géographique

e. la stabilité professionnelle

f. une P.M.E. (petite et moyenne entreprise)

g. le logement individuel

h. l'équipement du ménage

i. la rémunération/le salaire

j. la formation professionnelle

k   le pouvoir d'achat

l. ouvrier/salarié

m. gestion du budget familial

n. l'automobile

o. l'équipement de loisirs

p. les loisirs

EXERCICE 4

Réécrivez chacun de ces énoncés en le généralisant.

exemple

– *Richard Schnell et sa femme achètent tout ce dont ils ont besoin pour l'alimentation et l'entretien de la maison à l'hypermarché Mammouth de Ronchamp.*
➧ *Les ménages ouvriers achètent les produits de base dans les magasins à grande surface.*

– Richard Schnell est propriétaire d'un pavillon de trois pièces.
➧ ......

– Richard Schnell et sa famille partent en vacances tous les ans à Narbonne, au camping municipal.
➧ .....

– Jacqueline et son mari, tous deux employés dans les assurances, disposent d'un lave-linge, d'un lave-

vaisselle, d'un congélateur, d'un réfrigérateur et de nombreux appareils électro-ménagers.
➡ ......

– Richard Schnell a chez lui un poste de télévision.
➡ ......

– Jacqueline et son mari prennent une semaine de vacances en hiver pour aller faire du ski, trois semaines en été au bord de la mer et gardent quelques jours pour de brefs séjours à Londres ou à Bruxelles.
➡ ......

– Richard Schnell n'est pas allé plus loin que le certificat d'études.
➡ ......

– Jacqueline et son mari, quand ils ont une robe, un costume à acheter, préfèrent aller dans un nouveau magasin de mode qui vient d'ouvrir près de chez eux.
➡ ......

– Richard Schnell a supprimé les vacances lorsque son salaire a diminué à la suite de difficultés rencontrées par son entreprise.
➡ ......

– Jacqueline et son mari ont récemment acheté un magnétoscope et changé leur lave-vaisselle en recourant au crédit, sans trop s'inquiéter de la situation de leur budget
➡ ......

Associez, dans une même formulation, la présentation d'une règle ou d'un principe général à la référence à un cas particulier.

exemple

> – *Les ouvriers disposent généralement de logements de dimension réduite.*
> – *Richard Schnell vient d'acheter (est propriétaire d') un petit pavillon de trois pièces.*
> ➡ *Comme la plupart des ouvriers français, Richard Schnell dispose d'un logement de dimension réduite : il est propriétaire d'un petit pavillon de trois pièces.*

– Le niveau de formation initiale des ouvriers/de l'ouvrier français est généralement assez modeste.
– Richard Schnell est titulaire du certificat d'études primaires.
➡ ......

– Les Français ont une prédilection marquée pour l'automobile.
– Richard Schnell s'est acheté une 2 CV d'occasion dès qu'il a eu un peu d'argent devant lui.
➡ ......

– L'ouvrier français a peu de loisirs. Quand il le peut, il aime bricoler ou s'occuper de jardinage.
– R.S.
➡ ......

– Les ménages ouvriers partent peu en vacances et adoptent généralement des formules modestes, séjour dans la famille ou camping.
– R.S.
➡ ......

– Le salaire moyen de l'ouvrier français reste dans l'ensemble peu élevé.
– R.S.
➡ ......

– Le pouvoir d'achat de l'ouvrier français s'est dégradé ces dernières années.
– R.S.
➡ ......

– Le Français moyen, dans l'ensemble, ne déménage guère et reste très attaché à sa région.
– R.S.
➡ ......

– La plupart des Français se sentent menacés par la crise.
– R.S.
➡ ......

– Pour les Français à revenus modestes, le budget des vacances est le premier touché en cas de difficultés ou de restrictions.
– R.S.
➡ ......

4. Transposez

Voici le portrait d'une famille de Français moyens.

DOCUMENT **4**

IL S'APPELLE DURAND

Le Français moyen est comme le Soldat inconnu. Symbolique et non identifié. Pour illustrer sa couverture sur le Français 1988, *Le Nouvel Économiste* s'est mis en quête d'une famille que beaucoup de caractéristiques rapprochent de la cellule familiale type : nous avons trouvé la famille Durand, elle habite Agincourt, un village de 400 habitants situé dans la périphérie de Nancy. Jean-Claude, 40 ans, et Bernadette, 39 ans, ont deux enfants : Maxime, 20 ans, et David, 17 ans. Originaire de Toulouse, Jean-Claude s'est installé en Lorraine à l'occasion de son mariage avec Bernadette. Il est aujourd'hui adjoint du chef magasinier d'un entrepôt de la société Griffine-Maréchal (Vénilia). Son épouse travaille dans l'administration, à la région militaire de Nancy. Maxime attend sa feuille de route pour le service militaire. Son B.E.P. d'informatique ne lui a pas permis de trouver un emploi dans la région. Il est TUC pour une association de Nancy. Son frère cadet, David, est encore au lycée

où il prépare un B.E.P. d'électricité. Propriétaires de leur maison depuis 1982 (100 mètres carrés habitables pour le

moment), les Durand consacrent l'essentiel de leur temps de loisirs et de leurs moyens à son aménagement. On y trouve l'équipement standard des maisons françaises, mais aussi un congélateur et un sèche-linge. En plus du travail dans son petit jardin-potager, comme la moitié des Français, Jean-Claude « fait du bois » avec des amis pour alimenter sa chaudière mixte. Avec des revenus légèrement inférieurs à la

moyenne nationale, la famille fait peser ses restrictions budgétaires sur les vacances. Les Durand ne sont partis qu'une semaine, l'année dernière, sur leurs cinq semaines de congés payés, en camping, dans le midi de la France. Leur vieille R4, qui devrait bientôt être remplacée par une voiture neuve de 5-6 chevaux, leur sert surtout à se rendre sur leur lieu de travail ou à faire les courses dans les hypermarchés voisins.

Jean-Claude, qui n'est plus syndiqué depuis quelques années, mène pourtant une vie associative active. Responsable d'un club de football intercommunal, l'Union sportive d'Agincourt-Dom-martin-Eulmont, il a aussi fondé un club philatélique local. « Il faut s'occuper des jeunes », répète-t-il. C'est d'ailleurs le risque de chômage pour les enfants qui est la crainte de la famille. Avec le cambriolage de la maison. Car la guerre, même si Agincourt est en pleine Lorraine, les Durand n'y pensent pas.

Le Nouvel Économiste, n° 634, 11-03-1988.

---

a) Retrouvez, derrière chacun des éléments **d'information spécifiques** présents dans le texte, les **caractéristiques/ catégories générales** qui ont permis de construire le portrait de cette famille.

Information spécifique :
La famille Durand habite Agincourt, un village de 400 habitants situé dans la périphérie de Nancy.

Caractéristique générale :
Attirance/goût pour les petits villages périphériques des grandes villes.

b) Ce texte se situe au niveau du cas particulier. Récrivez-le en associant (cf. exercice 5, p. 43) l'information spécifique au rappel d'une caractéristique générale.

1. CARACTÉRISER UN INDIVIDU

Soit les deux énoncés suivants :

– Richard Schnell est **un** ouvrier.
– Richard Schnell est ouvrier serrurier dans une petite entreprise d'équipements industriels.

Dans le premier cas, on le **définit** de façon générale, par rapport à une catégorie socioprofessionnelle donnée (cf. tableau), dans le second cas, on **décrit** ce qu'il est, de façon spécifique.

2. SITUER UN INDIVIDU

Pour situer un individu dans l'espace, on commence généralement par indiquer le lieu de son domicile.

– Richard Schnell **habite Étain**, une petite ville de la Meuse, dans l'est de la France.
– Richard Schnell **habite à Étain**.

Dans le premier cas, il s'agit de situer pour la première fois un individu dans un espace géographique donné, en fournissant toutes les précisions nécessaires par élargissement des références (département puis région) ; dans le second cas, il s'agit simplement de préciser un lieu spécifique par rapport à un espace géographique déjà connu (la région ou le département).

3. SITUER DANS LE TRAVAIL

Pour situer l'endroit où un individu travaille, plusieurs formulations sont possibles :

1. Il travaille
chez Peugeot.
chez I.B.M.
chez Albert Serva.

2. Il travaille
dans l'industrie automobile.
dans l'informatique.
dans la chaudronnerie.

3. Il travaille chez Peugeot,
au service commercial.
à la direction financière.
au département exportation.

4. Il travaille **dans** l'administration,
au service des impôts.
à la direction des douanes.

– Il travaille **dans** le privé, **au** service entretien d'une entreprise de construction électrique.

---

1. Désigne le lieu de travail par le nom de l'entreprise ou de la personne qui la dirige.
2. Désigne le lieu de travail par son appartenance à un secteur de l'économie, sans le désigner de façon précise.
3. Ajoute à 1. la précision du secteur d'activité dans l'entreprise.
On peut aussi remplacer la précision du secteur d'activité par la définition de l'activité de l'individu : « Il travaille **chez** Albert Serva **comme** fraiseur. »
4. Permet d'opposer deux grands secteurs d'activités : l'administration (= administration publique) et le privé.

Observez le tableau ci-dessous.

Nomenclature des professions et catégories socioprofessionnelles

Niveau agrégé (8 places dont 6 pour les actifs occupés)	Niveau de publication courant (24 postes dont 19 pour les actifs)	Niveau détaillé (42 postes dont 32 pour les actifs)
1. Agriculteurs exploitants	10. Agriculteurs exploitants	11. Agriculteurs sur petite exploitation 12. Agriculteurs sur moyenne exploitation 13. Agriculteurs sur grande exploitation
2. Artisans, commerçants et chefs d'entreprise	21. Artisans	21. Artisans
	22. Commerçants et assimilés	22. Commerçants et assimilés
	23. Chefs d'entreprise de 10 salariés ou plus	23. Chefs d'entreprise de 10 salariés ou plus
3. Cadres et professions intellectuelles supérieures	31. Professions libérales	31. Professions libérales
	32. Cadres de la fonction publique, professions intellectuelles et artistiques	33. Cadres de la fonction publique 34. Professeurs, professions scientifiques 35. Professions de l'information, de l'art et des spectacles
	36. Cadres d'entreprise	37. Cadres administratifs et commerciaux d'entreprise 38. Ingénieurs et cadres techniques d'entreprise
4. Professions intermédiaires	41. Professions intermédiaires de l'enseignement, de la santé, de la fonction publique et assimilés	42. Instituteurs et assimilés 43. Professions intermédiaires de la santé et du travail social 44. Clergé, religieux 45. Professions intermédiaires administratives de la fonction publique
	46. Professions intermédiaires administratives et commerciales des entreprises	46. Professions intermédiaires administratives et commerciales des entreprises
	47. Techniciens	47. Techniciens
	48. Contremaîtres, agents de maîtrise	48. Contremaîtres, agents de maîtrise
5. Employés	51. Employés de la fonction publique	52. Employés civils et agents de service de la fonction publique 53. Policiers et militaires
	54. Employés administratifs d'entreprise	54. Employés administratifs d'entreprise
	55. Employés de commerce	55. Employés de commerce
	56. Personnel des services directs aux particuliers	56. Personnel des services directs aux particuliers
6. Ouvriers	61. Ouvriers qualifiés	62. Ouvriers qualifiés de type industriel 63. Ouvriers qualifiés de type artisanal 64. Chauffeurs 65. Ouvriers qualifiés de la manutention, du magasinage et du transport

	66. Ouvriers non qualifiés	67. Ouvriers non qualifiés de type industriel
		68. Ouvriers non qualifiés de type artisanal
	69. Ouvriers agricoles	69. Ouvriers agricoles
7. Retraités	71. Anciens agriculteurs exploitants	71. Anciens agriculteurs exploitants
	72. Anciens artisans, commerçants, chefs d'entreprise..	72. Anciens artisans, commerçants, chefs d'entreprise
	73. Anciens cadres et professions intermédiaires	74. Anciens cadres
		75. Anciennes professions intermédiaires
	76. Anciens employés et ouvriers	77. Anciens employés
		78. Anciens ouvriers
8. Autres personnes sans activité professionnelle	81. Chômeurs n'ayant jamais travaillé.............................	81. Chômeurs n'ayant jamais travaillé
	82. Inactifs divers (autres que retraités)............................	83. Militaires du contingent
		84. Élèves, étudiants
		85. Personnes diverses sans activité professionnelle de moins de 60 ans (sauf retraités)
		86. Personnes diverses sans activité professionnelle de 60 ans et plus (sauf retraités)

Données sociales 1984, INSEE.

À partir des exemples déjà étudiés et en référence au tableau des C.S.P. ci-dessus, dites qui sont les personnes suivantes.

Daniel Jadot est un ......

Madame Schnell est une ......

Jean-Claude Durand est un ......

Bernadette Durand est une ......

David Durand est un ......

Le père d'Annie Ernaux est un ......

Vous-même, vous êtes un ......

Votre père/mère est un(e) ......

EXERCICE 2

À l'aide des verbes *habiter (à), vivre à, résider à,* situez les personnes suivantes dans l'espace :

– Jean-Claude Durand
– le père d'Annie Ernaux
– vous-même
– vos parents
– votre fiancé(e)

EXERCICE 3

En reprenant la situation de Jean-Claude Durand (p. 44), situez son lieu de travail selon les différents procédés examinés :

1. ......

2. ......

3. ......

4. ......

Même chose avec Bernadette Durand :

1. ......

2. ......

3. ......

4. ......

Même chose avec Richard Schnell :

1. ......

2. ......

3. ......

4. ......

Et vous-même :

1. ......

2. ......

3. ......

4. ......

APPUIS

LINGUISTIQUES

DÉCRIRE LES GENS
DANS LEUR MANIÈRE D'ÊTRE

ÉTAT
- ÊTRE
- APPARTENIR À
- SE CARACTÉRISER PAR
- SE PARTAGER ENTRE... ET...
- SE SENTIR
- ÉPROUVER
- RESSENTIR

ORIENTATION
- ÊTRE ATTIRÉ PAR
- ASPIRER À
- RECHERCHER/ÊTRE À LA RECHERCHE DE
- CHERCHER À
- ÊTRE PRÊT À
- ÊTRE TENTÉ PAR
- AVOIR BESOIN DE
- TENDRE À
- ÊTRE DISPOSÉ À
- ÊTRE SOUCIEUX DE

OPPOSITION
- REJETER
- SE DÉSINTÉRESSER
- ÊTRE INDIFFÉRENT À
- ÊTRE HOSTILE À
- ÊTRE OPPOSÉ À
- REFUSER

DISPOSITION
- APPRÉCIER
- ACCEPTER
- PRÉFÉRER
- DONNER LA PRIORITÉ À
- S'INTÉRESSER À
- ÊTRE ATTACHÉ À
- S'ATTACHER À
- ÊTRE FAVORABLE À
- CROIRE À
- ÊTRE TOURNÉ VERS
- S'EFFORCER DE
- SE CONSACRER À
- ÊTRE CAPABLE DE
- SE CONTENTER DE

2 - ANALYSER

Un fait n'est significatif que s'il est interprété. Autrement dit, le fait doit être associé à un principe d'analyse ou d'explication s'il veut être autre chose qu'une donnée brute.

Ainsi la vie de Richard Schnell, pour ne prendre que cet exemple, avec son cortège d'événements ordinaires, confrontée à certaines catégories d'analyse de la société française actuelle, peut prendre une dimension nouvelle.

PRATIQUES

1. Observez/comparez

• **Consultez les documents 1, 2 et 3** (Carte des styles de vie, p. 50. Les quatre points cardinaux, p. 51, Tableau des cinq familles, pp. 51-52) qui présentent une vision globale de la société française d'aujourd'hui, celle du moins de deux sociologues. **Relevez les critères d'analyse proposés.**

• **Reprenez maintenant la vie de Richard Schnell** (document 2, p. 33) et essayez, à l'aide des documents 1, 2 et 3 de cette deuxième partie, de définir son **style de vie,** de déterminer la famille à laquelle il appartient.

Quels sont les aspects de la vie quotidienne de Richard Schnell pris en considération dans ce texte ? Corres- pondent-ils à tous les critères d'analyse proposés dans le document 3 de la deuxième partie ?

• **Justifiez votre point de vue :**

a) en partant du principe général (documents 1, 2 et 3, ci-après), pour le confronter au cas particulier (document 2, p. 33) et conclure ;

b) en partant du cas particulier (document 2, p. 33) pour le confronter au principe général (documents 1, 2 et 3, ci-après) et conclure.

• Et vous-même, comment vous situez-vous dans cette carte ? Sur quels faits pouvez-vous vous appuyer ?

• Dans votre pays ou dans votre région, quelle semble être en ce moment la mentalité dominante ? Et les Français dans l'ensemble, à quel style de vie semblent- ils se rattacher ?

DOCUMENT 1

Carte de France des styles de vie
Les Français sont classés en cinq grandes familles. Chaque famille est définie par un **style de vie** : « Le style de vie d'un individu est la manière dont il se comporte à travers la société. Il est le résultat de plusieurs aspects souvent contradictoires ; les caractéristiques de la personnalité ; les obligations familiales, professionnelles et sociales, les aspirations et les capacités individuelles. »

Bernard CATHELAT et Gérard MERMET, *Vous et les Français*, éd. Flammarion, 1985.

La carte des Styles de Vie des Français

Pôle de Conservatisme

Pôle de Jouissance

Pôle de rigueur :

Pôle d'Aventurisme

PRAGMATISME

Mentalité RIGORISTE — Conservateurs, Moralisateurs, Responsables

Mentalité MATÉRIALISTE — Exemplaires, Utilitaristes, Attentistes

Mentalité ÉGOCENTRÉE — Vigiles, Défensifs, Frimeurs

Mentalité ACTIVISTE — Entreprenants, Militants

Mentalité de DÉCALAGE — Profiteurs, Dilettantes, Libertaires

DOCUMENT 2

Les quatre points cardinaux

Pour bien comprendre la carte de France, il faut d'abord examiner les deux axes qui la traversent.

L'axe horizontal

permet de différencier les Français, selon qu'ils sont plutôt CONSERVATEURS ou AVENTURIERS.

Plus ils sont à droite de la carte, plus les Français sont conservateurs. Pour eux, ce sont les abus et les faiblesses de la société moderne qui sont responsables des difficultés du moment. La solution qu'ils souhaitent passe par un retour aux valeurs traditionnelles et à la morale.

Plus ils sont à gauche de la carte, plus les Français, au contraire, ont l'esprit d'aventure. Pour eux, la crise est due à l'échec d'une société industrielle qui s'est trop occupée des besoins collectifs, et pas assez de ceux des individus. Ils sont persuadés que la décadence des sociétés occidentales est irréversible et se tournent donc vers l'aventure personnelle et l'anticonformisme.

L'axe vertical

différencie les Français selon leur attitude vis-à-vis de la consommation. Certains sont attirés vers la RIGUEUR, d'autres privilégient au contraire la JOUISSANCE.

Plus ils sont en haut de la carte, plus ils sont attachés aux valeurs de la société de consommation : acheter, dépenser, paraître, profiter et jouir de la vie...

Plus ils sont en bas de la carte, plus ils sont attirés par la rigueur à la fois matérielle (austérité) et morale (ascétique). Pour eux les principes sont plus importants que l'argent. **Être** est plus important que **paraître.**

Bernard Cathelat et Gérard Mermet, *op. cit.*

DOCUMENT 3

Tableau des cinq familles

	Quel est leur degré de stabilité ?	Leur conception du travail	Leur conception des loisirs	Quelles vacances ?	L'argent	Leurs dépenses habituelles
ACTIVISTES	Instabilité et mobilité professionnelle et privée, géographique et mentale.	Investissement prioritaire dans le travail pour lutter contre la crise économiquement ou politiquement et s'affirmer en tant que leader.	Peu de loisirs personnels. Loisirs collectifs utiles tournés vers l'action sociale. Loisirs enrichissants (formation et apprentissage).	Durée moyenne, en plusieurs fois ; alibi social ou culturel.	Image abstraite. Épargne centrée sur le foyer. Attitude dépensière favorisée par le crédit. Sensibilité à la pression fiscale.	Maison, accession à la propriété. Équipement de confort de la maison. Auto et accessoires utilitaires et de sécurité. Alimentation et boissons de réception.
MATÉRIALISTES	Immobilisme et stabilité. Faible mobilité géographique. Enracinement psychologique dans un terroir culturel ou familial. Implication dans la vie micro-locale.	Travail-fatalité et nécessité économique subie, mais fierté d'être actif. Angoisse du chômage, refus du temps partiel : idéal de retraite précoce après une vie très active. Peur de l'automatisation et rejet des travailleurs immigrés.	Bricolage utile et autoproduction au foyer. Loisirs physiques selon l'âge (du sport au repos), de préférence à domicile.	Rares départs en vacances, peu longtemps, généralement dans la famille, à la campagne, en France, ou entre amis en formules modestes.	Petits épargnants, passifs, modestes, mais réguliers.	Produits de base, matières premières, produits naturels d'utilité et de première nécessité, à transformer et préparer soi-même. Autoproduction : jardinage, bricolage, couture-tricot, cuisine.

➡

	Quel est leur degré de stabilité ?	Leur conception du travail	Leur conception des loisirs	Quelles vacances ?	L'argent	Leurs dépenses habituelles
RIGORISTES	Fidélité aux racines géographiques, culturelles, professionnelles, amicales, familiales. Faible mobilité privée et professionnelle. Enracinement local par la propriété privée et la constitution d'un patrimoine immobilier.	Le travail est un devoir moral avant d'être une nécessité économique.	L'oisiveté est mère de tous les vices : bricolage et vie associative occupent des loisirs essentiellement familiaux.	Vacances de tourisme culturel et de repos en France.	Abstraction de l'argent par les chèques, cartes de crédit, l'argent électronique. Peu d'épargne, pas d'accumulation de patrimoine. Attitude dépensière impulsive au jour le jour par le crédit et le paiement par cartes.	Maison, patrimoine immobilier. Gros équipement fonctionnel et de confort. Priorité à l'utilitaire de haut de gamme. Vêtements et symboles de respectabilité sociale.
DÉCALÉS	Déracinement culturel, géographique, national et même familial. Grande mobilité privée et professionnelle.	Le travail n'est pas un but ni une valeur en soi, mais une nécessité économique souvent aliénante. Recherche d'un métier-passion très autonome dans une entreprise amicale ou alors d'un travail très bien payé.	Recherche de plus de temps libre, par le travail à temps partiel. Plusieurs périodes de vacances dans l'année. Priorité aux loisirs d'évasion par les voyages ou la culture et aux loisirs d'épanouissement personnel par le sport ou l'artisanat d'art.	Plusieurs périodes courtes plus un voyage lointain, en économisant sur le transport et le confort.	L'argent est une valeur en soi pour bâtir un patrimoine à laisser derrière soi.	Voyages lointains en avion, vacances exotiques, culture, livres, disques, hi-fi, vidéo, photo ; alcool, tabacs, produits de réception et de fête haut de gamme, boissons ; sorties au restaurant, en boîte, au cinéma ; mode vestimentaire et beauté (mode originale ou d'avant-garde) ; produits à jeter, éphémères.
ÉGOCENTRÉS	Déracinement social et recherche d'une installation matérielle, symbolisée par une maison bien à soi.	Le travail est un tremplin pour la réussite financière. Il est agrémenté par les relations amicales avec les collègues.	Loisirs d'évasion sensorielle (musique, danse, science-fiction, cinéma). Loisirs d'affirmation de soi (sports de compétition). Loisirs de chaleur humaine en bande.	Divergence entre l'évasion permanente des frimeurs et le repli casanier des vigiles. Peu de curiosité internationale.	Frustration financière : obsession de l'avoir. Tendance à l'épargne et à l'assurance. Recours au crédit pour anticiper les achats.	Maison et équipement du foyer. Auto, moto ; vêtement et beauté (paraître).

Bernard Cathelat et Gérard Mermet, *op. cit.*

2. Reprenez et interprétez

L'article sur Richard Schnell présente un certain nombre **de faits.** Mais ces faits, il ne suffit pas de les enregistrer, il faut leur **donner un sens.** Il faut donc les traiter comme des indices qui peuvent être le **signe** de quelque chose. On peut concevoir l'échange suivant :
– le journaliste qui **interroge** Richard Schnell ;
– Richard Schnell qui **répond ;**
– le sociologue qui **interprète.**

exemple

J. – Comment passez-vous vos vacances ?
R.S. – Tous les ans, nous partons au bord de la mer, au camping de Narbonne, avec la caravane.
S. – Comme nous pouvons le constater, les vacances de Richard Schnell | indiquent
| manifestent
| montrent

la préférence pour des formules modestes, des séjours en famille soit à la campagne, soit au bord de la mer, mais toujours en France.

Sur l'exemple qui précède et en vous appuyant sur tous les documents qui sont à votre disposition, organisez, par groupe de trois, des échanges sur les thèmes suivants :

a) J. – Depuis quand êtes-vous installé à Étain ?
R.S. – ......
S. – ......

b) ouvrier chez Serva
J. – ......
R.S. – ......
S. – ......

c) formation, études
J. – ......
R.S. – ......
S. – ......

d) les relations dans le travail
J. – ......
R.S. – ......
S. – ......

e) la maison, son équipement
J. – ......
R.S. – ......
S. – ......

f) les loisirs
J. – ......
R.S. – ......
S. – ......

g) achats, dépenses
J. – ......
R.S. – ......
S. – ......

3. Raisonnez

Situer Richard Schnell sur la carte des mentalités ne peut se faire que par le moyen d'un **raisonnement** qui conduit d'une **proposition générale** (cf. document 3, p. 51) aux **faits** présentés dans le document 1, ce qui permet de **conclure.**

exemple

• **Proposition générale**
Les tempéraments matérialistes se caractérisent par un très fort immobilisme, une très faible mobilité géographique.

• **Examen des faits**
OR Richard Schnell n'a jamais quitté la ville d'Étain /a toujours été à Étain.

• **Conclusion**

• **Conclusion**	Ce qui prouve bien
	Ce qui montre bien
	Ce qui confirme bien
	Ce qui indique bien

l'appartenance de Richard Schnell à cette famille/ce style de vie/ce type de mentalité.
OR est une conjonction qui permet d'introduire une preuve ou un argument qui vient à l'appui (ou qui peut infirmer) la proposition de départ.

À partir de ce que vous savez de la mentalité des Français et de ce que vous avez appris de la vie de Richard Schnell, établissez les raisonnements suivants (cf. modèle ci-dessus) :

1. Les matérialistes voyagent peu, préfèrent la France et retournent fréquemment au même endroit. OR ......

2. Chez les décalés, peu d'épargne, pas d'accumulation du patrimoine, attitude dépensière impulsive, au jour le jour. OR ......

3. Pour les matérialistes, les loisirs, c'est avant tout le bricolage, le bricolage utile pour l'équipement de la maison. OR ......

4. Pour les décalés, le travail n'est pas un but ni une valeur en soi, mais une nécessité économique souvent mal vécue. OR ......

5. Les matérialistes sont généralement de petits épargnants modestes, mais réguliers. OR ......

6. Dans leurs loisirs, les décalés recherchent plus de temps libre, préfèrent disposer de plusieurs périodes de vacances dans l'année. OR ......

7. Le matérialiste ne conçoit pas la vie sans le travail. Il est fier d'être actif et a peur du chômage. OR ......

8. Le matérialiste dépense peu et n'achète que les produits de première nécessité. Fait beaucoup de choses par lui-même par souci d'économie. OR ......

1. UNE CERTAINE IDÉE DE LA FRANCE

On n'expliquera jamais la France ni toute autre chose par une seule idée. Ce qu'elle est, ce qu'elle est devenue est le produit de multiples facteurs. J'ai passé sous silence l'extrême variété des traditions régionales. J'ai seulement voulu mettre en relief une des constantes de notre histoire qui, en se combinant avec d'autres déterminants[1] a pesé sur le destin national : l'existence ancienne d'un propriétaire autonome, à la fois médiocre quant à sa rentabilité économique et chargée de symbolisme et d'affectivité, donc créatrice de valeurs dans le domaine moral et politique.

Notre système républicain, né avant que la révolution industrielle n'ait tout redistribué, a été accordé à cet idéal de frugalité à l'antique et d'indépendance personnelle, jusqu'au moment où ce vieux monde, bouleversé par la Grande Guerre et la crise mondiale, a cessé d'être un modèle possible. Mais le paradigme[2] est resté accroché aux rêves comme un chiendent et agit encore puissamment sur chacun, parfois à son insu, ne fût-ce que dans son idéal pavillonnaire, le jardin potager, le goût de la caravane (qui stationne sous les peupliers plus qu'elle ne roule), ou le refus des taxis à s'habiller de la même couleur.

Je me souviens encore comment, au début des années soixante, alors en poste à Montpellier, j'avais été accueilli par un de mes collègues de lycée dans sa petite villa toute neuve qu'il venait d'acquérir dans un lotissement sur les bords du Lez : «Tu vois, me dit-il, ici c'est peut-être moins bien, moins grand, moins beau que la maison que nous louions jusqu'à présent. Mais ici, je suis chez moi, et j'ai du plomb pour qui s'aviserait de venir m'emmerder.» Cette allusion au fusil de chasse chez ce fin lettré entré dans ses murs, je me demandais de quel atavisme[3] culturel elle était venue… Mais quiconque parcourt la France aujourd'hui comme jadis Arthur Young[4] rencontre à ses dépens, sinon la gueule du fusil, du moins celle du chien de garde : Jacques Lacarrière, qui a coupé le pays par les chemins de traverse, a encore la tête qui résonne des aboiements des cerbères, qui ne forment qu'une longue chaîne vociférante de Dunkerque à Perpignan.

Réduits au salariat, ces descendants de paysans que sont la plupart des Français s'approprient dans leur vie quotidienne la base territoriale de leur liberté : la majorité sont propriétaires de leur résidence principale, sans parler des secondaires. Les plus hardis franchissent le pas et deviennent ou redeviennent leurs propres «patrons», selon la terminologie des anciens recensements.

Au discours de la rentabilité économique, de la performance, du progrès technique, de l'amélioration des conditions et de sécurité sociales, une sorte d'éternel radical-poujadisme[5] répond : sens de la mesure, liberté individuelle, solidarité des petits contre les gros, travail et épargne, résistance à l'étatisme abusif, refus des grands ensembles concentrationnaires, indépendance et dignité. Une longue histoire qui n'est pas achevée.

Michel WINOK, in *l'Histoire*, n° 96, janvier 1987.

1. Éléments qui déterminent, sont à l'origine de…

2. Système, modèle.

3. Instinct, habitude installée depuis très longtemps.
4. Voyageur anglais qui parcourut la France à la veille de la Révolution.

5. Allusion à la fois au parti radical-socialiste, soucieux de compromis, d'une voie moyenne, et au poujadisme, mouvement des travailleurs indépendants, opposés à la tutelle de l'État.

❏ POUR SITUER LE TEXTE

• Le thème est traité au niveau :
❏ du cas particulier
❏ de la règle générale

• Dans la façon de dire les choses, il s'agit :
❏ d'un discours ordinaire, pour grand public
❏ d'un discours savant, pour spécialistes

• Le thème est traité sous la forme :
❏ d'une narration
❏ d'une description
❏ d'une explication

• Le texte est rédigé :
❏ à la forme personnelle (*je*)
❏ à la forme impersonnelle
❏ sous forme personnelle et impersonnelle

❏ POUR COMPRENDRE LE TEXTE

1. Quels sont les faits constatés (citez les phrases correspondantes) ?
2. Quelles sont les explications proposées (citez les phrases correspondantes) ?
3. Quelles sont les références historiques évoquées (citez les passages correspondants) ?

4. Le point de vue adopté est celui :
❏ d'un journaliste
❏ d'un sociologue
❏ d'un historien
5. Indiquez les passages du texte qui peuvent correspondre à la situation de Richard Schnell.

2. LES OUVRIERS DES ANNÉES 80

À partir des années 60, on voit se multiplier les signes d'une entrée en masse de la classe ouvrière dans la sphère de la consommation. Alors que l'insalubrité, l'inconfort et l'exiguïté du logement constituaient depuis toujours, et encore largement dans les années 50, une caractéristique nodale de la classe ouvrière et un signe tangible de la misère, vingt-cinq ans plus tard l'habitat moderne et l'accès aux appareils et aux biens domestiques font partie intégrante du possible et même du normal. L'écart, jusque-là béant, qui séparait l'habitat populaire urbain de la norme sociale moyenne, s'est suffisamment réduit pour que, selon le mot de Michel Verret, l'ordinaire ouvrier perde à bien des égards son caractère extraordinaire. Presque 70 % des familles interrogées en 1973 déclaraient leur satisfaction à l'égard du logement. Les conséquences de cette mutation, évidemment liée à une forte période de croissance, sont particulièrement sensibles quand on s'interroge sur le rapport entre échelle des âges et accès aux biens. Alors que les générations adultes des années 50 ont dû attendre et consentir efforts et privations pour s'approcher des normes moyennes de vie et de consommation modernes, celles-ci sont aujourd'hui à la portée du plus grand nombre des familles ouvrières dès les années qui suivent le mariage. [...]

À partir des années 70, la grande aventure de l'accès à la propriété et à la maison individuelle va mobiliser un nombre croissant de familles ouvrières et porter à près de 40 % le pourcentage de celles qui possèdent leur logement : en 1973, il y a douze ans déjà, 36,6 % des ouvriers étaient propriétaires, « soit plus que les employés, à peine moins que les cadres moyens ».

Il faut mesurer la portée d'un tel événement dans la trajectoire des familles, les investissements matériels et psychiques qu'il suppose, ce qu'il représente comme certificat de garantie économique et comme statut social/symbolique sanctionnant les efforts accomplis. Avec la maison individuelle, la voiture neuve, la télévision couleur, ce ne sont pas seulement les biens qui font leur entrée dans l'espace ouvrier ; c'est cet espace lui-même qui se délocalise et qui s'écarte de ses points de fixation d'origine. Désormais l'ouvrier propriétaire est en train d'édifier une sphère privée, à distance de l'usine, mais aussi de l'H.L.M., de la cité des mineurs ou des sidérurgistes, qui portaient souvent l'enfermement et le marquage social à leur maximum. Les lieux qu'il fréquente ne sont plus l'atelier seulement, le coron et le café, mais le village urbain, habité également par des employés, où il a sa maison individuelle, le supermarché, où la famille va en courses le samedi, le midi de la France, visité pendant les vacances. Ouvrier il est et il reste, mais une autre économie des lieux, l'accès à d'autres statuts (propriétaire, consommateur, citadin) viennent désenclaver son univers, signant et signifiant son entrée dans la vie commune. Qui ne voit les changements de repères et d'identité que cela induit par rapport à la condition prolétarienne ?

Olivier SCHWARTZ, « Les hommes contre », in *Autrement,* n° 78, mars 1986.

• Le thème est traité au niveau :
❏ du cas particulier
❏ de la règle générale

• Dans la façon de dire les choses, il s'agit :
❏ d'un discours ordinaire, pour grand public
❏ d'un discours savant, pour spécialistes

• Le thème est traité sous la forme :
❏ d'une narration
❏ d'une description
❏ d'une explication

• Le texte est rédigé :
❏ à la forme personnelle (je)
❏ à la forme impersonnelle
❏ sous forme personnelle et impersonnelle

❏ POUR COMPRENDRE LE TEXTE

1. Relevez dans le texte toutes les références à une date ou à un moment de l'histoire récente des Français.
Quels sont les faits qui, chaque fois, sont associés à ces dates ?
2. « insalubrité, inconfort, exiguïté du logement » figurent au début du premier paragraphe. Quels sont les termes et expressions qui correspondent à cet énoncé en fin du deuxième paragraphe ?
3. « Il faut mesurer la portée d'un *tel événement*. »
À quoi renvoie, dans le paragraphe précédent, l'expression en italique ?
4. Le troisième paragraphe est consacré à la transformation de « l'espace ouvrier ». Quelles transformations connaît cet espace ?
5. Il s'agit d'argumenter sur un point de vue. Lequel ? Quelle est la position du lecteur en début de ce texte ? Quelle doit-elle être à la fin ?
6. Y a-t-il correspondance entre ce texte et celui qui présente la situation de Richard Schnell ?

Réécrivez

Si nous reconsidérons la vie de Richard Schnell selon une perspective sociale plus engagée, fondée sur la notion de **classe sociale** et de conflit ou lutte entre classes, Richard Schnell peut être alors considéré comme :

– un prolétaire/un travailleur ;
– un membre de la **classe ouvrière ;**
– faisant partie du **prolétariat ;**
– relevant de la **condition ouvrière.**

On peut dire qu'il est :

– exploité par…
– victime de…
– privé do…
– obligé de…
– incapable de…
– limité par… /confiné dans…

et qu'il doit :

– se battre pour…
– lutter pour…
– etc.

• **Réécrivez** à partir des éléments d'information figurant dans le document 2, p. 33, la vie de Richard Schnell selon cette vision plus critique de la société.

APPUIS LINGUISTIQUES

ORGANISER ET EXPRIMER UN RAISONNEMENT

D'UN FAIT À LA CONCLUSION (OU DU CAS PARTICULIER À LA RÈGLE GÉNÉRALE)

1. Vous avez relevé un certain nombre de **faits** se rapportant à la façon d'acheter ou d'organiser son budget de Richard Schnell :
– il ne prend qu'un crédit à la fois ;
– quand ses revenus diminuent, il supprime les vacances ;
– il est prudent dans ses achats.

On peut en conclure qu'il est économe, sérieux, austère, qu'il se situe (cf. Carte des styles de vie) du côté de la rigueur.

fait / indice	X	EST SIGNE DE	valeur / règle	Y

Exemple :

La façon d'acheter de Richard Schnell.
Les habitudes de consommation de Richard Schnell

indique(nt)
manifeste(nt)
annonce(nt)

un tempérament économe, sérieux, austère.

Verbes de raisonnement

INDIQUER	RÉVÉLER
MANIFESTER	ANNONCER
DÉNOTER	SIGNALER
TRADUIRE	MONTRER
SUGGÉRER	LAISSER SUPPOSER

Locutions verbales

ÊTRE	RÉVÉLATEUR DE
	LA MARQUE DE
	LE SIGNE DE
	CARACTÉRISTIQUE DE
	L'INDICE DE
	SIGNIFICATIF DE
	LA MANIFESTATION DE
	L'INDICATEUR DE
	L'EXPRESSION DE

2. Avec SUJETS auteur du raisonnement

S	CONCLUT	Y	de	X

Exemple :

On peut conclure | de la façon d'acheter de Richard Schnell
| des habitudes de consommation de Richard Schnell
que celui-ci est de tempérament économe, austère.

3 - PETITE FABRIQUE DE VIE(S)

Au terme de ce parcours, nous avons vu comment pouvait se construire et s'appréhender, par le moyen de catégories d'analyse données, la vie des Français ; non pas envisagée chaque fois isolément, mais prise au contraire dans le flux des événements, des faits sociaux qui ont marqué l'histoire de la France ces trente dernières années.

Pourquoi, dans ces conditions, ne pas s'essayer maintenant à fabriquer des vies, selon différents points de vues, vies qui, bien que fictives, s'efforceront d'être vraies ? Créer un effet de réel, donner le sentiment du vraisemblable, cela à l'aide des matériaux que vous avez pu rassembler et en mobilisant à plusieurs les compétences que vous avez pu acquérir.

ÉLÉMENTS POUR UN RÉCIT DE VIE

Pour fabriquer et énoncer ces vies vous pourrez vous référer :

– aux Repères chronologiques (pp. 30-31), qui fournissent un cadre événementiel large ;
– au schéma de la page 59 qui définit les éléments de base d'un récit de vie ;
– aux différents appuis linguistiques.

Simulation 1

Vous allez essayer de tracer le portrait de M. Roger Lachaux, agriculteur à Courcelles-sous-Moyencourt (voir p. 60). **Deux portraits** en fait :

1. UN PORTRAIT ORDINAIRE, centré sur les événements de la vie de M. Roger Lachaux, pris dans leur continuité, leurs caractéristiques les plus évidentes, en les reliant, chaque fois que cela peut se révéler utile, à certains événements de la vie nationale (cf. Repères chronologiques, pp. 30-31).

Pour organiser ce portrait, vous pouvez vous servir des repères suivants :

1. La personne

– âge
– situation de famille
– enfants
– profession
– revenus

2. La famille

– frères et sœurs
– relations avec les parents

3. Les études

– jusqu'à quel niveau ?
– où ?

4. Le choix de l'activité professionnelle

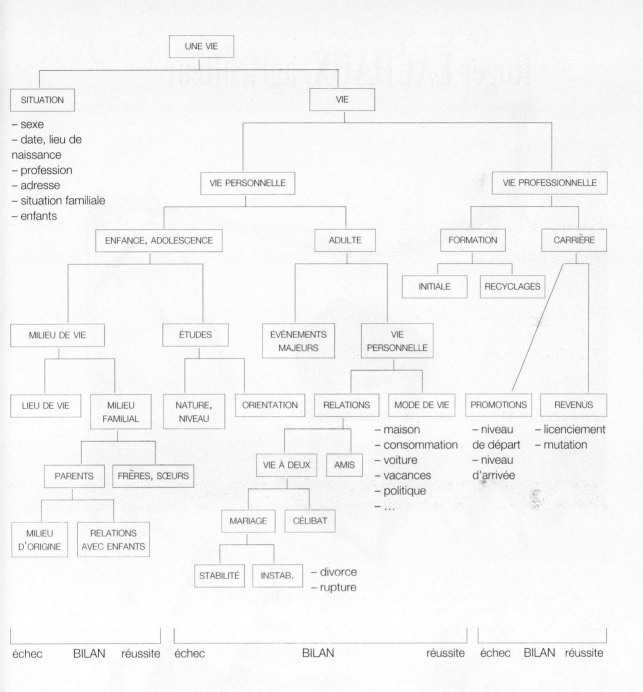

Roger LACHAUX, agriculteur

5. Le passage à l'âge adulte

(service militaire, amours, mariage...)

6. La vie d'adulte

(l'installation, les enfants, les revenus, le mode de vie, les activités, participation à un syndicat, un parti, à la vie associative...)

7. Un jugement général

(ce qui a le plus marqué, sentiment de réussite ou d'échec, la façon de voir l'avenir, la vieillesse...)

Le portrait sera organisé à partir du déroulement chronologique des événements rapportés.

2. UN PORTRAIT INTERPRÈTE. Vous reprenez les données biographiques élaborées à l'occasion du premier portrait et vous allez les intégrer aux catégories d'analyse proposées dans les documents 1, 2 et 3, pp. 49 à 52, et construire à partir de là un **portrait explicatif.** Il ne s'agit pas de décrire un individu quelconque, mais de faire apparaître à partir de cet individu un certain type de Français, lequel (cf. Carte des styles de vie, p. 50) ?

Le portrait ne sera plus organisé à partir de la chronologie des événements, mais en énumérant les **caractéristiques de vie et d'attitude** de M. Roger Lachaux.

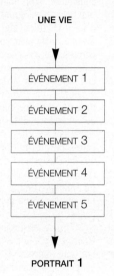

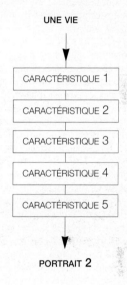

Simulation 2

Voici un autre parcours de vie, différent de celui de Richard Schnell. L'auteur y établit le bilan global d'une génération, sans entrer dans le détail de la vie de chacun.

 1

LES AFFRES DU QUADRAGÉNAIRE

C'est la génération qui monte. Elle a tout pour elle :
le nombre, l'intelligence, la force. Et, pourtant, elle flippe.

On finit donc par avoir 40 ans. Tout autour, à l'extérieur, les choses – et les gens – ont juste assez changé pour qu'on se sente réunis, *a contrario,* dans une ressemblance imprécise mais forte ; une espèce de nationalité. On n'en revient pas. Le regard qu'on porte alors sur les siens est compa-rable à celui, attendri et agacé, qu'on réserve à ces compatriotes intempestifs qu'il vous arrive de croiser sur un marché birman ou au pied du Machu Picchu. On se croyait dissemblables, divers, opposés, et voilà que le temps – comme la distance – nous révèle cousins. Horripilant, cet air de famille ! Et indubitable au point qu'on voudrait faire semblant de ne pas reconnaître les voisins, de nier l'évidence. Quarante ans...

L'idée de génération n'est pas fausse ; mais c'est une vérité rétrospective. D'où, bien sûr, les débordements nostalgiques qu'elle provoque. À la longue, tout cela manque de tenue. Dans ce registre, celui un peu niais des Beatles, des premières Vespa, des années orphelines et du temps qui passe, il ne semble pas qu'on a déjà donné. Et tout dit. Basta ! Il faudrait s'essayer à plus de précision.

Avec le recul et si l'on veut aller à l'essentiel, je crois bien que ces quadragénaires-là (on entend partout répéter qu'ils « prennent le pouvoir » dans la France de 1984) n'ont vraiment partagé que trois mots. Mais ils portaient à conséquence. Ces trois mots sont le nombre, la paix, la croissance. Sans doute est-il toujours désagréable d'avouer un déterminisme historique ; quand ils sont trois, est-ce moins grave ?

Le nombre ? Nous étions – et nous sommes – nombreux, plus nombreux que ceux d'avant et que ceux d'après. Parole de démographe : la remontée des naissances de 1942 a fait de nous les produits d'un fugitif baby-boom. Et c'est notre génération qui a traversé, comme une encombrante boule de feu, toutes les structures de la France d'après-guerre. En faisant, à chaque étape, pas mal de dégâts. Crise du logement, pénurie d'enseignants ou de médecins, sentiment confus de bousculade, de trop-plein et d'urgence ; on nous suit à la trace comme un mistigri tout au long des quarante dernières années. Et quand, tous ensemble, nous sortons du lycée, bac en poche, c'est pour faire Mai 68. Voilà pour le factuel le plus strict, autant dire l'écume.

Pour le reste, le sentiment du nombre a induit chez nous, il me semble, un narcissisme assez conquérant. Là, il y aurait beaucoup à dire... La certitude d'être la génération des ruptures, de toutes les ruptures. Idéologies, modes de vies, langages, etc. On est rarement modeste quand on est si nombreux et nous avons sûrement cru, davantage que d'autres, que le monde nous attendait pour changer. Excusez du peu.

La paix ? Nous sommes nés, pour la plupart, après la guerre et nous avons commencé à réfléchir au lendemain des accords d'Évian[1]. Tout juste trop tard pour participer *in concreto* au tragique de l'histoire. Notre Europe à nous est celle qui, depuis 1946, regarde l'univers de son balcon. Quarante ans de paix, parenthèse d'exception, doux privilège... Mais qui n'était pas vécu comme tel. Puisqu'il faut du tragique pour faire une vie, nous avons vécu la nôtre par procuration. On connaît ce tropisme qui nous a naïvement poussé vers un hémisphère Sud sanglant et héroïque avec le souci acharné de faire nôtres ses tragédies. Dans le mot même de tiers-mondisme, il y avait une idée de substitution, de procuration. Même chose pour le gauchisme : un rêve éveillé de révolution maintenue en état de marche dans une Europe trop peinarde. On fait ce qu'on peut. C'était généreux et littéraire. À la longue, tout de même, cette distance acceptée entre les mots et les choses nous a un peu gâté l'entendement. Ne serait-ce qu'en nous accoutumant à une manière d'impunité historique qui n'est pas si glorieuse. La preuve : pour solder *in fine* nos « errements », nos « aveuglements » ou nos « excès », nous avons pu, nous, écrire des livres – et les vendre – au lieu de faire de la prison. C'était plus chic.

La croissance ? Ah ! comme nous détestions ce mot ! N'empêche que les experts sont formels. Les trente « années glorieuses », les 400 % d'enrichissement vécu par l'Europe de 1946 à 1976 sont et seront sans doute sans équivalent historique. Nous étions, par la force des choses, ceux pour qui la prospérité allait tellement de soi qu'elle paraissait une « aliénante » contrainte davantage qu'un cadeau de l'histoire. Nous nous sommes donc, culturellement, cabrés contre elle, tout en grignotant ses menus bénéfices. Enfants gâtés, sans doute, et en tant que tels un peu ridicules, mais ce n'était pas si simple.

Si je cherche en effet un trait commun à ces trois mots tout juste énumérés, il me semble en trouver un dans une espèce particulière et assez ambiguë de culpabilité. Trop nombreux, trop en paix, trop riches, nous étions en outre les produits d'un « Occident démocratique » ayant inventé, juste avant nous, Staline, Hitler, Hiroshima et les guerres coloniales. Qu'on réfléchisse bien à notre passé récent, à tous ces livres écrits, articles publiés, défilés organisés : on y trouve presque partout la trace de cette gêne morale devant le monde, de cet irrépressible refus que les choses soient comme elles sont. Aujourd'hui tout cela serait, dit-on, passé de mode, et les quadragénaires « au pouvoir » – capitalistes comme pas un, occidentaux comme Reagan ou finauds comme Antoine Pinay – en feraient beaucoup pour rattraper le temps perdu.

Est-ce aussi réjouissant qu'on le dit ? Nous ne devrions pas tant nous vanter de ce nouveau réalisme. Il n'est jamais qu'une autre façon d'avouer qu'on a vieilli.

J.-C. GUILLEBAUD, *Le Nouvel Observateur,*
n° 1045.

1. Accords marquant la fin de la guerre d'Algérie (1962).

À partir de ce que vous savez déjà de la vie des Français, vous allez essayer de construire une **vie particulière,** conforme au parcours tracé par J.-C. Guillebaud.

1. MATÉRIAUX

Par groupes, vous allez essayer de rassembler les matériaux indispensables à la construction de cette vie.

• Entreprenez l'inventaire des **repères chronologiques** disséminés dans le texte de J.-C. Guillebaud et mettez-les en relation avec le tableau chronologique de la France depuis 1944.

• À partir de cet inventaire, déterminez les **événements** qui, selon vous, peuvent dans cette vie être considérés comme **significatifs**, c'est-à-dire :

– ceux dont l'importance pour le reste de la vie a été grande ;

– ceux dont les conséquences pourront être soit positives, soit négatives (toute vie a ses petits et ses grands drames).

• Déterminez le **milieu familial d'origine** (milieu modeste, moyen, aisé), la présence éventuelle de frères et sœurs ; des parents avec lesquels les **relations** sont à préciser (excellentes, moyennes, difficiles), ainsi que la façon dont ils se sont occupés de notre futur héros ; possibilité d'introduire ou non un **divorce** ou une **séparation** des parents, plus grave, le **décès** de l'un deux.

• Choisissez un **lieu de vie** (campagne, petite ville, grande ville, Paris ou région parisienne).

• Précisez la nature des **études suivies** (niveau scolaire atteint, établissements fréquentés, nature de la réussite dans les études).

• Indiquez un certain nombre de **repères politiques ou historiques** (cf. chronologie) qui ont pu marquer cette jeunesse.

• Une **profession** (premier emploi, promotions...).

• **Un mode de vie :**

– vie sentimentale (passions, ruptures, mariages, divorces ...),
– une façon de s'habiller,
– des loisirs, des vacances,
– des lectures,
– des voitures,
– un logement,
– une façon de travailler,
– des engagements politiques,
– ...

• Une évolution des mentalités (cf. Carte des styles de vie), depuis le lycée jusqu'à la quarantaine, épanouie ou désabusée.

• L'avenir.

2. MISE EN FORME

Plusieurs organisations de texte sont possibles :

a) – un récit à la 3e personne ;

– un récit en *je ;*

b) – un récit au premier degré, les « faits » à l'état brut ;

– un récit interprété où les faits sont situés dans un cadre explicatif plus large, celui de l'époque et des mentalités dominantes.

Chaque groupe pourra s'essayer à l'une de ces mises en forme.

Simulation 3

Il s'agira ici de construire le portrait d'un Français d'aujourd'hui à partir de **caractéristiques générales.**

Soit à élaborer le portrait d'un décalé (cf. document 1, p. 50 et document 3, p. 52). Donnons-lui trente ans. À partir de ces contraintes et en reprenant le cadre descriptif précédent (cf. p. 59), essayons de donner vie à ce qui n'est pour l'instant qu'un type, d'en faire un individu. Pour cela il faut :

– lui donner un nom et un prénom (voir annuaire de téléphone, par exemple) ;
– le situer dans un ou des lieux (atlas de la France, cartes routières, etc.) ;
– préciser ses goûts, ses habitudes, ses façons d'être et de faire)
    – lecture (journaux, livres) ;
    – programmes de télévision (voir hebdomadaires de programmes TV) ;
    – cinéma, spectacle (voir *Pariscope* par exemple) ;
    – voyages, vacances (cf. catalogues agences de voyages) ;
    – sa façon de s'habiller (cf. catalogues de vente par correspondance) ;
– lui donner un métier (cf. petites annonces des journaux) ;
– sa vie privée...

Toutes ces caractéristiques devant bien évidemment aller ensemble.

3

Histoire
d'un livre

---

1 – Proposer

Le coup de téléphone

2 – Décider

I. Le comité de lecture
II. Changements d'attitudes
III. Parcours de la concession

3 – Apprécier

La tribune des critiques

Un titre c'est...

APPROCHES

L'auteur
L'écrivain
Le romancier

Le livre
L'ouvrage
L'œuvre
Le roman

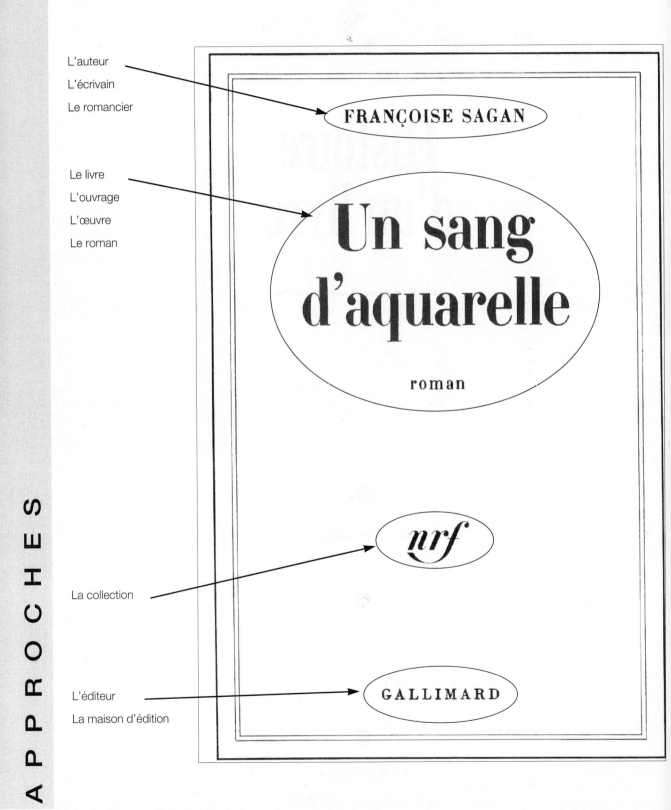

La collection

L'éditeur
La maison d'édition

Le travail de l'auteur

1. [événements Z]   INSPIRE   [œuvre Y]   À   [auteur X]

2. [auteur X] | ENTREPREND | D'ÉCRIRE
                          | | DE RÉDIGER

                     | COMMENCE
                     | ENTAME | LA RÉDACTION DE   [œuvre Y]   EN ...... À ......
                     | ACHÈVE
                     | TERMINE

3.   COMMENCÉ EN ...... | CONTINUÉ EN ......   PUBLIÉ EN ......   [œuvre Y]
                                       | POURSUIVI

4. L'ÉLABORATION   [œuvre Y]   S'ÉTEND DE ...... À ......

5. [auteur X]   COMPOSE UN RECUEIL
                   TRAVAILLE AU MANUSCRIT   [œuvre Y]

La publication de l'œuvre

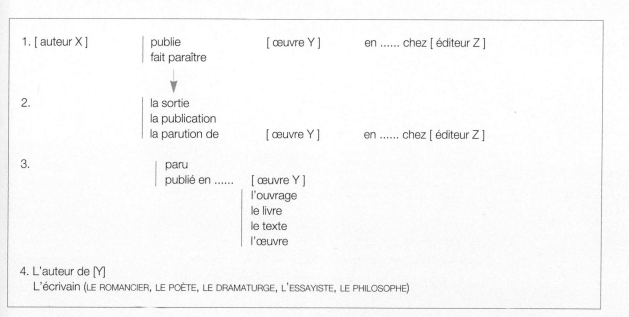

1. [auteur X] | publie   [œuvre Y]   en ...... chez [éditeur Z]
                 | fait paraître

2. | la sortie
                | la publication
                | la parution de   [œuvre Y]   en ...... chez [éditeur Z]

3. | paru
                  | publié en ......   [œuvre Y]
                                | l'ouvrage
                                | le livre
                                | le texte
                                | l'œuvre

4. L'auteur de [Y]
     L'écrivain (LE ROMANCIER, LE POÈTE, LE DRAMATURGE, L'ESSAYISTE, LE PHILOSOPHE)

Enquête

En vous aidant de publications diverses (hebdomadaires, revues ou ouvrages spécialisés, dictionnaires encyclopédiques, etc.), essayez de trouver la réponse aux questions suivantes :

a) Donnez le nom de dix maisons d'éditions françaises publiant pour l'essentiel des textes littéraires.

b) Il existe en France quatre grands prix littéraires qui sont décernés à l'automne. Quels sont-ils ? Pouvez-vous citer le nom des derniers auteurs primés ?

c) L'Académie française. Qui l'a fondée ? Combien y a-t-il de membres ? Citez quelques académiciens célèbres.

d) Qui sont Lagarde et Michard ?

e) Quelle est l'émission de la télévision française, consacrée (pas toujours) à la littérature, qui est restée particulièrement célèbre ?

f) Dans les grands quotidiens français, quels sont les jours où paraissent les pages littéraires ?

Révisions littéraires et lexicales

Si vous pouvez vous procurer diverses anthologies de la littérature française, reprenez les schémas de phrase figurant sur les deux tableaux de la page précédente en les appliquant à un auteur, à une œuvre particulière. Par exemple :

– Gustave Flaubert, *Madame Bovary,*

– Victor Hugo, *La Légende des siècles,*

– Émile Zola, *Germinal,*

– Roger Martin du Gard, *Les Thibault,*

ou une œuvre de votre choix.

1 - PROPOSER

LE COUP DE TÉLÉPHONE

> **DIALOGUE 1**
>
> **Intervenants**
>
> – Julien, l'auteur
>
> – la standardiste
>
> – Daniel Blondin, service manuscrits
>
> **ÉCHANGE**
>
> – **nature :** requête/demande d'information
>
> – **type :** échange complexe

R 1   STANDARDISTE. – Ici les éditions Ex-Libris, j'écoute.

R 2   JULIEN. – Oui, voilà, j'ai écrit un roman et je voudrais savoir ce qu'il faut faire pour vous l'adresser.

R 3   STANDARDISTE. – Un instant, je vous passe le service intéressé.

(sonnerie intérieure)

R 4   DANIEL. – Oui, ici Daniel Blondin du service des manuscrits.

R 5   JULIEN. – Oui, voilà, j'ai écrit un roman et je voudrais vous l'adresser, mais je ne sais pas comment faire.

R 6   DANIEL. – Mais c'est très simple, monsieur, il suffit de nous l'envoyer par la poste.

R 7   JULIEN. – Et... c'est tout ?

R 8   DANIEL. – Vous pouvez peut-être joindre une lettre de présentation, mais brève, n'est-ce pas. Et dès que nous recevrons le manuscrit, nous le soumettrons à un de nos lecteurs.

R 9   JULIEN. – Et... cela prend du temps ?

R 10   DANIEL. – À partir du moment où nous recevons le manuscrit, il faut bien compter quatre à cinq semaines.

R 11   JULIEN. – Bon, je vais vous l'envoyer.

R 12   DANIEL. – Est-ce que vous pourriez déjà me donner le titre ?

R 13   JULIEN. – J'ai pensé, enfin... ça s'appelle *La Carte orange.*

R 14   DANIEL. – *La Carte orange ?* Pourquoi pas ! Bien, alors nous attendons votre manuscrit.

R 15   JULIEN. – Je vous l'envoie immédiatement. Au revoir, monsieur.

La carte orange : carte d'abonnement pour le transport dans Paris et la région parisienne. Très utilisée, notamment par les gens qui habitent en banlieue et travaillent à Paris.

Pour suivre l'échange

1. STRUCTURE DE BASE

ÉCHANGE

OUVERTURE
SOLLICITATION (R 2, R 5)

RÉACTION (R 6)

ACCORD
CLÔTURE (R 15)

2. STRUCTURE DÉVELOPPÉE

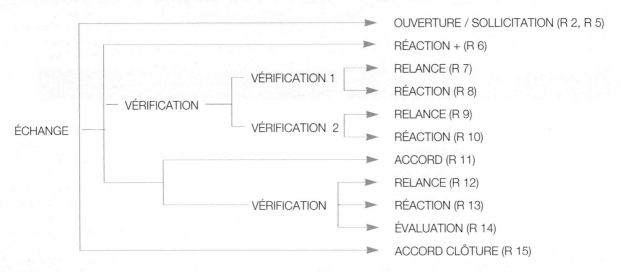

Vérification : procédé de développement de l'échange par demande d'une information supplémentaire avant de poursuivre ou de clore l'échange.

a) Par groupes de deux, à l'aide du schéma ci-dessus, essayez de reconstituer oralement l'échange téléphonique entre Julien et Daniel Blondin.

b) Imaginons que Julien soit un esprit particulièrement inquiet et désire encore plus de précisions sur les conditions d'examen de son manuscrit ; imaginons encore que Daniel soit méfiant et veuille plus de détails sur le livre et son contenu (à vous de concevoir une intrigue possible à partir du titre).

Tout en conservant la **structure de l'échange :**

– prévoyez de **nouveaux développements** (au niveau de R 8, R 10, R 13, par exemple), des développements même à l'intérieur de ces développements si vous le pouvez ;

– à partir de ces données, construisez à deux un nouveau dialogue et essayez de le jouer.

L E C T U R E S

1. POURQUOI ÉCRIVEZ-VOUS ?

Quand on me demande « pourquoi j'écris », c'est comme si on me demandait « pourquoi je vis ». Cette réalité n'est plus analysable ; je ne peux que la constater, la subir et m'y accrocher.

Je suppose qu'au tout début (j'avais quinze ans) j'ai dû écrire par plaisir. Ensuite je me souviens avoir écrit pour vivre. Il est probable que désormais, je vis pour écrire. Écrire est une excellente façon de se préparer à mourir. Je voudrais pouvoir conserver au moment de mon trépas le « voyeurisme » de l'écrivain ; ce serait une « fin de moi » moins difficile.

Je ne crois pas qu'on puisse donner à cette question une réponse simple. Dans une mesure impossible à déterminer, mais qui n'est sans doute jamais tout à fait négligeable, on écrit parce qu'on a déjà écrit – bien avant même son premier livre et dès l'enfance des « rédactions » puis des « dissertations » (ni le peintre ni le musicien ne connaissent ce rail

FRÉDÉRIC DARD
Né en 1921, il fait des débuts difficiles dans le journalisme avant d'inventer des héros des Temps modernes : San Antonio. Écrit trois à quatre livres par an vendus à des millions d'exemplaires.

JULIEN GRACQ
Né en 1910, cet ancien professeur d'histoire a refusé le Goncourt pour

posé pour nous et emprunté de bonne heure). Il m'est arrivé certainement d'écrire pour communiquer des idées, des images, ou même simplement un mouvement d'humeur : un genre comme le pamphlet, par exemple, ne peut être abordé autrement. Mais il m'arrive plus souvent, je crois, de procéder en écrivant à un règlement de comptes intime, où la considération du public n'a pas de part : règlement de comptes, par la vertu stabilisatrice de l'écriture, avec le flou décevant et la bile du film intérieur – règlement de comptes aussi avec la paresse, l'inertie de l'esprit en liberté, par l'exercice des pouvoirs propres à la langue.

Parce que j'adore ça.

Il ne faut pas trop se poser ce genre de question. Elle risque de vous paralyser encore un peu plus devant la page blanche et vous finissez de devenir le personnage de *Paludes* d'André Gide.

C'est comme si, juste avant de sauter en parachute, vous vous demandiez : « Mais pourquoi donc je saute en parachute ? » Ça ne facilite pas les choses. Je crois qu'on écrit parce qu'on ne sait rien faire d'autre.

Extraits de Pourquoi écrivez-vous ? Libération, numéro hors série, mars 1985.

Le Rivage des Syrtes en 1951, après avoir vigoureusement dénoncé dans La Littérature à l'estomac les liens équivoques du commerce et de la littérature.

FRANÇOISE SAGAN
Née en 1935. Son premier roman, Bonjour tristesse, est un des plus lus de la littérature française. Un moment spécialisée dans les romans de jeunes filles touchées par la fureur de vivre. S'est livrée au jeu de la vérité avec son dernier livre : Avec mon meilleur souvenir.

PATRICK MODIANO
Né en 1945. Chef mécanicien du train fantôme qui va de La Place de l'Étoile aux Quartiers perdus de la rive droite. Peut fabriquer un bon « livret de famille » à toute personne née sous l'Occupation et ayant eu vingt ans pendant les années yé-yé.

Après avoir lu ces différentes interviews, résumez en une phrase chacune des réponses données :

– Frédéric Dard écrit parce que...

2. LE SECOND MÉTIER

La décision d'écrire se prend en général le vendredi soir. Vous rentrez chez vous après une semaine de travail acharné et vous décidez aussitôt que, dès huit heures le lendemain matin, vous serez à votre table. Cette décision ferme et définitive – de celles qui engagent votre vie même – a l'immense avantage de vous éviter la question terrible : « Et pourquoi pas tout de suite ? » Et vous voilà tranquille pour la soirée. Vous vous videz de votre semaine de soucis devant la télévision (plus précisément devant « Apostrophes » où d'autres écrivains, ayant fini leurs livres, ceux-là, s'expriment – moins bien que vous ne le ferez vous-même – sans jamais parler de leur difficulté d'écrire).

« Encore un de foutu », soupirez-vous le dimanche soir en vous écroulant dans votre lit. Ce ne sera pas vraiment pour le prochain parce qu'il y a le mariage d'Adèle et qu'il faudra aussi faire les courses, ce sera pour le samedi suivant, mais ce samedi-là vous ne vous retrouverez pas au grand-œuvre, il faut à tout prix que vous fassiez votre article pour la revue de Bernard. Vous lui avez promis.

Et vous revoici, quelques semaines plus tard, un vendredi soir, sur le point de prendre la décision d'écrire. Vous avez levé les obstacles, les enfants sont chez les grands-parents, les amis en vacances à l'étranger, les petits dossiers classés... Le seul problème qui demeure, c'est vous. Vous savez qu'il y a du plaisir à écrire, parfois même de la volupté, mais vous savez aussi que le vrai bonheur, le seul, le plus fort des bonheurs, c'est celui d'AVOIR écrit. Entre vous et lui, il ne manque plus que le temps de l'écriture.

Paul **FOURNEL,** *Autrement*, n° 69, avril 1985.

2 - DÉCIDER

I. LE COMITÉ DE LECTURE

> **DIALOGUE 2**
>
> **Intervenants**
>
> – Pierre, directeur littéraire
>
> – Muriel, chef du service de presse
>
> – Daniel, lecteur
>
> – Yves, lecteur
>
> – Bernard, lecteur
>
> **ÉCHANGE**
>
> – **nature :** débat
>
> – **type :** délibération/prise de décision
>
> – **mouvement argumentatif :** concession

R 1   PIERRE. – Bonjour, tout le monde. Nous allons commencer tout de suite, car nous avons un programme assez chargé, dix manuscrits, tous des premiers romans d'ailleurs. Comme j'ai déjà eu l'occasion de le dire à certains d'entre vous, je souhaiterais que l'on fasse apparaître de nouveaux noms à notre catalogue.

R 2   MURIEL. – À ce propos, si tu le permets, il faut signaler que nos confrères vont publier pour ce printemps un grand nombre de nouveaux auteurs et qu'une émission va leur être très certainement consacrée sur Antenne 2.

R 3   PIERRE. – Pas de temps à perdre, donc. Voyons, Daniel, où en sommes-nous ? Avez-vous déniché le manuscrit du siècle ?

R 4   DANIEL. – Du siècle, peut-être pas...

R 5   MURIEL. – Si c'était le manuscrit de l'année, ce ne serait déjà pas si mal !

R 6   DANIEL. – ... mais certainement un texte intéressant et je voudrais justement que l'on commence par lui. Il s'agit de *La Carte orange*.

R 7   PIERRE. – Ah, oui, Yves m'en a déjà parlé. Vous m'avez d'ailleurs adressé une petite note à ce sujet.

R 8   YVES. – C'est exact, et je dois dire que ce livre m'a beaucoup intéressé, à la fois par l'univers représenté et l'écriture. On y sent un vrai tempérament d'écrivain.

R 9   MURIEL. – Mais de quoi s'agit-il exactement ?

R 10   YVES. – *La Carte orange,* comme son titre l'indique, c'est la vie d'un couple dans les aller-retour banlieue-Paris, un couple qui se dissout lentement. Mais à raconter comme ça, évidemment, c'est tout à fait plat.

R 11   PIERRE. – Bernard, vous n'avez pas l'air d'accord ?

R 12   Bernard. – Dès qu'Yves m'a parlé du manuscrit, je l'ai lu tout de suite. Eh bien, non, pas d'accord. Il y a certes de la couleur dans le montage des épisodes, mais cette vision simultanée de Paris et de sa banlieue dans laquelle se noie la vie d'un couple, disons que ça fait très roman des années 30.

R 13 YVES. – D'accord avec toi sur ce point, mais le tableau de la vie contemporaine est intéressant, après tout. Au fond, cette fresque de Paris aujourd'hui, personne ne l'a tentée depuis longtemps, et puis il y a l'histoire du couple…

R 14 BERNARD. – C'est vrai et c'est certainement la partie la plus intéressante du livre. Cette lente érosion de l'amour, il y a souvent des paroles justes. Mais pour le reste, quel poids ! On dirait parfois du Zola !

R 15 YVES. – Mais enfin, on ne va quand même pas effacer cet aspect de l'œuvre. Si vous supprimez le cadre, ces descriptions tout à fait originales, que reste-t-il ? Une histoire des plus ordinaires. C'est au contraire la relation de cette histoire à son environnement qui en fait tout l'intérêt !

R 16 PIERRE. – J'ai parcouru le texte. Il y a un ton, la suggestion très forte d'un univers qu'il arrive à faire partager. Bien sûr, il y a des défauts, des descriptions trop lourdes parfois. Il faudrait voir l'auteur, lui demander de remanier son texte, de l'alléger. Daniel, qu'en pensez-vous ?

R 17 DANIEL. – Ce serait certainement la meilleure des choses à faire. Le texte a besoin d'être resserré et, dans le détail, l'écriture souffre parfois de certaines faiblesses.

R 18 YVES. – Il est certain qu'il y a des points à reprendre. Si vous voulez, je contacterai l'auteur à ce sujet. Le livre est bon, il a de l'épaisseur, ça n'est pas si fréquent par les temps qui courent. Il faut absolument le publier.

R 19 BERNARD. – Bon, on peut toujours voir. Si l'auteur veut bien diminuer, alléger, pourquoi pas ? On pourra alors en rediscuter.

R 20 DANIEL. – D'accord tout le monde ? On fait comme ça, Yves reprend contact avec l'auteur et on discutera de la version remaniée.

R 21 PIERRE. – Bien, terminé pour *La Carte orange*. Au suivant !

1. Pour suivre le débat

1. ANALYSE

En vous aidant du schéma de la page ci-contre et selon l'indication des répliques signalées – R 2, R 3, etc. –, vous pouvez notez les éléments suivants :

• **approche du thème**

– Objet de la réunion : ……
– Participants : ……
– Qui présente le thème de la réunion ? : ……

• **débat**

– Qui prend position ?
– Pour chacune des répliques signalées, relevez les arguments venant à l'appui des positions de chacun ; le mode d'expression de chacune des positions.
– Observez la réponse 20. Comment est annoncée la décision finale ?

2. RESTITUTION/RECONSTITUTION

En vous aidant des notes prises lors de l'audition du dialogue, essayez, à plusieurs, de reconstituer le débat.

2. Les mouvements argumentatifs

Argumenter, c'est donner des raisons en faveur de telle ou telle conclusion.

Dans ce dialogue, les interlocuteurs argumentent en faveur de conclusions parfois opposées et prennent position par rapport à ce que vient de dire le précédent intervenant.

Sachant que, dans le mouvement argumentatif qui conduit d'une réplique à l'autre, il y a :

– ou bien un mouvement de CONFIRMATION (accord avec ce qui vient d'être dit) ;

– ou bien un mouvement de RÉFUTATION (désaccord avec ce qui vient d'être dit) ;

– ou bien un mouvement de CONCESSION (accord partiel puis réfutation) ;

a) indiquez, pour chacun des enchaînements de répliques suivants, la nature du mouvement :

R 10 ➤ R 12 : ……
R 12 ➤ R 13 : ……
R 13 ➤ R 14 : ……
R 14 ➤ R 15 : ……
R 15 ➤ R 16 : ……
R 16 ➤ R 17 : ……
R 17 ➤ R 18 : ……
R 18 ➤ R 19 : ……

b) pour chacun de ces enchaînements, relevez :
– la façon dont est repris le contenu de l'intervention précédente ;

– les formes du langage qui signalent la nature du mouvement argumentatif.

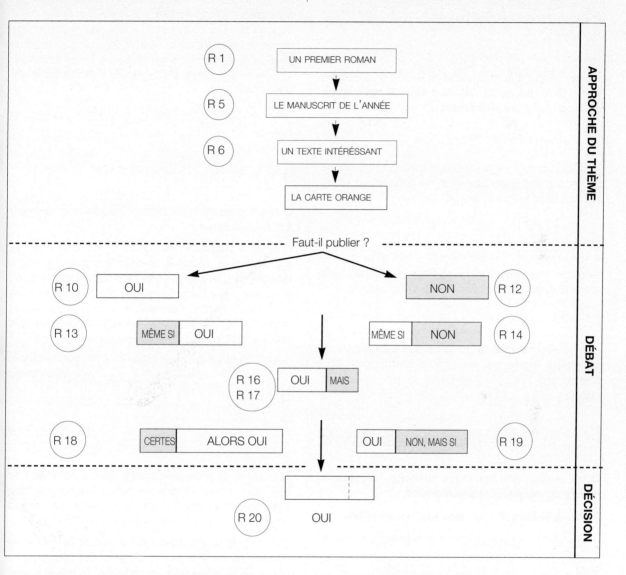

Complétez par l'intervention qui est à l'origine de chacune des répliques suivantes.

exemple

– Tu ne peux pas nier que l'histoire soit intéressante.

– D'accord avec toi sur ce point, l'intrigue est fort bien construite. Malgré cela, on n'arrive pas vraiment à accrocher, peut-être à cause de l'écriture qui est trop plate, trop ordinaire.

– ......

– Au contraire. J'ai toujours considéré que Sartre était meilleur dramaturge que romancier.

– ......

– Évidemment, il y a eu une hausse incontestable du niveau de vie des Français, mais les inégalités subsistent toujours.

– ......

– C'est d'autant plus vrai que, jusqu'à maintenant encore, on ne peut citer aucun recueil de nouvelles qui ait été un grand succès de librairie.

– ......

– Il est certain que si l'on sort le livre pour la rentrée d'octobre, il sera perdu dans la masse de publications et passera complètement inaperçu.

– ......

– Vous dites qu'il y a actuellement crise de l'édition. Je dis simplement que cette crise ne concerne que les mauvais livres et les éditeurs peu sérieux.

– ......

– Admettons que l'auteur reprenne son texte dans le sens que nous souhaitons, je suis malgré tout persuadé que le résultat restera globalement peu satisfaisant.

– ......

– Je ne suis pas du tout persuadé qu'il faille prévoir de nouvelles règles de sécurité. Il suffit selon moi d'apprendre aux gens à respecter celles qui existent déjà.

EXERCICE 2

Dans chacun des échanges suivants, indiquez la nature du mouvement argumentatif.

A pour **approuve**, C pour **concède**, R pour **réfute**.

À chaque fois, repérez l'élément qui signale la nature du mouvement.

Q. – *Est-ce que votre grand ouvrage sur le capitalisme appartient à l'histoire ou à l'économie ?*

R. – À l'histoire, bien sûr. Parce que je suis d'abord historien. C'est de l'économie rétrospective, si vous voulez. Mais vous savez bien que ce travail intègre précisément économie et histoire, ce n'est pas l'approche qui me satisfait le plus.

(Entretien avec Fernand Braudel, *Le Nouvel Observateur,* 6-12-1985.)

❑ A

❑ C

❑ R

Q. – *Dans ce cas, vous diriez-vous un écrivain réaliste ?*

R. – Non, je n'aime pas ce mot. C'est un mot piège. La réalité, personne ne peut la dire. C'est un mythe. Ça supposerait qu'on dise tout, ce qui est bien évidemment impossible. Dans un livre d'anatomie, vous pouvez trouver la description complète et détaillée d'un os, d'un tibia par exemple, et c'est d'ailleurs assez fascinant. Mais cette description ne donne pas à voir. Or c'est là le but de l'art.

(Entretien avec Claude Simon, *Libération,* 10-12-1985.)

❑ A

❑ C

❑ R

Q. – *Donc, selon vous, l'homme demeure étroitement tributaire du climat ?*

R. – Il l'a toujours été, ne serait-ce que pour sa subsistance. à Tautavel, près de Perpignan, où l'on a retrouvé un squelette qui date de cinq cent mille ans, on a constaté que l'abri n'était occupé que pendant les périodes humides. Pendant les périodes sèches et froides au cours desquelles se sont accumulées des couches de loess, on ne trouve aucun vestige.

(Entretien avec Jean Labeyrie, *Le Nouvel Observateur,* 24-01-1986.)

❑ A

❑ C

❑ R

Q. – *On a dit aussi que le style Berlusconi visait très bas, pour ne pas dire bête, et qu'une fois placées dans une perspective de concurrence, les chaînes existantes lui emboîteraient forcément le pas.*

R. – Je crois au contraire que l'arrivée de Berlusconi va donner au service public un coup de fouet qui lui manquait. C'est ce qui s'est passé en Grande-Bretagne avec ITV, finalement c'est ce qui a eu lieu en Italie avec Berlusconi. La RAI remonte, non seulement en indice d'écoute mais aussi en qualité. Bien sûr, dans un premier temps les chaînes publiques vont en prendre plein les tibias, elles vont ramer. Mais leur avantage c'est qu'étant donné leur formidable potentiel d'expérience et de compétence, elles ont à la fois les rameurs et surtout le temps qu'il faut pour ramer.

(Entretien avec Michel Drucker, *Libération,* 19-01-1986.)

❑ A

❑ C

❑ R

LES CONNECTEURS ARGUMENTATIFS (1)

De quels mots disposons-nous pour argumenter ?

La fonction des connecteurs argumentatifs est de mettre en relation deux énoncés de même orientation dont le second vient comme argument en appui du premier. Le second membre de l'énoncé, celui qui suit le connecteur, sert à confirmer, expliquer, justifier.

▶ **A PARCE QUE B.** « Parce que » établit une relation de dépendance très étroite entre A et B. B constitue l'élément essentiel d'information de l'énoncé. À la limite, la présence de A n'est pas obligatoire.
exemple
– *Pourquoi le dernier livre de Pascal Rombaldi n'a-t-il pas obtenu de prix ?*
– *Parce qu'il était très mauvais.*

▶ **A CAR B** introduit une justification, une explication B par rapport à un élément A qui pourrait fort bien se suffire à lui-même (à la différence d'une relation en « parce que » où A doit obligatoirement être suivi de B, ici B est facultatif et ne figure que par la seule volonté du locuteur). Ainsi à la question :
– *À quelle heure es-tu rentré ?*
On peut se satisfaire de répondre :
– *Je suis rentré à minuit passé.*
Comme on peut éprouver la nécessité d'ajouter :
– *Je suis rentré à minuit passé, car j'ai eu du mal à trouver un taxi.*
A et B ne font pas l'objet d'une saisie globale.

▶ **A PUISQUE B.** Dans cette relation, B reprend un argument déjà énoncé par l'interlocuteur ou connu de lui ; « puisque » peut alors servir à imposer A à l'interlocuteur :
exemple
– *Je n'ai pas envie de sortir ce soir.*
– *Puisque tu n'as pas envie de sortir, restons ici ensemble.*

▶ **A D'AILLEURS B.** « D'ailleurs » fait suite à une série d'arguments déjà énoncés. Mais il introduit un argument de nature nouvelle, indépendant des précédents.
exemple
Je ne l'ai pas invité parce que je n'aime pas sa façon de s'habiller, sa façon d'être. D'ailleurs c'est un imbécile.

EXERCICE 1

Indiquez la réponse qui correspond le mieux à la question posée.

On ne peut pas attendre encore un peu ?

❑ Non, nous devons commencer tout de suite car nous avons un programme assez chargé.

❑ Non, nous devons commencer tout de suite parce que nous avons un programme assez chargé.

Et ce livre, pourquoi n'a-t-il pas marché ?

❑ Il n'a pas marché parce qu'il est sorti trop tard dans la saison, juste après les prix littéraires.

❑ Il n'a pas marché car il est sorti trop tard dans la saison, juste après les prix littéraires.

Et ce livre, ça a été une réussite ?

❏ Non, ça a été un échec car il est sorti trop tard dans la saison, juste après les prix littéraires.

❏ Non, ça a été un échec parce qu'il est sorti trop tard dans la saison, juste après les prix littéraires.

Pourtant, d'après ce que vous m'aviez dit, le livre devait très bien marcher ?

❏ Non, je n'ai pas dit ça parce qu'à ce moment-là, on ne savait même pas si le livre allait sortir ou non.

❏ Non, je n'ai pas dit ça car, à ce moment-là, on ne savait même pas si le livre allait sortir ou non.

Mais, pour quelle raison refuser ce manuscrit ?

❏ On ne peut pas l'accepter parce qu'il ne correspond pas du tout à ce que nous avons l'habitude de publier.

❏ On ne peut pas l'accepter car il ne correspond pas du tout à ce que nous avons l'habitude de publier.

EXERCICE 2

Indiquez l'énoncé qui est à l'origine de la réponse donnée.

❏ Mais finalement, qui s'est opposé à la publication du manuscrit ?

❏ Pourquoi ne veux-tu pas me dire qui s'est opposé à la publication du manuscrit ?

Je ne peux pas te répondre car je n'ai pas assisté à la réunion.

❏ Pourquoi ne pas publier ce manuscrit, il est très intéressant ?

❏ Vous allez publier tout de suite ce manuscrit ?

Nous avons d'abord demandé à l'auteur de revoir son texte parce qu'il est beaucoup trop long.

❏ Alors vous publiez son texte, c'est décidé ?

❏ Pour quelle raison ne pas publier son texte immédiatement ?

Nous avons d'abord demandé à l'auteur de revoir son texte car il est beaucoup trop long.

❏ Pourquoi ne pas l'avoir prévenu ?

❏ Vous avez pu prévenir l'auteur, comme je vous l'avais demandé ?

Je ne sais pas où le joindre car j'ai perdu son adresse.

❏ Pourquoi ne tenez-vous pas compte des recommandations ?

❏ Est-ce que vous tenez compte des recommandations ?

On n'en tient aucun compte parce que seule la qualité du manuscrit importe, et cela quel que soit l'auteur ou les gens qui l'ont recommandé.

EXERCICE 3

Organisez à chaque fois les différents éléments proposés en un seul énoncé en introduisant D'AILLEURS à l'endroit qui vous paraît convenir.

AFFIRMATION	ARGUMENTS
• Pas question de publier ce livre	– il est mal écrit – il est confus – notre programme de publication pour cette année est complet
• Je ne peux pas lui demander de lire ce manuscrit	– il en a d'autre à lire – il termine d'écrire un roman – il n'aime pas l'auteur
• Je n'irai pas avec toi au restaurant ce soir	– j'attends un coup de téléphone – j'ai un rapport à terminer – je n'ai pas très faim

- Inutile de lui fixer un rendez-vous
  - je ne tiens pas à le rencontrer
  - son dernier livre est un échec
  - le manuscrit qu'il vient de me remettre ne vaut rien

- Elle est ravie de son nouveau travail
  - les gens avec qui elle travaille sont sympathiques
  - il y a longtemps qu'elle voulait changer de travail
  - les horaires sont très commodes

- Il n'y a pas moyen de sortir avec lui
  - il n'aime pas le cinéma
  - il déteste le théâtre
  - il fuit les expositions
  - rien ne l'intéresse

EXERCICE 4

Complétez, dans chacune des interventions, la séquence introduite par PUISQUE.

– Tu t'intéresses à ce roman, n'est-ce pas ?
– Ah, oui, absolument.
– Alors, puisque ......, tu n'as qu'à reprendre contact avec l'auteur et lui demander de revoir son texte.

– À quelle heure devons-nous terminer la réunion ?
– À six heures, et il est déjà cinq heures et demie.
– Puisque ......, examinons rapidement les deux derniers dossiers.

– Est-ce que vous avez lu le manuscrit ?
– Non, pas encore.
– Puisque ......, nous en reparlerons à la prochaine réunion.

– Est-ce que vous avez aimé ce roman ?
– Pas vraiment, mais vous devriez le lire.
– Je ne comprends pas que vous me demandiez de le lire, puisque ......

– Alors, que faisons-nous ?
– Je crois que nous avons suffisamment discuté, il faut maintenant prendre une décision.
– Votons alors, puisque ......

– Il faudrait que nous reparlions de ce projet.
– La semaine prochaine, nous avons une réunion, n'est-ce pas ?
– Parfait, puisque ...... nous en reparlerons à ce moment-là.

EXERCICE 5

Complétez l'échange par l'intervention qui vous paraît correspondre :

– Laisse-moi t'expliquer ce qui s'est passé !
– ......
– Puisque tu ne veux pas m'écouter, je préfère m'en aller.

– Écoutez, on peut peut-être revoir encore la question. Tout n'est pas négatif dans ce livre !
– ......
– Bon, puisque la décision est déjà prise, je ne vois pas pourquoi je continuerais à en discuter avec vous.

– Vous êtes certain qu'il acceptera notre proposition ?
– ......

– Puisque vous êtes si sûr de vous, vous n'aurez qu'à lui faire la proposition vous-même.

– Actuellement, ça ne va pas très bien dans le domaine de l'édition.
– ......
– Puisque le nombre de livres publiés augmente chaque année, comment expliquer alors les difficultés rencontrées par les éditeurs ?

– Qu'est-ce que vous pensez finalement de mon livre ?
– ......
– Puisque vous ne l'aimez pas, j'irai le proposer à un autre éditeur.

1. DIX CONSEILS À UN JEUNE HOMME QUI VEUT DEVENIR ÉCRIVAIN

Écrire est peut-être un besoin, peut-être une passion, peut-être une maladie. Ce n'est pas un métier – si l'on entend par là une activité qui assure sa propre existence et celle des siens. On ne peut prétendre faire métier d'écrire qu'après avoir connu un succès important, qu'après s'être attaché l'attention des critiques et la fidélité d'un assez grand nombre de lecteurs. Les cas sont rares.

Si vous éprouvez de l'inclination pour l'oisiveté ou de la répugnance à revêtir la peau d'un adulte, la qualité d'« écrivain » vous tiendra lieu d'identité sociale. Cela n'engage à rien, exige peu de preuves et répand un parfum capiteux de dandysme auquel certaines dames succombent. Certaines…

Écrire, c'est prêter sa plume à la vie, afin qu'elle avoue ses secrets, révèle son ambiguïté, étale sa profusion. Par conséquent, il faut vous mettre à l'écoute du monde. Vite, prenez la route, ouvrez les livres, faites l'amour avec les êtres, les lieux, les cultures. Méfiez-vous de ce penchant parisien, pour ne pas dire français : le narcissisme, ce culte des « petites musiques » au son desquelles certains dansent autour de leur nombril. Sur le marché de l'intimisme les places sont prises, et au-delà.

Sachez qu'un écrivain ne s'adresse pas à lui-même, ni aux intellectuels du VIe arrondissement de Paris, ni à l'animateur d'une émission, ni au directeur d'une collection, ni au juré d'un prix littéraire. Tandis que vous êtes penché sur la page blanche, soyez naturel : soyez ce que vous êtes, dites ce que vous pensez, à quoi vous croyez. On n'est pas souvent authentique dans le cours d'une journée ou d'une existence. Soyez-le au moins en écrivant. Prêtez à votre lecteur imaginaire le visage d'une lectrice impitoyable, pas celui d'un quelconque détenteur de pouvoir littéraire.

Au moment d'envoyer votre premier texte à une maison d'édition, abstenez-vous, par pitié, de relier votre manuscrit : le lecteur professionnel, surtout s'il lit dans son fauteuil ou dans son lit, préfère les feuillets mobiles. Les ratures, non plus, ne sont pas recommandées : ce sont autant de cailloux sur lesquels butent le regard et l'attention du lecteur. Depuis l'école primaire, chacun sait qu'une copie bien présentée vaut deux points de plus.

Ne succombez pas à la tentation des recommandations. Elles sont totalement inutiles. Elles irritent. Un manuscrit se recommande par lui-même – et tous les manuscrits sont examinés. Si vous y tenez, si cela vous semble utile, dites qui vous êtes – les éditeurs adorent l'exotisme, qui commence pour eux aux portes de Paris –, mais sobrement.

Avant de poster votre manuscrit, renseignez-vous sur l'esprit des différentes maisons d'édition. Votre libraire peut vous éclairer. Les noces réussies d'un écrivain et d'un éditeur favorisent l'épanouissement d'un talent littéraire. Il existe, quelque part sur cette terre, la femme ou l'homme de votre vie : de même, il existe, à Paris ou ailleurs, l'éditeur qui est votre éditeur – celui avec qui vous serez en complicité, voire en amitié. Capital ! Auteur-éditeur, c'est un couple. Pas de succès imaginable sans cette entente.

Votre manuscrit a été refusé : ne le prenez pas au tragique. Telle est la subjectivité en matière de goûts littéraires qu'un éditeur s'ébahira devant un texte que dix de ses confrères auront trouvé sans relief. Soyez doublement persévérant : en proposant ailleurs votre manuscrit et, surtout, en ouvrant un nouveau chantier littéraire. D'ailleurs, si un premier échec fige votre désir d'écrire, c'est tout simplement que vous n'êtes pas un écrivain.

Votre manuscrit est accepté. C'est la joie, l'ivresse ! Ne souillez pas ce bonheur tout pur en songeant immédiatement à l'argent, aux articles, aux émissions ou au tirage. De la joie vous passeriez au désarroi et du désarroi vous échoueriez dans les marécages de la rancœur. L'important, c'est le livre ; la notoriété vous encombrera bien assez tôt...

Votre premier livre a paru, et recueilli ce que le jargon éditorial appelle un « succès d'estime ». Vous écrivez un autre livre et déjà vous rêvez de « vivre » de la littérature. Sans l'avouer, vous ébauchez des stratégies d'abordage du milieu littéraire. Vaut-il mieux entrer dans un journal, dans une maison d'édition ? Difficile, très difficile ! Quel est le chemin le plus court qui traverse les cocktails pour déboucher dans la familiarité des membres des grands prix, des chroniqueurs en renom ou de l'animateur d'« Apostrophes » ?...

Attention ! Le sol carriériste se dérobe sous les pas : le talent littéraire y risque l'enlisement, et l'intégrité, des accrocs dont on n'est pas très fier. Il est évident que la détention d'un pouvoir éditorial ou médiatique facilite une carrière – dans des proportions variables. Reste à savoir si vous ambitionnez de bâtir une œuvre ou de jouer un rôle (lequel ?) dans un certain milieu. Si j'étais écrivain, je choisirais l'œuvre, quitte à exercer un métier obscur.

La conviction d'avoir du génie vous possède ? Alors ne tenez aucun compte des ci-dessus conseils. Écrivez ce que génial vous semble et tarabustez le premier éditeur venu. Pour la joie aléatoire de découvrir un vrai génie, les éditeurs en subissent de faux à perte de journée...

Robert LAFFONT, Lire, n° 120, septembre 1985.

❏ POUR COMPRENDRE LE TEXTE

a) Repérez dans le texte tous les termes introduits par *vous, votre*.
b) Trouvez tous les termes qui dans le texte conduisent de *page blanche* à *œuvre.* Quels sont les verbes qui y sont associés ?
c) Disposez dans un tableau, et selon l'ordre d'apparition dans le texte, tous les termes relevés en a) et b). Que représente ce tableau ?
d) Ce texte constitue une réaction à des propos entendus, des comportements constatés. Quelle est l'image donnée de l'apprenti-écrivain ?
e) D'après vous Robert Laffont est-il un écrivain ou un éditeur ?

2. LE PARCOURS DU COMBATTANT

Le parcours du combattant à l'issue duquel Pascal Comère a tout récemment publié son premier livre est exemplaire. Cet auteur de 35 ans vit en Bourgogne, dans un village près de Semur-en-Auxois. Il fait de la comptabilité à domicile pour les paysans et vignerons de la région. Quand il ne compte pas, il écrit : des textes plutôt courts, des nouvelles, des récits. C'est ainsi qu'il écrit *Chevaux,* un texte dans lequel un petit garçon qui dit « je » exprime sa fascination pour ces bêtes dans une langue souple qui marie avec bonheur lyrisme et précision. Le père disparaît trop vite (victime d'un accident de cheval, justement), la mère dépassée par les événements et le frère aîné à l'égoïsme brutal font ici de la figuration : le vrai monde est ailleurs, dans le cœur d'un gosse à la gravité un peu folle.

Une fois tapé, le manuscrit est envoyé par la poste à Gallimard. Bien sûr... George Lambrichs, qui dirige la *Nouvelle Revue française,* répond qu'il passera une nouvelle extraite du manuscrit dans sa revue et suggère à l'auteur de retravailler l'ensemble. La revue ne publiera finalement jamais le texte et la maison d'édition refusera le manuscrit. Sur les conseils d'une amie libraire, Pascal Comère l'envoie chez Calmann-Lévy. Refus argumenté : « Vous parlez mal des chevaux... », ce qui le fit beaucoup rire. Puis il l'envoya au Seuil. Refus : « Le style n'est pas très nouveau. »

Il eut alors l'idée de l'envoyer chez Denoël où il connaissait vaguement quelqu'un qui pourrait le défendre. Le manuscrit, qu'il avait entre-temps retravaillé, est accepté par le comité de lecture. Il paraîtra. Première victoire. Et sans même lui dire, Denoël présente *Chevaux,* encore à l'état de manuscrit, à la fondation Del Duca qui, sous la présidence de Simone Del Duca, veuve du patron de presse, décerne chaque année des prix dans différentes disciplines scientifiques et intellectuelles. Anne Garetta obtient la bourse du premier roman (20 000 francs) pour *Sphynx* (Grasset), et Pascal Comère la bourse du manuscrit (10 000 francs) pour *Chevaux.*

« Mon éditeur ne m'avait pas prévenu, mais la surprise m'a fait très plaisir, dit-il. Surtout depuis que j'ai vu la liste de mes prédécesseurs dans cette récompense. Certains n'ont pas trop mal tourné, c'est un bon présage... » *Chevaux* est en librairie sous la couverture Denoël, 160 pages pour 48 francs. Pascal Comère a commencé un autre livre tout aussi court. Quand il connaîtra l'ivresse des gros tirages – ce que nous lui souhaitons pour bientôt – il sera un des très rares écrivains à savoir calculer ses droits d'auteur.

Lire, n° 140, mai 1987.

❏ POUR COMPRENDRE LE TEXTE

a) Cherchez le sens de l'expression « parcours du combattant » ; à partir de là, essayez de repérer l'organisation du texte et des différents épisodes qui le constituent.
b) « Chevaux », quelles sont ses différentes dénominations dans le texte ? Dans quel ordre apparaissent-elles ?

3. PROFESSION : TRIEUR DE MANUSCRITS

Votre manuscrit arrive au service du courrier, envoyé par la poste ou déposé à la réception. « Chaque colis est défait, doté d'un numéro d'ordre noté dans un cahier avec le nom et les coordonnées de l'auteur, le titre de son texte. Puis il est déposé sur mon bureau », explique Daniel Garcia, trieur-lecteur chez Flammarion après avoir rempli le même rôle chez Denoël.

Toutes les maisons d'édition ont, à peu de choses près, un fonctionnement identique. Puis commence la première lecture, décisive bien souvent. Condamner d'emblée les neuf dixièmes des arrivages ! La première élimination se fait pour les lecteurs presque « à l'œil nu » : textes rédigés à la main (inacceptables aujourd'hui mais encore fréquents), manuscrits qui n'entrent dans aucune collection de la maison choisie. Mais cette expression convenue est souvent choisie pour tous les textes qui ne présentent à l'évidence aucun intérêt de langue, d'histoire, de ton. « La préretraite fait beaucoup de mal aux éditeurs », disent en riant tous les lecteurs actuels, de Joël Schmidt chez Albin Michel à Odette Laigle chez Gallimard. « Placés devant un temps qui ne leur est plus compté, les retraités ou préretraités prennent enfin la plume pour écrire le livre de leur vie, autobiographie ou solution à la "crise". »

L'autobiographie reste cependant le best-seller du service des manuscrits. Drame psychologique que l'auteur tente de résoudre en écrivant comme son psychanalyste lui a conseillé. Souvenirs d'enfance qui reviennent à la mémoire quand la vieillesse commence à poindre. [...]

Selon Daniel Garcia, chez Flammarion, les jeunes générations n'ont plus guère d'imagination que leurs devancières : « Je suis surpris du peu de recherche d'écriture chez les adolescents ou les jeunes. Élevés au lait de la bande dessinée ou du cinéma, ils ne possèdent même pas cette écriture éclatante de la BD et préfèrent le ton le plus classique pour des histoires plus classiques encore. Mais eux du moins peuvent progresser. »

Les « petites » maisons semblent souvent moins sévères que les « grandes ». Chez POL, c'est l'éditeur lui-même, Paul Otchakovsky-Laurens, qui continue d'ouvrir les manuscrits avec son assistante Carine : « Nous recevons entre cinq et huit textes par jour et, tous les matins, nous les ouvrons. Je veux avoir ainsi une rapidité de réaction quand un livre me plaît et je continue de trouver deux ou trois manuscrits intéressants par an, que je publierai dans le courant de l'année. Mais ma direction est très personnelle et je ne publie que ce qui me plaît sans tenir compte du courant général, de la "politique culturelle". Depuis que je lis des manuscrits, je ne remarque aucune dégradation. »

Beaucoup moins optimiste, Odette Laigle estime que « tout le monde croit aujourd'hui pouvoir écrire. Il y a beaucoup de complaisance, beaucoup d'auto-analyse, beaucoup de médiocrité ».

[...] Les trieurs sont en fait de grands amoureux du livre qui, unanimement, avouent leur démangeaison pleine d'espoir à chaque manuscrit ouvert. « Nous attendons toujours que celui-ci soit le bon, un Le Clézio ou un Beckett, et nous les lisons tous. »

Une réflexion sincère qui permet de croire vraiment que le génie, en matière littéraire, ne reste jamais méconnu. Mais à quel prix !

Lire, n° 140, mai 1987.

Les débats, discussions, affrontements divers proviennent de ce que, sur certains points, les **attitudes** divergent, l'attitude pouvant être considérée comme un jugement positif ou négatif par rapport à un objet, un fait ou une proposition.

L'objectif recherché dans de nombreuses réunions, et notamment celles qui doivent déboucher sur une décision, est de concilier, de rapprocher des attitudes au départ opposées, de façon à obtenir un accord général. Il en est ainsi de la réunion du comité de lecture qui permet de faire passer Yves du **non** au **oui** par étapes successives.

On peut schématiser cette **transformation d'attitude** de la façon suivante :

> **A** sollicite **B** sur un point donné. **B** réagit

DU DÉSACCORD À L'ACCORD

A SOLLICITE		B RÉAGIT		
intervention	formulation	formulation	intervention	position
I[1] **offre**	– Veux-tu venir avec nous au restaurant ce soir ?	– Désolé, mais j'ai un travail important à terminer.	I[2] **refus**	NON
I[3] **réplique**	– Mais nous y allons de bonne heure et nous ne rentrerons pas tard.	– Même en y allant de bonne heure, ça ne me laissera pas suffisamment de temps.	I[4] **confirmation de refus**	NON, ET MÊME SI…, NON
I[5] **relance**	– Oui, mais Christine sera avec nous.	– Ah bon ?	I[6] **hésitation**	NON, MAIS
I[7] **renforcement**	– Et elle a très envie de te voir, tu sais ?	– Bon, je vais essayer de venir, mais il me faudra rentrer de très bonne heure.	I[8] **acceptation sous condition**	NON, MAIS SI…, OUI
I[9] **demande de confirmation**	– Alors, c'est d'accord, on passe te prendre ce soir.	– C'est bien d'accord. À ce soir.	I[10] **acceptation**	OUI

** Les mêmes étapes peuvent être envisagées pour le parcours inverse qui va du **oui** au **non** (tableau p. 85).*

EXERCICES

Pour chacune des situations suivantes et à partir du modèle des schémas ci-dessus et page ci-contre, vous organisez les échanges correspondants.

1. DU NON AU OUI

Situation 1

Julien Espinasse est appelé aux éditions Ex-Libris. Le directeur littéraire lui demande de revoir son manuscrit

DE L'ACCORD AU DÉSACCORD

A SOLLICITE		B RÉAGIT		
intervention	formulation	formulation	intervention	position
I¹ **offre/requête**	– On te prend une place pour *Don Juan* le 12 du mois prochain ?	– Ah oui ! Cela fait longtemps que je ne suis pas allé à l'Opéra.	I² **acceptation**	OUI
I³ **réplique**	– Ça ne sera pas la soirée avec Kiri Te Kanawa, les jours où elle chante sont pleins.	– Ça ne fait rien. L'orchestration, la mise en scène, ça compensera.	I⁴ **confirmation d'acceptation**	OUI, ET MÊME SI…, OUI
I⁵ **relance**	– Je ne sais pas si on sera bien placé, il reste très peu de places.	– Ah bon ?	I⁶ **hésitation**	OUI, MAIS
I⁷ **renforcement**	– Oui, des 3ᵉˢ balcons, ou des orchestres très chers.	– Je veux bien venir mais à condition d'être bien placé sans mettre un prix exorbitant.	I⁸ **refus, sous condition**	OUI, MAIS SI, NON
I⁹ **demande de confirmation**	– Écoute, il me faut ta réponse maintenant sans garantie d'obtenir la place rêvée.	– Ben, finalement, non.	I¹⁰ **refus**	NON

et de supprimer une bonne centaine de pages. Julien Espinasse au début refuse.

Situation 2

C'est vendredi après-midi. Le directeur littéraire appelle un des membres du comité de lecture et lui demande pour lundi une note de lecture sur un manuscrit qu'il vient de recevoir et qui lui paraît intéressant. Refus initial du lecteur.

Situation 3

Françoise, l'assistante du directeur littéraire, pense qu'il faudrait diversifier la production d'Ex-Libris. Elle pense à la création d'une collection d'art consacrée aux peintres français. Le directeur de la maison d'édition n'y est pas favorable. Du moins au début.

Situation 4

On rejoue au cinéma un film de François Truffaut. Annie adore. Elle propose à Jacques d'aller le voir ensemble. Jacques n'y tient pas tellement.

2. DU OUI AU NON

Situation 5

Le directeur de la maison Ex-Libris est ravi. Il va pouvoir enfin faire venir chez lui Pierre-Louis Elzer, auteur de romans à succès. Mais son directeur littéraire n'y est pas du tout favorable. Pierre-Louis Elzer a mauvaise réputation. On dit qu'il fait écrire ses livres par d'autres personnes. Un scandale risque d'éclater.

Situation 6

Enthousiasmé par *La Carte orange,* le directeur littéraire voudrait le faire publier immédiatement. L'attachée de presse n'y est pas favorable et propose de reporter la parution en septembre, pour que le livre puisse participer à la course des prix littéraires.

Situation 7

Julien Espinasse vient de faire savoir à un de ses amis qu'il a signé un contrat avec les éditions Ex-Libris. Celui-ci lui déconseille de le faire, car, selon lui, Ex-Libris n'est pas une maison suffisamment importante. L'ouvrage risque de passer inaperçu.

Situation 8

Marie accepte de prêter de l'argent à Jacques. Hélène l'apprend et est catastrophée. Elle dit à Marie que Jacques ne rembourse jamais l'argent qu'on lui prête.

III. PARCOURS DE LA CONCESSION

CONCÉDER c'est :

1. affirmer $\widehat{P}$ *« ce livre est intéressant » ;*
2. ce qui permet de conclure $\widehat{C}$ *« il faut le publier ».*

Mais, c'est aussi :

3. opposer $\widehat{Q}$ *« ce livre est trop long »,* considéré comme plus fort que P ;
4. ce qui permet de conclure $\widehat{\text{NON-C}}$ *« on ne peut pas le publier sous cette forme ».*

Ce qui peut se représenter sous cette forme :

C'est-à-dire avec les quatre pôles suivants :

Le **PARCOURS** le plus simple et le plus fréquent est le parcours ① ⟶ ③ :

– ce livre est intéressant mais trop long
– un livre certainement intéressant, mais trop long
– il est certain que ce livre est intéressant, mais il est trop long

D'autres parcours sont envisageables. Voici un certain nombre de ces parcours.

a) Essayez de verbaliser chacun de ces parcours.

b) Relevez les différents termes ou expressions qui ont pu être utilisés pour réunir ces différents pôles :

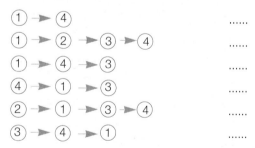

c) Trouvez l'intervention qui peut être à l'origine de chacun de ces parcours.

CONCÉDER, c'est argumenter en deux mouvements :

• Dans le premier mouvement, on présente un argument qui va dans un certain sens :
    – il y a dans ce livre des défauts d'écriture,
avec une conclusion, souvent implicite :
    – il ne faut pas publier ce livre.

• Dans le second mouvement, on opère un renversement en présentant un argument de valeur plus forte que le précédent :

– *il est intéressant,*

avec une conclusion opposée :

– *il faut donc le publier.*

Autrement dit :

• Dans le premier mouvement, on accepte de reconnaître pour vrais certains arguments, certains points de vue de l'adversaire, on CONCÈDE, on fait une CONCESSION.

• Dans le second mouvement, on OPPOSE à ces arguments des arguments plus forts qui aboutissent à une conclusion opposée à celle du premier mouvement.

Le premier mouvement, mais sans que cela soit systématique, est introduit par **une expression qui marque l'accord** avec le point de vue de l'interlocuteur ; le second mouvement est introduit par **un élément qui marque l'opposition** ou la restriction, le plus fréquent étant la conjonction **MAIS.**

1er MOUVEMENT	→	2e MOUVEMENT
JE RECONNAIS/J'AVOUE		MAIS
JE VOUS ACCORDE/J'ADMETS QUE		combiné avec
C'EST EXACT/IL EST EXACT QUE		– EN FAIT
C'EST VRAI/IL EST VRAI QUE		– ENFIN
C'EST SÛR/IL EST SÛR QUE		TOUTEFOIS
C'EST CERTAIN/IL EST CERTAIN QUE		SEULEMENT
BIEN SÛR		QUAND MÊME
CERTAINEMENT		NÉANMOINS
ÉVIDEMMENT		POURTANT
EFFECTIVEMENT/EN EFFET		CEPENDANT
CERTES		TOUT DE MÊME
(je suis) D'ACCORD		
MALGRÉ		
EN DÉPIT DE		
BIEN QUE		

3 - APPRÉCIER

LA TRIBUNE DES CRITIQUES

> **DIALOGUE 3**
>
> **Intervenants**
>
> – Philippe, journaliste radio
>
> – Annie, critique littéraire
>
> – Norbert, critique littéraire
>
> – Jacques, critique littéraire
>
> – Sophie, critique littéraire
>
> **Échange**
>
> – **nature :** débat
>
> – **type :**   critique (louer/blâmer)
>   transmettre une conviction
>
> – **mouvement :** concession

R 1 PHILIPPE. – À tous ceux qui nous écoutent, bonsoir. Nous voici donc à nouveau réunis pour notre traditionnelle « Tribune des critiques » consacrée ce soir à la littérature.

Autour de moi, Annie Rondeau de *Libération*, Jacques Sanchez du *Quotidien de Paris*, Norbert Sellier de *L'Express* et Sophie Arnaud du *Magazine littéraire*. Nous avons décidé de consacrer l'émission de ce soir aux nouveaux auteurs, ceux qui publient pour la première fois et qui seront peut-être les grands écrivains de demain. N'est-ce pas, Annie ?

R 2 ANNIE. – Absolument. Nous allons essayer de partir un peu à l'aventure pour explorer les dernières publications de nos éditeurs parisiens.

R 3 NORBERT. – Explorer est le mot juste, Annie, car les éditeurs viennent de sortir un nombre incroyable de bouquins et on ne sait vraiment plus où donner de la tête.

R 4 PHILIPPE. – Mon cher Norbert, vous savez bien que l'éditeur propose et que le public dispose. À nous de bien faire notre travail. Alors quel titre nous proposez-vous pour commencer ?

R 5 ANNIE. – Si vous le voulez bien, je proposerai de commencer par *La Carte orange* de Julien Espinasse qui vient de paraître aux éditions Ex-Libris. Voilà un ouvrage qui fait pas loin de 500 pages, ce qui est assez exceptionnel dans la production française actuelle. J'y ai surtout trouvé une peinture très vraie de la vie ordinaire dans le Paris d'aujourd'hui, sujet qui, vous en conviendrez avec moi, n'inspire plus guère nos auteurs.

R 6 PHILIPPE. – Voyons, Jacques, vous qui savez si bien raconter, si vous nous disiez de quoi parle *La Carte orange*.

R 7 JACQUES. – Pour être bref, je dirai que c'est une histoire assez banale. La carte orange, tous les Parisiens et les banlieusards connaissent, n'est-ce pas ? C'est donc l'histoire d'un couple dans les allers et retours quotidiens banlieue nord-Paris, un couple qui s'est connu dans cet univers, qui va y vivre et, très lentement, s'y user, se dissoudre au fil des mois et des années.

R 8 ANNIE. – Évidemment, présenté comme ça, le roman semble assez plat et l'intrigue somme toute assez pauvre. Mais tout l'intérêt réside, si je puis dire, dans l'habillage de cette intrigue.

R 9 PHILIPPE. – Mais justement Annie, vous ne trouvez pas que l'habit est un peu lourd ? Cinq cents pages pour un couple qui cesse de s'aimer !

R 10 SOPHIE. – J'avoue être en effet assez partagée. Il est certain qu'il y a du souffle et une qualité de réalisme, réalisme quotidien que nous n'avons pas rencontré depuis longtemps, il faut bien le dire. Mais, en même temps, le sentiment que cette histoire d'amour, qui est très finement évoquée, notons-le au passage, se perd dans cette masse, dans cet univers de gare et de banlieue, avec des détails, des descriptions qui n'en finissent pas.

R 11 ANNIE. – Mais, justement, c'est peut-être là tout l'intérêt du livre, l'insertion de cet amour fragile dans un univers de vie qui va lentement se disloquer !

R 12 PHILIPPE. – Norbert, que nous n'avons pas encore entendu.

R 13 NORBERT. – Oui, j'avoue être tout à fait allergique à ce genre d'ouvrages. Zola, c'est bien fini. Or toute cette abondance documentaire…

R 14 PHILIPPE. – C'est vrai qu'avec ce livre, on n'ignore plus rien du trafic banlieue-Paris depuis la gare du Nord. Mais évoquer Zola ne me paraît pas approprié. Je penserais plutôt à ces romans des années 30 où la ville était l'acteur principal.

R 15 NORBERT. – Si vous voulez. De toute façon, ce n'est pas de la littérature, tout au plus un indicateur de chemin de fer.

R 16 JACQUES. – Je comprends parfaitement que l'on se sente mal à l'aise face à ce genre de texte quand on est habitué à une littérature qui représente des intellectuels s'interrogeant sur leurs états d'âme dans des salons bourgeois. Il y a, c'est sûr, un côté populaire dans ce livre, mais un popularisme moderne, tout à fait intéressant.

R 17 SOPHIE. – Je ne dis pas le contraire, cet aspect est certainement intéressant. Mais je retiendrai malgré tout le propos que tenait tout à l'heure Norbert.

C'est trop fabriqué. On voit la fiche documentaire, très bien informée d'ailleurs, voisiner avec l'analyse psychologique. Le rapprochement n'est pas toujours heureux.

R 18 ANNIE. – Les ruptures de ton sont fréquentes, c'est vrai, mais, selon moi, le caractère heurté du montage est précisément à l'image de cette vie qui n'a jamais le temps de prendre son temps, si je puis dire.

R 19 PHILIPPE. – Jolie formule, Annie, mais nous devons conclure. Jacques ?

R 20 JACQUES. – Un livre original, malgré ses défauts. À lire dans tous les cas, car il nous change vraiment de la production romanesque actuelle.

R 21 PHILIPPE. – Sophie ?

R 22 SOPHIE. – À connaître, certainement, on ne sera pas vraiment déçu, mais il y en a de mieux écrits.

R 23 PHILIPPE. – Et vous, Norbert ?

R 24 NORBERT. – Ne décourageons pas les jeunes talents. Je suis persuadé que si Julien Espinasse veut bien descendre de son train, il pourra nous écrire de très bons livres. J'attends le prochain avec impatience.

Pour suivre le débat

1. ANALYSE

En vous aidant du schéma page 90, et selon l'indication des répliques signalées (R 1, R 2, etc.), vous pouvez noter les éléments suivants :

• **approche du thème**

– nature de la réunion

– participants

– thème central

• **débat**

– qui prend position ?

– pour chacune des répliques signalées, quelle est la position manifestée, comment se situe-t-elle par rapport à la précédente (accord/désaccord partiel, total) ?

– les interventions de l'animateur : à quoi servent-elles ?

– positions initiales – positions finales : y a-t-il changement ?

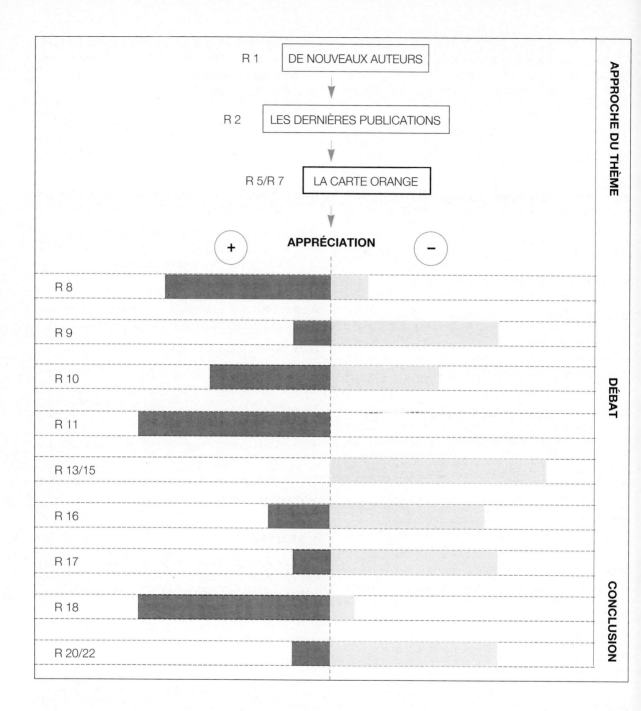

APPROCHE DU THÈME

R 1 — DE NOUVEAUX AUTEURS

R 2 — LES DERNIÈRES PUBLICATIONS

R 5/R 7 — LA CARTE ORANGE

APPRÉCIATION (+) (−)

DÉBAT

R 8
R 9
R 10
R 11
R 13/15
R 16
R 17
R 18
R 20/22

CONCLUSION

2. RESTITUTION/RECONSTITUTION

À l'aide du schéma et des notes prises lors de l'audition du dialogue, essayez, à plusieurs, de reconstituer le débat.

a) Indiquez pour chacun des enchaînement suivants la nature du mouvement argumentatif (cf. p. 74).

R 8 ⟶ R 9 : ......

R 8 ⟶ R 10 : ......

R 10 ⟶ R 11 : ......

R 8 ⟶ R 13 : ......

R 13 ⟶ R 14 : ......

R 14 ⟶ R 15 : ......

R 15 ⟶ R 16 : ......

R 16 ⟶ R 17 : ......

R 17 ⟶ R 18 : ......

b) Pour chacun de ces enchaînements, relevez :

– la façon dont est repris le contenu de l'intervention précédente ;

– les formes du langage qui signalent la nature du mouvement argumentatif.

c) Vous travaillez aux éditions Ex-Libris et vous êtes chargé(e) d'établir une note de synthèse sur le passage de la « Tribune des critiques » qui traite de *La Carte orange*.

Vous rédigez cette note.

3. TRANSPOSITION

À cinq ou six, et sur des ouvrages de littérature française ou francophone récents, organisez, sur la base du précédent, une autre « Tribune des critiques ».

EXERCICE 1

Pour chacune des répliques possibles à l'intervention initiale, complétez par JUSTEMENT ou AU CONTRAIRE :

Justement : permet de reprendre l'argument de l'interlocuteur en l'orientant dans le sens opposé.

Au contraire : marque l'opposition immédiate.

exemple

– Ce livre ne peut pas être publié. Il ne correspond pas du tout à ce que nous avons l'habitude de publier, à notre style d'édition.

a) – Justement, ce sera pour nous l'occasion de renouveler notre image de marque.

b) – Au contraire, je trouve que cela correspond à ce que nous avons l'habitude de publier.

– Il y a dans ce livre beaucoup trop de descriptions !

a) – ......, je n'ai pas l'impression qu'il y en ait trop.

b) – ......, c'est ce qui fait tout l'intérêt de l'ouvrage.

– C'est un livre dans lequel j'ai eu beaucoup de mal à entrer.

a) – ......, c'est la preuve d'une approche originale du thème qui nous sort un peu de nos habitudes de lecture.

b) – ......, en ce qui me concerne j'ai tout de suite accroché.

– Tu n'aurais pas dû être si sévère quand tu lui as parlé de son manuscrit, il va se décourager.

a) – ......, j'ai tout fait pour l'encourager.

b) – ......, il a besoin de ces critiques pour s'améliorer.

– Je n'aime pas beaucoup ce titre, La Carte orange. *Qui connaît la carte orange en dehors de Paris ? Cela risque de laisser le lecteur perplexe.*

a) – ......, la plupart des gens aujourd'hui savent ce que c'est que la carte orange.

b) – ......, le titre va accrocher le lecteur et le pousser à acheter le livre.

– Tous ces accidents de chemin de fer montrent que ce moyen de transport n'est pas aussi sûr que ce que l'on prétend généralement.

a) – ......, le nombre d'accidents rapporté au nombre de voyageurs transportés est en baisse constante.

b) – ......, c'est la rareté des accidents de chemin de fer qui les rend plus spectaculaires.

EXERCICE 2

Complétez chacune de ces interventions par EN SOMME, AU FOND, FINALEMENT, DE TOUTE FAÇON.

• Je sais, j'aurais dû te prévenir. Mais j'ai été retenu par un client qui n'en finissait pas, le téléphone était en dérangement et il n'y avait personne au magasin pour me remplacer. ......, impossible de te prévenir.

• Je sais, tu m'avais demandé de te prévenir. Mais je ne suis pas sans arrêt à ta disposition. Je n'ai pas que ça à faire. Je devais aussi voir Jacques qui m'avait demandé de passer. ...... le téléphone ne marchait pas et je ne vois pas comment j'aurais pu te prévenir.

• Elle m'avait demandé de passer le dimanche avec elle. D'un côté, j'avais un travail important à terminer. Mais elle avait aussi beaucoup de charme. ...., j'ai accepté sa proposition.

• Au départ, j'étais assez réticent. Mais le thème était assez original et puis le ton général était agréable, il y avait de l'humour, de la sensibilité. ...... j'ai regretté de ne pas l'avoir lu plus tôt.

• L'ouvrage ne manque pas de qualités et l'écriture est originale. Mais on n'accroche pas vraiment, ou du moins difficilement. ...... je ne sais pas quoi vous conseiller.

• D'abord il y avait beaucoup trop de monde. On pouvait à peine se déplacer dans la salle. La musique était assourdissante, le buffet inaccessible et j'ai à peine pu entrevoir Jacques. ...... une soirée complètement ratée. J'aurais mieux fait de rester chez moi.

• Cet appartement n'est pas mal, il est assez vaste, mais il est au 4e étage et sans ascenseur, et puis, je n'aime pas l'immeuble. .... je n'ai pas encore eu la réponse de la banque pour ma demande de prêt. Nous en reparlerons plus tard.

LES CONNECTEURS ARGUMENTATIFS (2)

RÉCAPITULER/CONCLURE

Au terme d'une discussion ou d'un exposé mettant en jeu des appréciations contrastées, faisant appel à des arguments de différente nature et d'orientations variées, il est souvent nécessaire, pour y voir plus clair, de récapituler, de synthétiser ce qui vient d'être dit.
Un certain nombre de connecteurs permettent ainsi de restituer **le sens général d'une ou plusieurs interventions.**

1. DE TOUTE FAÇON

A – *La Carte orange*, avec toutes ses descriptions, son abondance documentaire, cela me fait penser un peu à Zola.　　　　　　　　　　➤ appréciation **a**

B – Je dirais plutôt, en ce qui me concerne, que cela évoquerait ces romans des années 30 où la figure du héros se perdait dans la représentation de la ville.　　　　　　　　➤ appréciation **b**

C – **De toute façon,** pour moi, ce n'est pas de la littérature, tout au plus un indicateur de chemin de fer.　　　　　　　　　　➤ ni **a** ni **b**

Les deux appréciations **a** et **b,** de nature différente, sont toutes les deux rejetées parce que jugées inadéquates.

2. FINALEMENT

A – *La Carte orange* c'est d'abord une histoire d'amour, celle d'un couple, une analyse psychologique très finement conduite d'ailleurs.　➤ appréciation **a**
Mais c'est aussi, et cela peut surprendre, la représentation très réaliste d'une grande ville d'aujourd'hui.　　　　　　　　➤ appréciation **b** de sens opposé

Finalement, c'est cette rupture de ton, ce contraste que j'apprécie.　　　　➤ **a** et **b** compatibles

FINALEMENT permet de rendre compatibles des appréciations **a** et **b** jugées au départ de nature opposée ou contradictoire.
Synonymes : TOUT COMPTE FAIT, EN FIN DE COMPTE

3. AU FOND

A – *La Carte orange* est un ouvrage très contrasté. ➤ appréciation **a**
On y trouve une histoire tout à fait émouvante et
une évocation très réaliste du Paris d'aujourd'hui. ➤ appréciation **b**
Au fond, c'est cette association qui rend le livre ➤ **a** et **b** vont
intéressant. ensemble

AU FOND permet de considérer comme acceptable la récapitulation d'appréciations **a** et **b** allant dans le même sens.

4. EN SOMME

A – *La Carte orange,* c'est d'abord un énorme ➤ appréciation **a**
pavé de plus de 500 pages, imprimé en petits
caractères d'ailleurs, et puis cette histoire a deux
dimensions, la description de Paris et la vie de ce ➤ appréciation **b**
couple.
B – **En somme,** un livre difficile à lire.

EN SOMME permet de regrouper des arguments ou des appréciations de nature différente dans une même orientation et d'imposer de la sorte une conclusion.

	en imposant une même orientation à des arguments de nature diverse	RÉCAPITULER		
		en reprenant dans une même visée		
		pour les adopter		**pour les rejeter**
		des arguments allant dans le même sens	des arguments de nature opposée	des arguments de nature opposée
EN SOMME BREF	+	–	–	–
AU FOND	+	+	–	–
FINALEMENT	–	–	+	–
DE TOUTE FAÇON	–	–	–	+

1. LES PAYS LOINTAINS

(par Julien Green, 900 pages, Seuil)

Dans son « journal » de 1934, Julien Green nous confie qu'il tente de mettre en route *Les Pays lointains*, un livre qui se déroulera dans le sud de l'Amérique vers 1850. Ce livre rêvé, il n'arrivera à l'écrire qu'à plus de quatre-vingts ans. Et ce n'est pas un mince ouvrage : un millier de pages ou presque. Saluons l'exploit. Apprécions la peinture d'une société encore heureuse menacée par une guerre à laquelle elle ne croit pas. Pour la jeune cousine anglaise qui débarque, c'est la révélation d'un amour déchirant parce qu'impossible, puis d'un second – possible lui –, mais qui ne lui fera pas oublier le premier. Tout finira très mal : les deux hommes se tueront en duel. Avouons malgré tout notre gêne, car le miracle n'a pas vraiment lieu, les conventions de l'intrigue et de longs dialogues noyant la violence du sujet. Il n'empêche qu'à la lecture de certaines pages de ce long roman, notre admiration pour l'auteur de *Moïra* et *Chaque homme dans sa nuit* reste intacte.

Lire, n° 141, juin 1987.

2. LA TRAVERSÉE DU MIROIR

(par Patrick Poivre d'Arvor, 224 pages, Balland)

Alexis Dorgel est un jeune gynécologue parisien ayant de nombreux succès professionnels et féminins. Tout cela le laisse finalement insatisfait. Alexis part à la frontière cambodgienne dans une équipe de Médecins sans Frontières. Tenu pour mort à la suite d'une embuscade, Alexis revient à Paris, au bout de trois ans, sous une autre identité, et va hanter les lieux et les êtres de sa première vie. Patrick Poivre d'Arvor est l'auteur de quelques best-sellers ; c'est dire qu'il sait mener un récit qui séduise le lecteur, et c'est le cas pour ce roman qui se lit jusqu'au bout avec plaisir. Toutefois, comme le livre est beaucoup trop bavard et comporte des redites, le lecteur ne s'intéresse que de loin à l'itinéraire d'Alexis Dorgel.

Bulletin critique du Livre français, n° 490, octobre 1986.

1. Voici deux comptes rendus critiques de nouveautés littéraires. Pour chacun d'entre eux :

a) distinguez le compte rendu proprement dit (thème, intrigue, personnages, etc.) de l'appréciation proprement dite ;

b) précisez si l'appréciation est :

– positive
– négative
– nuancée (négative en concédant quelques aspects positifs ou positive en concédant quelques aspects négatifs).

2. Rédigez à votre tour une note critique sur le dernier roman que vous venez de lire.

4

Parlez-moi d'amour

Les figures de l'amour ne sont jamais tout à fait les mêmes. Chaque époque a sa manière de vivre ou de dire la passion que l'on éprouve pour l'autre. Aujourd'hui encore, on a l'impression que plus rien n'est comme avant. Et pourtant, sous la diversité des apparences, ne retrouve-t-on pas l'amour éternel ?

Qu'en pensez-vous ?

1. Les mots de l'amour

DOCUMENT 1

AMOUR : 842, du latin *amor*.

• Ardeur. Affection. Attachement. Flamme. Inclination. Penchant. Sentiment. Désir – être en amour (psychol.). Toute la terre est en amour. Une terre en amour (au printemps) – Faire l'amour (fam.), se livrer aux plaisirs de l'amour – Filer le parfait amour, s'aimer dans une entente parfaite – Cours d'amour (tribunaux) – Enfant de l'amour, illégitime. Amour platonique (Platon dans *Le Banquet*). Amour socratique (homosexuel). Amour de soi, égoïsme – Mon amour (loc. fam.). C'est un amour, joli, gentil. Pour l'amour de Dieu, en vue de plaire à Dieu ou sans aucune vue d'intérêt. Pour l'amour de quelqu'un, par estime, par considération, par affection. Faire quelque chose avec amour, avec beaucoup de soins, y prendre plaisir – Avoir la cote d'amour. L'Amour (Éros). Les ailes de l'Amour.

Mamour (Ma amour) – En psychol. : tendance, instinct sexuel. Inclinaison (valeur). Amour concupiscence, captatif, possessif. Amour de bienveillance, dévoué, oblatif – Amoureusement, avec amour. Amoureux, enclin à l'amour.

• Sortes : amour-passion, amour-goût, amour physique, amour de vanité. Amour divin, maternel, paternel, filial, de la patrie, de l'humanité, de la science, du progrès, de la gloire, des arts, etc. – Feux. Passion. Flamme. Transport. Extase. Idolâtrie. Sentiment. Attachement. Penchant. Inclination. Béguin. Flirt. Amourette. Passionnette. Passade. Galanterie. Caprice. Cour. Conquête. Séduction – Amants : maîtresse. Bon ami, bonne amie. Amoureux(se). Galant. Soupirant. Prétendant. Sigisbée.

Céladon. Jeune premier. Adonis. Objet. Idole – Action d'aimer : s'éprendre. S'enticher. S'extasier / Adorer. Idolâtrer. S'embéguiner. S'attacher à. Brûler pour. Soupirer. Roucouler. Flirter. Conter fleurette. Offrir son cœur. Faire sa déclaration, les yeux doux. Échanger des serments, des billets, des poulets. Filer le parfait amour. Témoigner son ardeur, sa flamme. Accorder ses faveurs. Vénus. Astarté. Aphrodite. Cupidon. Éros. L'Amour, les Amours.

• Contraste : haine, aversion, antipathie.

Dictionnaire Marabout analogique.

SÉDUIRE (du latin *seducere,* mener à part, séparer)

• **Faire perdre sa vertu, son innocence à une femme**, à une fille. Tenter de séduire une femme. Déshonorer. Abuser de. Suborner. Tomber (pop.)/Se laisser séduire (en parlant d'une femme). Fauter (fam.)

• Séduction. Conquête. Adultère.

• Séducteur. Enjôleur. Don Juan. Bourreau des cœurs (fam.). Homme à femmes (fam.). Tombeur de femmes (pop.).

• **Attirer de façon irrésistible**. Séduire un homme (en parlant d'une femme). Conquérir. Enjôler. Embobeliner (fam.). Embobiner (fam.). Entortiller (fam.). / Séduire quelqu'un (en parlant de la grâce, de la beauté). Charmer. Fasciner. Envoûter.

• Séduction. Attirance. Fascination. Ensorcellement. Magie. Envoûtement.

• Séduisant. Charmant. Enchanteur. Enivrant. / Agréable. Tentant.

Nouveau Dictionnaire analogique, éd. Larousse.

2. Les images de l'amour

Dans quel type de publication trouve-t-on ce genre d'épisode ?
Comment l'amour est-il habituellement représenté dans ce genre de publication ?
Quels sont les mots de l'amour qui figurent dans le texte qui accompagne l'image ?

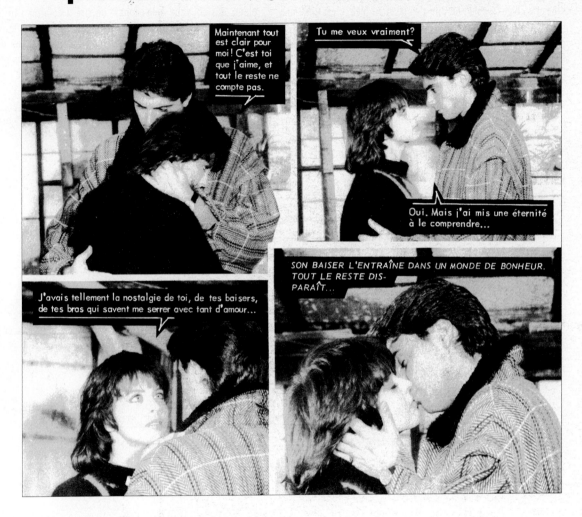

3. Les scénarios de l'amour

DOCUMENT 2

La course amoureuse paraît suivre trois étapes (ou trois actes) : c'est d'abord instantanément la capture (je suis ravi par une image) ; vient alors une suite de rencontres (rendez-vous, téléphones, lettres, petits voyages), au cours desquelles j'explore avec ivresse la perfection de l'être aimé, c'est-à-dire l'adéquation inespérée d'un objet à mon désir : c'est la douceur du commencement, le temps propre de l'idylle. Ce temps heureux prend son identité (sa clôture) de ce qu'il s'oppose (du moins dans le souvenir) à la « suite » : « suite » c'est la langue traînée des souffrances, blessures, angoisses, détresse, ressentiments, désespoirs, embarras et pièges dont je deviens la proie, vivant alors sans cesse sous la menace d'une échéance qui frapperait à la fois l'autre, moi-même et la rencontre prestigieuse qui nous a d'abord découverts l'un à l'autre.

Roland BARTHES, *Fragments d'un discours amoureux*,
« Tel Quel », Seuil.

C'est bien sûr encore une autre histoire de malentendu. L'idée que j'avais eue, elle était bien simple, j'avais même tout préparé, comme une élève appliquée. J'en avais assez de ne plus pouvoir lui dire mes choses, mes émotions. Lui dire, t'es beau en bleu. Et bien lui dire t'es beau en bleu, c'est toute une histoire. Immédiatement il y a dans ses yeux, mais qu'est-ce qu'elle me veut celle-là ? Où veut-elle en venir celle-là ? Alors commence le malentendu. En fait, il n'y a plus de malentendu, puisque je n'ai plus rien dit. J'ai seulement failli dire. Mon émotion est restée dans la gorge. Je suis restée là, à regarder cet homme, avec mon compliment de femme sage. Je voulais jouer dans le naturel. J'ai biaisé dans l'inconsistant. Pas moyen de leur parler à ces célibataires libérés. Tout de suite ils s'imaginent que vous allez apporter votre démaquillant chez eux dans les deux jours qui suivent. Plus moyen de leur dire les plus beaux mots d'amour ; on fait dans le banal. On rit, on bouffe, on baise. Le matin, on s'en va. Avec des yeux aussi bleus, des cheveux aussi longs, un rire à éclairer l'hiver, je pourrais vous aimer messieurs, mais sans envahir votre espace sacré, votre sacré vous-même, sans vous manger les tripes. C'est seulement une belle habitude que je ne veux pas perdre, qui est de bafouer les silences des moments pleins avec les trois ou quatre mots qui font la différence. NON SIGNÉ.

Courrier des lecteurs, *Libération*, 7-10-1986.

On peut concevoir le processus publicitaire comme découpé en moments distincts, moments correspondants aux entités psychologiques sur lesquelles le publicitaire est appelé à agir. D'après cette conception, vulgarisée par le schéma A.I.D.A., une bonne annonce doit successivement :

– attirer l'ATTENTION ;
– susciter l'INTÉRÊT ;
– provoquer le DÉSIR ;
– déclencher l'ACHAT.

David VICTOROFF, *La Publicité et l'image*, éd. Denoël-Gonthier.

Les étapes de l'amour selon R. Barthes. Ce schéma peut-il s'appliquer à toutes les histoires d'amour ?

D'où vient le malentendu ? Quelle est la morale de cette petite histoire ?

Peut-on transposer cette analyse du processus publicitaire à la relation amoureuse ? S'agit-il cependant de la même relation que celle évoquée par R. Barthes ?

4. Amours célèbres

Il y a dans la littérature française ou étrangère un certain nombre de couples d'amoureux célèbres. Par exemple : Julien Sorel et Mme de Rênal *(Le Rouge et le Noir)*, Roméo et Juliette, etc.
En connaissez-vous d'autres ?

1 - PARCOURS

Les parcours qui mènent de l'un à l'autre ne sont pas toujours aisés à suivre. Les incidents sont multiples. Les étapes imprévisibles et les voyageurs égarés nombreux. Tentons malgré tout l'entreprise et essayons d'emprunter un certain nombre de ces itinéraires. Qui sait les découvertes que l'on pourra y faire ?

I. HISTOIRES COURTES

Écoutez attentivement ces deux témoignages sur les difficultés de la rencontre amoureuse.

DOCUMENT 1

En quittant le ministère où elle vient de l'interviewer sur les ô combien aphrodisiaques montants compensatoires, elle se dit que vraiment il y a des types odieux et que celui-ci l'a regardée comme un banal steak-frites. Une journaliste de plus ! Un mois plus tard, elle le voit à la télévision dans le sillage d'un ministre et elle se dit : « Mais je le veux. Je le veux parce qu'il est beau, intelligent, difficile. »

Elle n'a que son nom et l'adresse de son ministère. Après beaucoup d'efforts, le jour même où, par un coup de culot fantastique, elle extorque à sa secrétaire l'adresse et le numéro de téléphone du beau chef de cabinet, sans savoir s'il est marié, s'il a cinq enfants, à 9 heures du soir elle l'appelle d'un bistrot lugubre en bas de chez lui :

« Vous ne vous souvenez pas de moi ?

– Si. Qu'est-ce que vous voulez ?

– Vous voir.

– Téléphonez à ma secrétaire. Prenez un rendez-vous demain.

– Non, tout de suite, je suis dans le bistrot en bas. »

Au bistrot, muet, il la regarde. Avec une assurance journalistique sur laquelle il a l'intelligence de ne pas se méprendre, elle lui dit :

« Il faut que je sache tout de votre vie. »

Ils mettent des mois avant de devenir amants. C'est un flamboiement physique et sentimental. Une immense passion et une immense difficulté d'être ensemble car, pendant dix-huit heures par jour, il n'est pas « branché » sur elle. Consciente qu'elle devra le partager avec l'ambition, cette autre folie, elle commence à le repousser de toutes ses forces et le traite de simulateur de la passion. Lui sait qu'elle lui offre la vraie vie, mais il freine de son côté par instinct de préservation qui le retient de s'investir vraiment. Elle rompt.

Il leur reste à l'un et à l'autre le souvenir d'un émerveillement réciproque.

Elle, 24-11-1986.

J'ai connu au café un type qui se faisait appeler Kurt alors qu'en réalité il s'appelait Marcel.

Il était photographe free-lance et travaillait pour des catalogues et des books de comédiennes débutantes. Il avait pas mal de talent, c'est-à-dire que ses photos valaient largement la plupart de celles que l'on voit dans les magazines spécialisés.

Je pensais que ça serait difficile parce qu'il côtoyait chaque jour des tas de filles superbes. Je lui ai dit que j'avais besoin pour moi de photos pour un dossier de presse et que, bien sûr, je paierais. Il m'a donné rendez-vous dans son appartement qui lui servait aussi de studio.

C'était une grande pièce assez poussiéreuse, genre atelier d'artiste, avec trois mètres cinquante de plafond et coin lit auquel on accédait par un petit escalier.

Il a sorti une boîte à outils remplie à ras bord de fonds de teint, d'ombres à paupières, de poudres et de pinceaux. Il m'a maquillée pendant trois quarts d'heure, avec un air sévère,

concentré. Il me donnait des ordres : « Ouvre la bouche, lève les yeux, tourne la tête. » Il m'a prêté une chemise à lui parce qu'il n'aimait pas mon pull et il a réglé les éclairages. Puis il a pris les photos, toujours en donnant des ordres très précis et en répétant tout le temps : « Très bien, très joli, oui, comme ça. »

Après la séance, on avait tous les deux faim et on est allé manger dans un restaurant en bas de chez lui. Quand on est remonté, il a commencé à me serrer de près. Mais je ne me suis pas laissé faire. Ça l'a mis de mauvaise humeur, mais c'était la meilleure stratégie.

Il m'a raccompagnée chez moi en bougonnant. Juste avant de le quitter, je lui ai planté un baiser maison, le baiser qui tue, et j'ai claqué la portière sans dire un mot. Kurt m'a appelé le lendemain en disant qu'il avait très envie de me revoir.

Marie-Claire, juillet 1984.

1. Pour suivre l'histoire

SITUATION 1

a) Analyse

– À l'aide du tableau 1 et au fur et à mesure du déroulement de l'histoire, vous notez dans les cases qui conviennent les éléments correspondants.

– À la représentation des actions, est-ce que l'on associe les considérations sur les sentiments, les motivations des deux héros ?

– Observez les éléments notés dans le tableau. Toutes les cases sont-elles remplies ? Quels sont les éléments notés, valorisés ? Ceux qui sont négligés ? Pourquoi ?

b) Restitution/reconstitution

À l'aide des notes qui ont été prises, essayez de reconstituer le témoignage de cette journaliste.

Tableau 1	RENCONTRE	IDYLLE	DIFFICULTÉS	FIN
QUI ?				
FAIT QUOI ?				
À QUI ?				
OÙ ?				
QUAND ?				
COMMENT ?				
POURQUOI ?				
CONSÉQUENCE ?				

SITUATION 2

a) Analyse

– À l'aide du tableau 2, et au fur et à mesure du déroulement de l'histoire, notez dans les cases qui conviennent les éléments correspondants.

– À la représentation des actions, est-ce que l'on associe des considérations sur les sentiments, les motivations des deux héros ?

– Observez les éléments notés dans le tableau. Toutes les cases sont-elles remplies ? Quels sont les éléments notés, valorisés ? Ceux qui sont négligés ? Pourquoi ?

b) Restitution/reconstitution

À l'aide des notes qui ont été prises, essayez de reconstituer le témoignage de ce jeune mannequin.

Tableau 2	RENCONTRE	ATTIRER L'ATTENTION	SUSCITER L'INTÉRÊT	PROVOQUER LE DÉSIR	DÉCLENCHER LA RÉACTION
QUI ?					
FAIT QUOI ?					
À QUI ?					
OÙ ?					
QUAND ?					
COMMENT ?					
POURQUOI ?					
CONSÉQUENCE ?					

2. Aimer et séduire

a) Quelles différences peut-on noter entre les deux parcours, celui de la journaliste et celui du mannequin ?

b) Quelles sont les différences de motivation dans la conduite de ces deux femmes ?

c) Quel est, à chaque fois, le rôle de l'homme dans chacune de ces histoires ?

d) Aimer et séduire : où est la différence ? Quel est le plus difficile ?

II. POINTS DE VUE

Un même événement peut faire l'objet de formulations différentes selon la **vision** que l'on adopte de cet événement. Ainsi de la relation amoureuse qui unit Pierre et Marie.

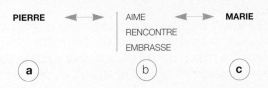

Plusieurs visions de cette relation sont possibles :

– a, b, c : Pierre rencontre Marie.

– c, b, a : Marie est aimée de Pierre.

– b, a, c : L'amour de Pierre pour Marie.

– b, c, a : L'amour que Marie inspire à Pierre.

– a, c, b : Pierre et Marie s'aiment.

EXERCICE

Pour chacun des verbes proposés, donnez, chaque fois que cela vous paraît possible, la formulation de l'événement, selon la vision indiquée. Il sera parfois nécessaire de modifier certains verbes, si l'on veut conserver le sens de la relation.

Imaginons donc Pierre et Marie, un matin d'hiver, dans le jardin du Luxembourg :

RENCONTRER   a + b + c ......

                  c + b + a ......

                  b + a + c ......

                  b + c + a ......

                  a + c + b ......

REGARDER ......

ADRESSER LA PAROLE ......

DISCUTER ......

SOURIRE ......

INTÉRESSER ......

PLAIRE ......

ATTIRER ......

TOMBER AMOUREUX ......

EMBRASSER ......

LECTURES

1. AMOUR RENCONTRE

Alice avait dormi d'un trait sans se réveiller une seule fois, comme si son corps, même assoupi, se fût senti en sécurité. Elle s'était réveillée à peine surprise, sans hâte, dans cette grande chambre de province. Sur les papiers fleuris et fatigués, les persiennes mal ajustées laissaient déjà filtrer les jets d'un soleil précoce, le soleil de mai 42. Elle entendait des bruits différents de la ville. Quelqu'un élaguait un arbre au loin à coups irréguliers. Un homme, à la grosse voix indistincte, discutait avec une femme rieuse et des volailles dans la ferme voisine caquetaient avec fureur. Seul le bruit du torrent là-bas au bout du pré faisait une rumeur constante. En fermant les yeux, elle imaginait des gens, des attitudes, des gestes différents, distincts, et cela la reposait bizarrement de cette agitation grondante et sourde, anonyme, où baignait Paris.

Elle tendit sa main vers sa montre. Il était onze heures du matin. Elle avait dormi douze heures et elle se sentait bien, admirablement bien. Elle aurait aimé rester des mois, des ans entre ces draps un peu épais, dans cette chambre où traînait encore l'odeur du feu de bois de la veille. Mais Jérôme devait déjà l'attendre en bas avec son drôle d'ami, le séducteur du Dauphiné.

Elle se leva, poussa les volets. La terrasse et ses platanes somnolaient au soleil. Entre ses peupliers, le bassin brillait plus loin. Les rocking-chairs de la veille étaient toujours là. Simplement le plateau du petit déjeuner avait succédé aux tasses de café sur le guéridon de fer. Elle mourait de faim, lui sembla-t-il, en détaillant le pain, le beurre et la confiture exposés juste au-dessous d'elle. Charles tournait le coin de la maison. Il leva la tête comme appelé, et il eut droit de sa part à un sourire épanoui.

« Déjà debout ? » cria-t-il.

Il se planta devant elle, les mains sur les hanches, la tête levée, si évidemment enchanté de la voir qu'elle continua à lui sourire. Il était beau d'ailleurs, avec la chemise ouverte sur sa peau hâlée, la masse de ses cheveux noirs luisants dans le soleil, ses yeux marron et liquides, ses dents blanches. Il ressemblait à un très bel animal, très sain, à un bel homme heureux. Peut-être était-il même spécialement doué pour ça, pour le bonheur, et Alice avait toujours eu une confuse admiration pour ces privilégiés rarissimes.

« J'ai dormi comme du plomb, dit-elle, cette maison est encore plus jolie le matin que le soir. »

Il y eut un silence. Il la regardait, souriant, la tête rejetée en arrière, et toute son expression approuvait le spectacle. Il laissa passer une seconde, délibérément, puis enchaîna :

« Vous n'avez pas faim ? Je vous monte un plateau.

– Non, non, dit Alice en se reculant de la fenêtre. Ne vous dérangez pas, je vais descendre. » Mais elle battit en retraite vers le lit où sa chemise de nuit transparente la gênerait moins.

« Où est Jérôme ? » cria-t-elle stupidement vers la fenêtre.

Elle n'eut pas de réponse. Elle avait un léger fou rire en se recouchant précipitamment. [...]

« Et voilà ! dit Sambrat entrant de biais dans la porte, un énorme plateau entre les bras. Voilà un miracle de plus, je n'ai rien renversé ! Je vous le mets sur les genoux ? C'est bien du thé que vous buvez ? ou bien Jérôme a-t-il tenté de me nuire à vos yeux ? »

Il posait le plateau sur les genoux d'Alice, se perchait lui-même au pied du lit, versait le thé, lui tendait le sucre, commençait à lui beurrer ses tartines, puis abandonnait brusquement ses tentatives et allumait une cigarette avec volupté.

Françoise SAGAN, *De guerre lasse*, éd. Gallimard.

❏ POUR COMPRENDRE LE TEXTE

• À quel moment de la relation amoureuse sommes-nous ici (cf. texte de Roland Barthes, p. 97).
• Françoise Sagan nomme-t-elle les sentiments ou décrit-elle des comportements ? Quels sentiments peuvent correspondre à chacun des moments évoqués ?
• Quelle peut être la suite de cette histoire ?

2. AMOUR... FIN

Un étranger dans la maison s'est installé sans venir de l'extérieur. Il habite ton visage familier et peu à peu se glisse dans tes vêtements qui flottent, dans tes gestes et tes regards. Déjà l'oubli ponce le tendre profil et révèle un nez massif, un front sévère. Mes bras desserrent leur étreinte, lierre aux racines tranchées, et tu peux sentir ton corps devenir à son tour ligneux et ton crâne minéral. Ou peut-être s'élève en toi, comme d'un puits obscur, celui que tu étais, l'inconnu indistinct à l'horizon du souvenir qui se retourne une dernière fois pour te faire signe de la main. Voix affaiblies par trop de mots filés, serments, aveux et mensonges, êtres cassés, avec le bref éclat d'un désir ancien aux yeux comme passe un oiseau, vous faites les mêmes gestes et le même sourire, témoins incertains de la vraie vie qui brille encore au loin et s'enfuit, belle cascade dans les creux sonores de l'eau. Les images s'enchaînent, la lumière tourne sans pitié : nul ne retient l'amour ni les mots qui tombent à vos pieds comme de grands arbres sous le vent.

Nicole EUVREMER, *La Nouvelle Revue française,* n° 381, octobre 1984.

III. STRATÉGIES AMOUREUSES

1. Lisez et écoutez

Aimer, séduire c'est aussi parler, c'est organiser un discours où non seulement il s'agit de persuader l'autre de la sincérité, de la profondeur de ses sentiments, mais aussi lui faire entrevoir les satisfactions qu'il ou elle pourrait tirer de cette nouvelle situation ou au contraire apaiser ses craintes.

Ainsi de ce *Sonnet pour Hélène* de Ronsard (1578).

2. Analysez

Le poète, pour persuader la jeune fille de l'aimer,

– veut ÉVEILLER chez la jeune fille

– la CRAINTE

– d'un DÉPLAISIR à recevoir

– de la NON-RÉALISATION d'un événement (l'amour avec Ronsard).

En somme, il s'agit d'**influencer,** et cela en quatre étapes :

ÉVEILLER	ou MODÉRER
L'ESPOIR	ou LA CRAINTE
D'UNE SATISFACTION	ou D'UNE INSATISFACTION
(SATIS. +)	(SATIS. –)

liée à

| LA RÉALISATION | ou à | LA NON-RÉALISATION |
| (RÉAL. +) | | (RÉAL. –) |

d'un événement

L'ensemble de ces démarches peut être rassemblé sous forme d'un tableau (voir page ci-contre). Ainsi le *Sonnet pour Hélène* devient : **1a, 2b, 3d, 4h.**

DOCUMENT 3

Quand vous serez bien vieille, au soir à la chandelle,
Assise auprès du feu, dévidant et filant,
Direz, chantant mes vers, en vous émerveillant :
« Ronsard me célébrait du temps que j'étais belle ! »

Lors, vous n'aurez servante oyant telle nouvelle,
Déjà sous le labeur à demi sommeillant,
Qui, au bruit de Ronsard ne s'aille réveillant :
Bénissant votre nom de louange immortelle.

Je serai sous la terre, et, fantôme sans os,
Par les ombres myrteux je prendrai mon repos :
Vous serez au foyer une vieille accroupie,

Regrettant mon amour et votre fier dédain.
Vivez, si m'en croyez, n'attendez à demain :
Cueillez dès aujourd'hui les roses de la vie.

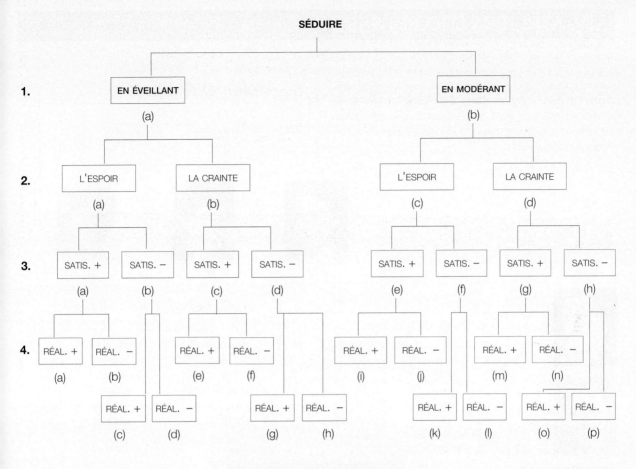

Stratégies de l'influence

Le choix d'une démarche qui vise à influencer dépend de la personne à laquelle on s'adresse et de la situation dans laquelle elle se trouve.

Pour chacune des situations proposées :

– précisez la démarche que vous avez choisi d'adopter (cf. tableau ci-dessus) à l'aide du code correspondant ;

– verbalisez cette démarche.

Vous voulez donc faire sa conquête à elle, MAIS…

Situation 1

ELLE a peur d'être malheureuse avec vous, car elle sait que vous êtes jaloux.

Situation 2

ELLE est très occupée par son métier, elle n'a pas que ça à faire.

Situation 3

ELLE aime le luxe, vous n'avez guère d'argent.

Situation 4

ELLE a beaucoup souffert avec d'autres hommes. Elle ne croit plus en l'amour.

Situation 5

ELLE se méfie, elle ne croit pas en la sincérité de vos sentiments.

Situation 6

ELLE est amoureuse d'un vil séducteur.

IV. ATELIERS D'EXPRESSION

Les histoires d'amour les plus belles, les plus originales, trouvent leur origine dans un système limité de situations qui, par leurs combinaisons et l'intervention de différents facteurs, peuvent donner naissance à des scénarios très variés.

1. Atelier d'écriture

Soit le tableau suivant :

A	B	C

Y \ X	AIME	N'AIME PAS/PLUS	HÉSITE
1 AIME	bonheur idylle	déception désespoir de Y ressentiment	attente crainte de Y espoir
2 N'AIME PAS/PLUS	déception désespoir de X ressentiment	indifférence oubli	indécision
3 HÉSITE	attente crainte de X espoir	indécision	incertitude

dans lequel :

– X et Y sont les sujets de l'histoire (un homme, une femme) ;

– A, B, C définissent les états de X ;

– 1, 2, 3 définissent les états de Y.

Ainsi la position A1 définit une situation où :

> X aime Y
>
> Y aime X
>
> _____
>
> X et Y s'aiment
>
> c'est le bonheur

Une histoire d'amour, ce n'est pas un état dans lequel chacun est enfermé de façon définitive. C'est au contraire une succession d'états par lesquels les deux protagonistes, X et Y, passent, avec très souvent des décalages entre les sentiments de X pour Y et de Y pour X. Ainsi un parcours amoureux peut s'organiser de la sorte :

C3 ➤ C1 ➤ A1 ➤ B1 ......

1. Essayez tout d'abord de concevoir, à partir du tableau précédent, **tous les scénarios amoureux possible**.

2. En groupes, choisissez le scénario qui vous paraît le plus intéressant et **mettez-le en mots** sous la forme d'un **récit minimal**.

3. À partir de ce récit minimal, vous allez procéder à un certain nombre de **précisions**.

• Les personnages vont être précisés par le moyen d'un certain nombre d'attributs (âge, condition sociale, situation familiale, apparence physique, etc.).

X peut être un prince, un chômeur, un champion de tennis... de 20, 30, 50 ans...

Y peut être une bergère, une secrétaire de direction, une princesse, une serveuse de bar...

(On tiendra compte des contraintes qui, dans un milieu donné, définissent les rapports des individus : un commissaire de police et une prévenue, une employée de banque et un gangster...)

• On explicitera les mobiles (ou raisons d'agir) qui peuvent déterminer la conduite des deux héros de l'histoire.

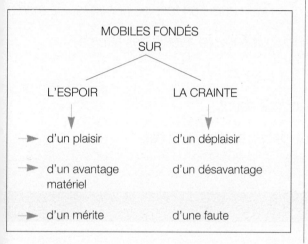

Ainsi, nous sommes en A3 :   X aime Y
Y hésite à aimer X
(X est réputé volage :
Y craint de souffrir)

puis en A1 : X et Y s'aiment (l'espoir du plaisir ou du bonheur l'emporte sur la crainte d'une désillusion).

• On précisera **les lieux et moments** pour chacun des épisodes.

• Les amoureux sont bavards, font part de leurs espoirs, de leurs attentes, de leurs inquiétudes, discutent, argumentent. Prévoir les séquences dialoguées nécessaires.

4. Tous ces éléments étant rassemblés et précisés, rédigez pour chaque groupe l'histoire que vous avez choisie.

5. Chaque groupe lira aux autres le résultat de son travail. On choisira la meilleure histoire.

2. Atelier de théâtre

À partir des mêmes données, tout en conservant la même démarche qu'en 1, 2, et 3, on reprend cette fois-ci l'histoire sous la forme d'une suite de **scènes dialoguées,** une succession de tableaux correspondant à chacun des épisodes. On obtiendra de la sorte une courte **pièce de théâtre.**

Chaque groupe jouera sa pièce. On choisira la meilleure.

2 - DÉBATS

Les multiples parcours effectués dans le labyrinthe amoureux – nombreuses sont les voies, difficiles à trouver sont les issues – nous ont permis de mieux connaître la géographie de ce sentiment.

Mais ces façons de vivre l'amour ne vont pas sans poser de problème. De « nouvelles femmes » sont apparues, qui ne correspondent pas toujours à l'idée que s'en font les hommes. De même les hommes ne semblent pas avoir toujours répondu à la nouvelle attente des femmes.

La question mérite débat. Pour ce faire :

– on va construire le schéma-démarche qui organise le débat ;

– une fois ce schéma mis en place, on va pouvoir se lancer dans le débat.

I. IL N'Y A PLUS D'HOMMES !

Les femmes se sont battues pour la contraception, le droit au travail, l'égalité des salaires, et se sont jetées tête baissée dans la vie active. Elles sont devenues fortes, indépendantes, responsables. Mais que sont devenues pendant ce temps leurs relations avec les hommes ?

Voici un certain nombre de témoignages.

1. Écoutez

 1

Annick, 30 ans, expert-consultant en communication	**Claude, 27 ans, secrétaire de direction**
Je n'ose même pas dire depuis quand je n'ai pas eu d'hommes dans ma vie. Je préfère ne même pas y penser. Mon dernier amant, si on peut appeler comme ça une rencontre d'un soir, c'était il y a huit mois. Comme je déteste ces brèves rencontres aux matins effroyables, je les évite. Or c'est tout ce que les hommes nous proposent aujourd'hui, une nuit et quelquefois une moitié de nuit.	Je suis frappée par la paresse des hommes que je côtoie dans mon travail. Tout devient trop fatigant pour eux. Ils ont la même attitude avec les femmes. Je crois aussi que les hommes d'aujourd'hui se prennent pour une denrée rare alors que nous sommes si nombreuses à crever de solitude. Pourquoi faire l'effort d'en séduire une, alors qu'ils n'ont qu'à se laisser faire ?

Arielle, 34 ans, journaliste

Je fais toujours comme si j'avais un homme dans ma vie. Au journal où je travaille, ils croient tous que je vis avec quelqu'un. Sur mon répondeur téléphonique, le message commence même par : « Nous ne sommes pas là pour l'instant... » Ça fait six ans que ça dure. Et maintenant j'ai peur que ça dure toujours. Le pire, c'est aussi que j'en ai honte, comme d'une tare. Pourtant, je suis tout ce qu'il y a de plus normale. Ça vient d'eux, des hommes, de ce qu'ils sont devenus des mollusques.

Paule, 33 ans, vétérinaire

J'ai des tas de copains. J'ai beaucoup d'hommes autour de moi, mais aucun ne tente de se glisser dans mon lit. Quand je pense que toutes les femmes se sont battues pour ne plus être un objet sexuel. Pourtant, je ne suis pas difficile. Je veux dire que je ne suis pas à la recherche du dieu vivant ! Simplement un être humain qui a envie de vivre passionnément. J'ai tellement envie d'aimer. J'aime la vie à la folie, alors il me semble que ce serait génial d'aimer celle d'un homme de la même façon.

Elle, 28-07-1986.

2. Analysez

a) Quels sont les faits ou constatations rapportés par chacune de ces jeunes femmes ?

b) Qu'attendent-elles des hommes dans leur comportement, dans leur façon d'être ?

c) Sont-elles : **satisfaites / déçues** par le comportement des hommes ?

Voici un certain nombre de verbes susceptibles de **résumer** l'intervention de chacune de ces jeunes femmes :

SE PLAINDRE DE   DÉNONCER

REPROCHER   S'EN PRENDRE À

CRITIQUER   REGRETTER

ACCUSER   DÉPLORER

EXERCICE 1

À l'aide de l'un des verbes ci-contre (vous choisirez celui qui vous semble le plus approprié), vous résumez par écrit chacune de ces interventions. Vous commencez par :

– Annick ......
– Claude ......
– Arielle ......
– Paule ......

EXERCICE 2

Toujours au moyen de l'un des verbes de cette liste, vous résumez l'ensemble des quatre interventions. Vous commencez par :

– Ces quatre jeunes femmes ......
– Les hommes ......
– Le reproche ......

II. QUE RÉPONDRE À CELA ?

1. Contradiction

Doit-on cependant en rester là ? Ne peut-on répondre à de telles attaques ?

Deux possibilités :

– nier les faits reprochés. Est-ce possible ?

– relever une **contradiction** dans le propos de celui ou celle qui critique, accuse. De la sorte, l'accusation perd une grande partie de sa force.

Comment procéder ?

On admet habituellement que :

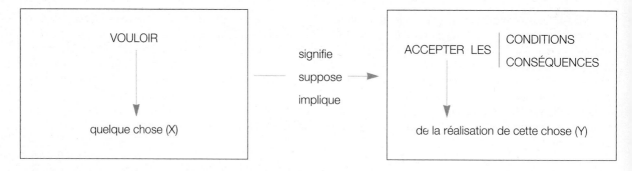

VOULOIR ↓ quelque chose (X)

signifie
suppose →
implique

ACCEPTER LES | CONDITIONS / CONSÉQUENCES ↓ de la réalisation de cette chose (Y)

• Qu'est-ce que les femmes ont voulu obtenir (X) ?

• Quelles sont les conditions / conséquences de la réalisation d'un tel désir (Y) sur les relations amoureuses entre l'homme et la femme ?

• Ou encore, la réalisation d'un tel désir suppose que soient exclues un certain nombre de choses (non-Y)

dans la relation homme-femme. Lesquelles ?

• D'après les interventions d'Annick, Claude, Arielle et Paule, est-ce qu'il apparaît que les femmes acceptent les conséquences (Y) de ce nouvel état de fait (X) ?

Ce qui peut se représenter ainsi :

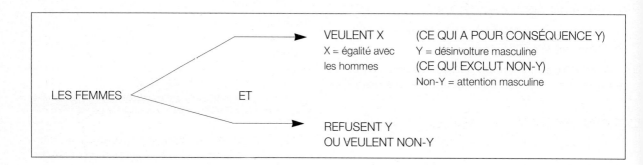

LES FEMMES < ET

VEULENT X
X = égalité avec les hommes

(CE QUI A POUR CONSÉQUENCE Y)
Y = désinvolture masculine
(CE QUI EXCLUT NON-Y)
Non-Y = attention masculine

REFUSENT Y
OU VEULENT NON-Y

Essayons maintenant de répondre à leurs accusations de la façon suivante :

a) rappel du point de vue initial (celui des femmes) ;

b) mise en évidence de la contradiction en verbalisant le schéma ci-dessus.

2. Résolution/conciliation

Rester enfermé dans une contradiction, c'est admettre sa défaite, reconnaître qu'il y a des choix que l'on refuse, que l'on ne fait pas preuve d'une attitude responsable. Il faut essayer de **sortir** de la contradiction.

Les femmes sont-elles vraiment contradictoires ? Les hommes pourraient-ils s'écrier à leur tour : « Il n'y a plus de femmes » ?

Reprenons, sous une forme légèrement différente, le schéma de la contradiction.

LES FEMMES <
AGISSENT POUR → l'égalité dans la vie profession-nelle et sociale.
SONT FAVORABLES À → une forme de féminité assez classique.

Autrement dit :

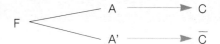

F < A ⋯⋯ ► C
A' ⋯⋯ ► C̄

où A et A' désignent les comportements (favorables ou défavorables) C et C̄ les conséquences ou compléments à ces comportements, C et C̄ étant considérés comme contradictoires.

On peut alors sortir de la contradiction de plusieurs manières :

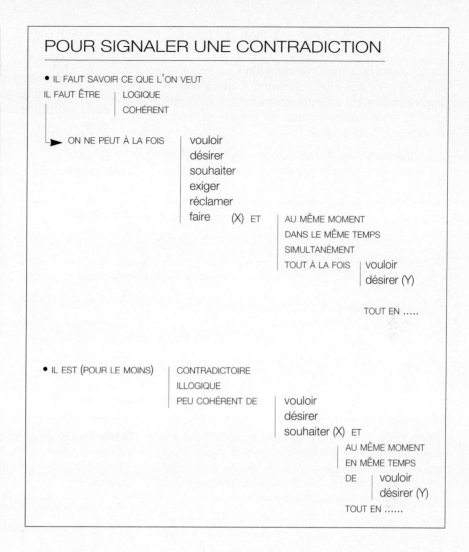

POUR SIGNALER UNE CONTRADICTION

• IL FAUT SAVOIR CE QUE L'ON VEUT

IL FAUT ÊTRE | LOGIQUE
| COHÉRENT

➤ ON NE PEUT À LA FOIS | vouloir
| désirer
| souhaiter
| exiger
| réclamer
| faire (X) ET | AU MÊME MOMENT
| DANS LE MÊME TEMPS
| SIMULTANÉMENT
| TOUT À LA FOIS | vouloir
| désirer (Y)

TOUT EN .....

• IL EST (POUR LE MOINS) | CONTRADICTOIRE
| ILLOGIQUE
| PEU COHÉRENT DE | vouloir
| désirer
| souhaiter (X) ET
| AU MÊME MOMENT
| EN MÊME TEMPS
| DE | vouloir
| désirer (Y)
| TOUT EN ......

– soit en contestant ce qui se rapporte aux comportements ;

– soit ce qui peut se révéler plus intéressant ici en transformant la conséquence $\overline{C}$ pour la rendre compatible avec C.

Ainsi, la forme de féminité que revendiquent les femmes est-elle conforme à la féminité traditionnelle ou au contraire s'agit-il d'une nouvelle féminité (on peut s'intéresser à l'élégance féminine comme à la réussite sociale) qui appellerait un nouveau type de relation avec l'homme ?

La transformation du schéma de sortie se fait de la manière suivante :

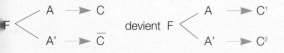

où C[1] (combat pour l'égalité professionnelle) n'est plus incompatible ou contradictoire avec C[2] (nouvelle féminité, nouveau type de relation avec l'homme).

Essayons maintenant de résoudre la contradiction, de concilier les deux points de vue précédents à l'intérieur de cette nouvelle perspective.

Pour cela :

– concéder sur les apparences de la contradiction,
– puis nier l'existence de la contradiction.

Pour en finir avec cette première partie, organisez un résumé écrit reprenant les différentes phases du débat :
– reproches,
– réfutation et mise en évidence d'une attitude contradictoire,
– résolution de la contradiction et conciliation.

3. Contradiction et réfutation

Un procédé très productif de **réfutation** du propos du précédent locuteur peut consister à **dénoncer** la **contradiction** qui y figure, contradiction qui réside dans la façon de représenter les choses, êtres ou événements, ou d'en parler.

Il y a **contradiction** quand deux propositions qui ne peuvent être vraies ensemble sont affirmées simultanément. Ainsi de cette contradiction relevée par un homme :

> *Un jour, j'ai eu une grande discussion avec ma femme, d'où il ressortait qu'un vrai type, pas macho, c'est un homme qui fiche la paix à sa femme tout en restant capable de la rassurer, de la comprendre, de l'épauler, sur lequel elle puisse compter et s'appuyer, et qui sache prendre ses responsabilités.*
>
> *Cosmopolitan*, n° 168.

Ce qui peut s'analyser ainsi :

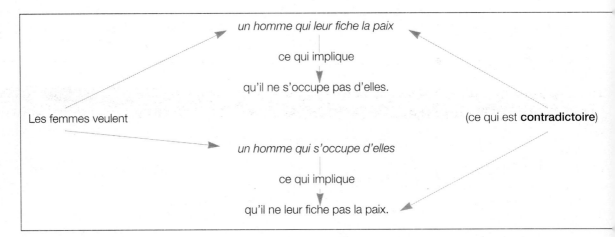

Ainsi relevée, une contradiction permet de détruire une argumentation pour permettre la mise en place d'une argumentation opposée : « Les femmes ne savent pas ce qu'elles veulent », « Les femmes sont responsables de leur mésentente avec les hommes. »

Mais l'interlocuteur mis ainsi en face de ses propres contradictions peut essayer de sortir du piège dans lequel on veut l'enfermer en niant l'existence de cette **contradiction.** Pour ce faire, il peut :

a) concéder sur les apparences de la contradiction,

b) nier l'existence de cette contradiction en distinguant les aspects de sens que peut revêtir l'énoncé contradictoire, donc réfuter l'accusation de contradiction :

– si « ficher la paix » = ne pas s'occuper de

➤ il y a contradiction (on concède),

– si « ficher la paix » = ne pas importuner, ne pas vouloir tout diriger

➤ il n'y a pas contradiction.

APPUIS LINGUISTIQUES

SCHÉMA GÉNÉRAL DE LA CONTRADICTION / RÉFUTATION

Parmi les formes linguistiques susceptibles de signaler la contradiction, on peut relever :
- ALORS QUE
- À LA FOIS
- TOUT EN...
- DANS LE MÊME TEMPS
- EN MÊME TEMPS
- MAIS
- OR

➡

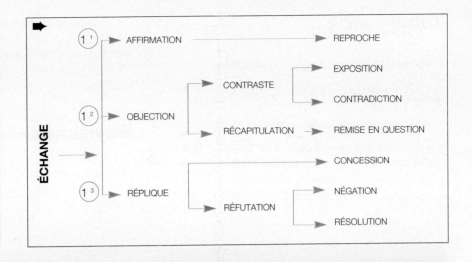

III. ATELIERS D'EXPRESSION

SCHÉMA CONDUCTEUR

	DÉROULEMENT			MOUVEMENT
INTERV.	MODÉRATEUR	FEMME(S)	HOMME(S)	
1.	• présente le débat • donne la parole			OUVERTURE SOLLICITATION
2.		• reproches • accusation		INDUCTION ACCUSATION
3.	• récapitule • donne la parole			
4.			• mise en évidence de la contradiction • rejet de l'accusation et riposte	RÉFUTATION
5.	• récapitule • donne la parole			
6.		• concède • distingue • nie		CONCESSION RÉSOLUTION
7.	• récapitule • conclut			CLÔTURE

Table ronde

Observez bien le schéma conducteur (p. 113).

À partir du déroulement de ce schéma, vous allez débattre sur le thème : « Il n'y a plus de vrais hommes. »

1. Un groupe de trois élèves organise le débat :

– le modérateur (interventions 1, 3, 5, 7),
– un attaquant, une femme (interventions 2, 6),
– un opposant, un homme (intervention 4).

2. Un groupe de sept élèves organise le débat :

– le modérateur (interventions 1, 3, 5, 7),
– trois attaquantes (Fa, Fb, Fc, qui interviennent pour reprendre, renchérir, exemplifier en 2 et 6),
– trois opposants (Ha, Hb, Hc, qui font de même pour l'intervention 4).

Révisions

Pour faire le point sur certaines formes linguistiques que vous avez déjà utilisées, faites les huit exercices qui suivent.

EXERCICE 1

MÊME

Quelle est la question qui correspond à la réponse indiquée ?

❏ Tu sais où il habite ?

❏ Tu l'as revue depuis son départ ?

Non, je ne sais même pas où il habite.

❏ Elle a dit qu'elle viendrait te voir par la suite ?

❏ Elle est venue te dire au revoir ?

Elle n'est même pas venue me dire au revoir.

❏ Tu as pris de la glace au dessert ?

❏ Tu as retrouvé ton appétit ?

Oui, j'ai même repris de la glace au dessert.

❏ Elle t'a accompagné à la gare ?

❏ Tu l'as revue avant son départ ?

Elle m'a même accompagné à la gare.

❏ Cela fait si longtemps que ça que vous êtes seule ?

❏ Depuis combien de temps êtes-vous seule ?

Je n'ose même pas dire depuis quand je n'ai pas eu d'homme dans ma vie.

❏ C'est si pénible que ça de me dire à quand remonte votre dernière rencontre ?

❏ Vous ne voulez pas me dire à quand remonte votre dernière rencontre ?

Je préfère ne même pas y penser.

❏ Tu auras assez d'argent pour arriver à la fin de la semaine ?

❏ Est-ce que tu pourrais me prêter un peu d'argent jusqu'au mois prochain ?

Mais, mon pauvre ami, je ne sais même pas si j'ai assez d'argent pour arriver jusqu'à la fin de la semaine !

EXERCICE 2

MÊME

Indiquez la réponse qui correspond à la question posée.

Tu pourrais lui porter ce paquet de ma part ?

❏ Impossible, je ne sais pas où il habite.

❏ Désolé, je ne sais même pas où il habite.

Tu n'as pas envie de le revoir ?

❏ Je ne veux même pas savoir ce qu'il est devenu.

❏ Je ne veux pas savoir ce qu'il est devenu.

On m'a dit que vous parliez plusieurs langues. C'est exact ?

❑ C'est exact, je parle huit langues couramment.

❑ C'est exact, je parle même huit langues.

Les hommes sont devenus paresseux à ce point ?

❑ Mais, bien sûr. Ils ne font même plus l'effort de séduire les femmes.

❑ Bien sûr, ils ne font plus l'effort de séduire les femmes.

On m'a dit que vous connaissiez la Chine. C'est bien vrai ?

❑ C'est exact, j'y ai même vécu trois ans.

❑ C'est exact, j'y ai vécu trois ans.

EXERCICE 3

COMME

L'ordre CAUSE-CONSÉQUENCE

exemple

a) 1. cause – 2. conséquence

– *Pourquoi ne voulez-vous pas rencontrer d'autres hommes ?*

– *Comme je déteste ces rencontres d'un soir*, je

                cause

préfère les éviter.

  conséquence

b) 1. conséquence – 2. cause

– *Vous ne cherchez pas à rencontrer d'autres hommes ?*

– *Au contraire, j'évite cela parce que je déteste ces*

    conséquence   cause

rencontres d'un soir.

Selon la question posée, répondez en adoptant l'un ou l'autre ordre de présentation.

Vous avez du travail. – Vous restez à la maison.

– Qu'est-ce que tu as fait hier soir ?
– Pourquoi n'est-tu pas venu hier soir au restaurant ?

Vous détestez les films comiques. – Vous lisez.

– Pourquoi n'as-tu pas regardé le film avec Louis de Funès, hier soir à la télévision ?
– Qu'est-ce que tu as fait hier soir, tu as regardé le film ?

On vous propose un voyage de quinze jours en Égypte. – Vous disposez de huit jours de vacances. – Vous allez à la campagne.

– Finalement, tu as pu partir pour ce voyage en Égypte ?
– Qu'est-ce que tu as fait pour ces dernières vacances ?

Vous allez chez le dentiste. – Il n'y a pas beaucoup de monde. – Vous passez tout de suite.

– Tu n'as pas attendu trop longtemps chez le dentiste ?
– Tu es passé tout de suite en arrivant ou tu as dû attendre ?

Il n'aime pas sortir le soir. – Il refuse l'invitation à dîner.

– Pourquoi ne pas l'inviter à dîner demain soir avec nous ?
– Tu crois qu'il acceptera une invitation à dîner pour demain soir ?

Votre avion décolle de Roissy à 7 heures. – Vous ne voulez pas rater votre avion. – Vous arrivez à Paris la veille.

– Quand est-ce que vous allez arriver à Paris ?
– Pourquoi arriver à Paris la veille ?

EXERCICE 4

OR

Complétez dans chacune de ces interventions la séquence introduite par OR.

• J'attends d'un homme qu'il s'engage avec moi dans une véritable relation amoureuse. OR ......
Vous comprenez dans ce cas-là ma déception.

• Habituellement, il passe me voir tous les soirs vers huit heures. OR ......
C'est donc qu'il est arrivé quelque chose.

• Je ne comprends pas très bien. Vous me dites que vous étiez chez vous hier soir. OR ......
Vous mentez.

• Vous me dites que j'ai rangé ce dossier dans ce tiroir. OR ......
Vous avez dû certainement vous tromper.

• Patrick, au départ, voulait tout simplement séduire Stéphanie. OR ......
En définitive, il a été pris à son propre piège.

• Vous m'aviez dit que vous termineriez ce travail samedi. OR ......
Qu'est-ce que vous avez à me dire à ce sujet ?

EXERCICE 5

POURTANT

Dans chacune de ces interventions, complétez la suite introduite par POURTANT.

– Je n'ai pas pu retrouver ton livre. POURTANT ......

– Je n'arrive pas à me faire des amis. POURTANT ......

– Le dernier roman de Marguerite Duras a été un énorme succès. POURTANT ......

– Il a été collé à son examen. POURTANT ......

– Ils ont divorcé très vite. POURTANT ......

– Une fois encore, il a été collé à son examen. POURTANT ......

– Il a toujours eu beaucoup de succès auprès des femmes. POURTANT ......

EXERCICE 6

POURTANT

Complétez, dans chacune de ces interventions, la séquence qui précède POURTANT.

– ...... POURTANT je lui avais dit de se méfier d'elle.

– ...... POURTANT c'était bien écrit sur le papier que le bureau fermait à cinq heures.

– ...... POURTANT elle avait tout pour lui plaire.

– ...... POURTANT toutes les précautions avaient été prises pour éviter l'incendie.

– ...... POURTANT je l'avais vu la veille. Il avait l'air d'être en pleine forme.

– ...... POURTANT il lui avait fait une excellente impression.

– ...... POURTANT je ne suis pas difficile.

EXERCICE 7

QUAND JE PENSE

Compétez chacun des énoncés suivants.

– Il ne m'a même pas dit bonjour. QUAND JE PENSE ......

– J'avais besoin de 100 F. Elle n'a pas voulu me les prêter. QUAND JE PENSE ......

– Les étudiants ne sont jamais contents. Pour un oui ou pour un non ils manifestent. QUAND JE PENSE ......

– Et ils n'étaient même pas là quand nous sommes enfin arrivés. QUAND JE PENSE ......

– Tu as vu, la place est vide. Tout le monde part. QUAND JE PENSE ......

– J'ai eu beau chercher le mot dans le dictionnaire, je ne l'ai pas trouvé. QUAND JE PENSE ......

– À moins de 600 F par mois, tu ne trouves plus une chambre d'étudiant. QUAND JE PENSE ......

EXERCICE 8

ALORS

Des deux suites proposées, indiquez celle qui peut être introduite par ALORS.

– Il ne s'est pas occupé de moi un seul instant

...... j'ai préféré partir immédiatement.
...... je suis restée.

– J'ai vu de très belles roses dans la vitrine

...... j'ai pensé les lui offrir.
...... j'ai préféré ne pas en acheter.

– Il avait beaucoup de charme

...... j'hésitais à passer un week-end avec lui.
...... j'ai pensé que ce serait merveilleux de passer un week-end avec lui.

– Je ne savais pas très bien où aller

...... j'ai préféré rester à l'hôtel.

...... je suis allé faire un tour en ville.

– Elle avait des goûts très particuliers en matière de lecture

...... il s'adressa au libraire pour lui demander conseil.

...... il choisit un livre au hasard.

Photo-récit

Pour terminer, quelle histoire d'amour peut-on concevoir à partir de cette photographie ?

– Qui est-elle (récit de vie, leçon 2, p. 60) ?

– Que fait-elle dans ce train ?

– Que s'est-il passé avant ? (Est-ce le terme d'une histoire ?)

– Que va-t-il se passer ?

– L'autre, qui est-ce ?

– Comment se sont-ils rencontrés (cf. tableau p. 100) ?

– Quelle sera la fin ?

5

Une découverte archéologique

———

●

1 – La découverte

État des lieux

●

2 – Les fouilles

Radioscopie d'une enquête

●

3 – Le discours scientifique

I. Le parler savant
II. Les constructions logiques

I Lisez les deux textes suivants qui traitent d'une découverte et relevez le vocabulaire qui vous semble spécifique à l'archéologie.

DOCUMENT 1

Les habitats constituent une source d'information aussi précieuse que les nécropoles, mais exploités d'une façon très inégale. La fouille d'une cabane est plus lente et compliquée que celle d'une sépulture, son résultat est incomparablement plus sensible aux erreurs et aux lacunes de la documentation, le matériel, constitué presque uniquement par de la céramique, est moins spectaculaire, presque toujours fragmentaire, relativement abondant et d'une étude quelque peu fastidieuse. On comprend le peu d'attrait qu'exercèrent sur des générations d'archéologues ce genre de fouilles et la préférence accordée aux sépultures.

Venceslas KRUTA, *Les Celtes,* Q.S.J.

Du côté du Cher, c'est-à-dire de la région Centre, les choses ont pris le même tour, avec quelques différences. D'une part, la direction des Antiquités a voulu en somme profiter de la venue de l'autoroute pour entreprendre des prospections plus poussées – faire en quelque sorte une opération modèle –, d'autre part le programme autoroutier a pris un retard bienvenu pour les archéologues. En 1978, un projet de prospection systématique est soumis à ce qui était alors la D.G.R.S.T., laquelle avait lancé un appel d'offres de recherches en archéologie métropolitaine. Le projet est accepté et un contrat de 12 000 F signé. Les prospections commencent de façon massive en février 1979 par un stage d'étudiants et se poursuivent toute l'année. Dans les champs, les bois, les prés, les prospecteurs avançaient en ligne comme des rabatteurs, à dix mètres les uns des autres. Ils travaillaient tout simplement à vue. Dans les champs, ils observaient les objets qui pouvaient rester en surface, souvent remontés par les labours, et en notaient les concentrations. Dans les parties non cultivées, ils relevaient les moindres différences de niveau, observaient les limites de parcellaire ; et, tous les vingt mètres, sur le tracé théorique de l'autoroute, faisaient un carottage à la tarière à main. De même chaque fois qu'un site était soupçonné.

Certes ils prospectaient large – le tracé même de la bande de trois cents mètres n'était pas encore connu – et s'intéressaient autant aux anciens talus ou chemins qu'aux objets. On fit des observations botaniques dans les haies pour en déterminer l'ancienneté, suivant la méthode mise au point en Grande-Bretagne ; et deux communes, Lissay-Lochy et Saint-Germain-des-Bois, donnèrent lieu à une prospection sur toute leur superficie.

Sciences et Avenir, n° 491, janvier 1988.

I Pour vous informer, lisez aussi :

DOCUMENT 2

REPÈRES CHRONOLOGIQUES

1200 av. J.-C. : *développement des cultures à incinération en champs d'urnes : groupe de Lusace, d'Europe centrale, du Rhin-Suisse. Inflation de la production de bronze, cheval de trait, humidification du climat. Développement du seigle, de l'avoine, du millet et du lin. Premières traces de stabulation.*
1000-750 av. J.-C. : *premier âge du fer. Passage au climat sub-atlantique très humide et froid. Production sur place du fer. Les premiers cavaliers. Inhumations sous tumulus et rituel de la tombe à char.*
600 av. J.-C. : *fondation de Marseille.*
600-450 av. J.-C. : *sépultures princières et « château » de la culture de Halistatt. Apogée de Vix, de la Heuneburg. En Pologne, groupe des habitats fortifiés de Biskupia.*

500-400 av. J.-C. : *développement de la culture du deuxième âge du fer, dite de La Tène, dans un milieu plus tourné vers l'agriculture. Cimetières à inhumation sous tumulus ou tombes plates ; associés à des hameaux, ils sont organisés en groupes familiaux.*
400-250 av. J.-C. : *premières incursions celtiques en Italie, installation des Celtes en Italie, expéditions en Grèce. Extension de la culture de La Tène vers l'ouest de la France et colonisation des terres lourdes en Europe centrale. Développement du stockage des denrées agricoles dans un nombre sélectionné de fortifications de hauteur en Grande-Bretagne.*
225 av. J.-C. : *défaite des Gaulois à Télamon.*

189 av. J.-C. : *fondation de Bologne, les Celtes d'Italie sont soumis. Développement de l'artisanat.*

124 av. J.-C. : *défaite des Celtes et des Salyens à Entremont, fondation d'Aix-en-Provence, province romaine de Narbonnaise.*

109-102 av. J.-C. : *invasions des Cimbres et des Teutons. Développement de la civilisation des « oppida ». Circulation des premières monnaies divisionnaires.*

58-52 av. J.-C. : *César intervient en Gaule, en Grande-Bretagne et à l'ouest de la Germanie ; conquête de la Gaule.*

25 av. J.-C. : *les Romains pacifient les tribus des Alpes.*

25 av. J.-C.-1 apr. J.-C. : *les Romains contrôlent la rive sud du Danube ; les Marcomans envahissent la Bohême.*

15 av. J.-C.-1 apr. J.-C. : *abandon des « oppida », fondation des capitales provinciales actuelles.*

43 apr. J.-C. : *les Romains occupent le sud des îles britanniques.*

L'Histoire, n° 109.

DOCUMENT 3

IMPORTANTE DÉCOUVERTE D'UNE STATUE
LE GAULOIS DE ROSTRENEN

Une petite statuette gauloise haute de 43 centimètres, représentant sans doute une divinité masculine, vient d'être découverte près de Rostrenen (Côtes-d'Armor), au cours d'une brève fouille de sauvetage (de la mi-avril à la fin mai). Elle est la première qui ait jamais été découverte en Bretagne et même dans les régions environnantes, et elle est une des rares à avoir été trouvées dans une stratigraphie intacte. Elle était dans le remplissage volontaire d'un fossé et était recouverte de débris de poteries bien datées (de quelques décennies avant la conquête romaine) et d'amphores italiques du début du Ier siècle avant Jésus-Christ. Cette découverte est donc l'une des plus importantes qui aient été faites par les archéologues français depuis une ou deux décennies.

La statue est en pierre (un micaschiste local), dont le grain donne à l'œuvre une facture assez fruste. Elle est typiquement gauloise avec son petit diadème et son torque. En revanche, elle tient une lyre sur la poitrine, ce qui n'est pas du tout habituel pour les divinités gauloises.

La fouille, menée sous la direction de MM. Claude Le Potier et Jean-Charles Arramond, est faite grâce à l'appui et au financement du conseil général des Côtes-d'Armor, en un endroit « sensible » où les travaux étaient prévus pour améliorer une route départementale.

Le secteur était « sensible » car on y avait déjà repéré trois tumulus de l'âge du bronze, une enceinte (?), une enceinte médiévale et un captage (?) de source gallo-romaine. En fait, on y a trouvé surtout un site occupé par les Gaulois du IIIe au Ier siècle avant Jésus-Christ.

Ce site comprend, notamment, des fossés (dont certains ont été comblés volontairement et même damés), des calages de poteaux et un souterrain à demi effondré. De tels souterrains, liés à des habitats, sont typiques de l'âge du fer armoricain (les Gaulois sont les auteurs au moins du deuxième âge du fer dit de La Tène). Mais le rôle exact de ces souterrains n'est pas encore compris.

Y. R., *Le Monde*, 7-05-1988.

Contrôle lexical

À l'aide des documents précédents, complétez les phrases suivantes.

– La construction de l'autoroute du Centre a permis d'entreprendre des ...... en vue de mettre au jour des ...... archéologiques.

– La ...... d'une cabane est plus difficile à ...... que celle d'une sépulture.

– Le ...... de Rostrenen a été occupé par les Gaulois du IIIe au Ier siècle avant Jésus-Christ.

– Pendant longtemps, les ...... ont préféré s'occuper de sépultures plutôt que d'explorer des cabanes.

– Des ...... de poteries et d'amphores recouvraient la statuette.

– Le ...... que l'on retrouve dans les cabanes est presque exclusivement constitué de céramiques.

– Les ...... entreprises sur le ...... de Rostrenen ont permis la ....../de ...... une statuette gauloise.

– Quand on ...... un secteur de recherche, il s'agit de ...... les moindres indices, d' ...... les moindres différences de niveau, de ...... aux moindres talus, haies ou objets.

– Les découvertes ...... se font généralement à l'occasion de ...... de sauvetage, avant que ne soient entamés des travaux de construction de routes ou de bâtiments.

– Avant d'entreprendre une ......, il faut ...... tous les indices susceptibles de révéler l'existence d'un ....

– Sur le ...... de Rostrenen, on avait déjà ...... trois tumulus de l'âge du bronze.

Voici les principaux moments d'un travail archéologique. À l'aide du lexique étudié, retrouve: les grandes étapes d'une découverte.

De quelques indices...

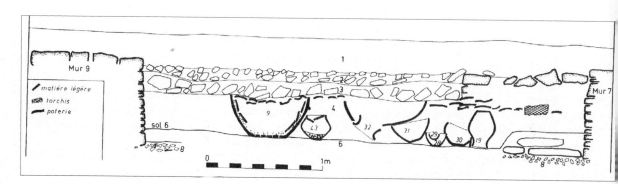

... à la découverte

De la description…

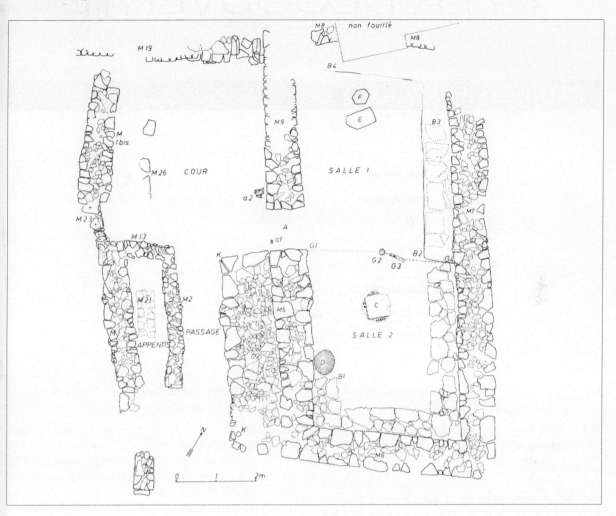

… à l'interprétation

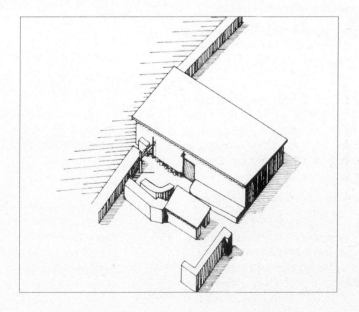

1 - LA DÉCOUVERTE

ÉTAT DES LIEUX

DIALOGUE 1

Intervenants

– M. Cahuzac, un habitant des environs

– M. Simon, archéologue

ÉCHANGE

– **nature :** demande de confirmation

– **mouvement :** confirmation/réfutation

R 1   M. Cahuzac. – Tenez, nous y voilà. Regardez, c'est l'endroit dont je vous ai parlé.

R 2   M. Simon. – Ah, en effet, le site est tout à fait remarquable. C'est encore plus vaste que je ne le pensais.

R 3   M. Cahuzac. – Oh, ça doit faire à peu près 150 mètres de long sur un peu plus de 50 mètres de large, regardez, ce sont bien des morceaux de poterie, je ne me trompe pas.

R 4   M. Simon. – Effectivement, on dirait bien de la poterie. On dirait même des fragments de vase. Mais comment se fait-il qu'on ne l'ait pas remarqué plus tôt ?

R 5   M. Cahuzac. – En fait, je crois que c'est par le plus grand des hasards. J'ai l'habitude de venir me promener ici et j'ai toujours pensé que cette surface plane comme ça en haut de la colline, ça n'avait rien de naturel. C'est pour ça d'ailleurs qu'on l'appelle le Plan de la Tour.

R 6   M. Simon. – « Plan », je vous comprends bien, mais pourquoi « de la Tour » ?

R 7   M. Cahuzac. – Vous voyez cet éboulis de pierre. Beaucoup de gens pensent qu'il devait y avoir ici quelque chose au Moyen Âge, un château peut-être, avec sa tour.

R 8   M. Simon. – Mais alors, ces morceaux de poterie, comment ont-ils été mis au jour ?

R 9   M. Cahuzac. – À mon avis, ce sont des sangliers qui sont passés par là. Il y en a pas mal dans la région, vous savez. Ils ont certainement gratté le sol, à la recherche de nourriture. Et c'est comme ça qu'ils ont déterré ces tessons. Alors en voyant ça, j'ai pensé qu'il y avait peut-être d'autres choses dessous et j'ai préféré vous prévenir.

R 10   M. Simon. – Vous avez bien fait, il y a certainement quelque chose là-dessous.

R 11   M. Cahuzac. – Et vous pensez que ça pourrait être les restes d'un château du Moyen Âge ?

R 12   M. Simon. – Je ne le pense pas. S'il s'agissait de vestiges de l'époque médiévale, les traces seraient beaucoup plus importantes.

R 13   M. Cahuzac. – Alors, ce serait du temps des Romains ?

R 14   M. Simon. – Cela m'étonnerait beaucoup. Vous savez, on connaît bien ici tous les sites de l'époque romaine. Or rien de tel n'a jamais été signalé par ici. Je pense à un habitat plus ancien encore, antérieur à l'époque romaine, très certainement.

R 15 M. Cahuzac. – Ce seraient alors « nos ancêtres les Gaulois » ?

R 16 M. Simon. – Et pourquoi pas ? Bon, je vais en parler au directeur des Antiquités historiques de la région pour que l'on procède à des sondages. Et si les premiers résultats se révèlent intéressants, nous pourrons alors entamer de véritables fouilles.

Pour suivre la discussion

1. Analyse

a) De quoi parlent-ils (R 1, R 2) ? À quelle conclusion arrivent-ils (R 15, R 16) ? Aidez-vous du schéma de la page suivante.

b) Notez les différentes étapes qui permettent d'arriver à cette conclusion en distinguant :

– les interventions de M. Cahuzac : quelle est leur fonction ?

– les interventions de M. Simon : comment se situent-elles par rapport à celles de M. Cahuzac ?

Repérez les endroits où il y a ouverture d'interventions secondaires. Leur fonction ?

2. Restitution

À l'aide du schéma de la page suivante et à partir des notes que vous avez pu prendre, essayez, par groupes de deux, de reconstituer l'entretien entre M. Cahuzac et M. Simon.

Pratiques

EXERCICE 1

Indiquez l'énoncé qui est à l'origine de la réponse donnée.

❏ Regardez, ce sont bien des morceaux de poterie, je ne me trompe pas ?
❏ Tenez, regardez ici, j'ai trouvé des morceaux de poterie.

Effectivement, ce sont bien des morceaux de poterie.

❏ Jusqu'à présent, cet endroit n'avait guère attiré mon attention.
❏ Vous ne trouvez pas que cet endroit est tout à fait remarquable ?

Effectivement, le site est tout à fait remarquable.

❏ D'ailleurs, nous n'avons rien trouvé d'intéressant sur ce site, n'est-ce pas ?
❏ Est-ce qu'on a trouvé des choses intéressantes sur ce site ?

Effectivement, les fouilles n'ont rien révélé d'intéressant.

❏ Que pensez-vous de cette céramique ?

❏ À votre avis, c'est bien une céramique du Ve siècle ?

Effectivement, c'est bien une céramique du Ve siècle.

❏ Et l'idée de poursuivre les fouilles dans cette direction ne vous est jamais venue à l'esprit ?
❏ Pourquoi ne pas fouiller dans cette direction ?

Effectivement, je n'ai jamais pensé à fouiller dans cette direction.

❏ Est-ce que vous le lui avez déjà dit ?
❏ Pourtant vous le lui avez déjà dit ?

Effectivement, je l'avais déjà averti à plusieurs reprises.

EXERCICE 2

Indiquez la réponse qui correspond à l'énoncé initial :

Vous n'oublierez pas d'explorer le terrain de ce côté-là.

❏ Effectivement, je n'avais pas pensé à le faire.
❏ D'accord, c'est ce que je vais faire.

Vous savez qu'Éloïse est partie à Paris ?

❏ Effectivement, elle m'avait prévenu de son intention de s'y rendre.
❏ Oui, je sais qu'Éloïse est partie à Paris.

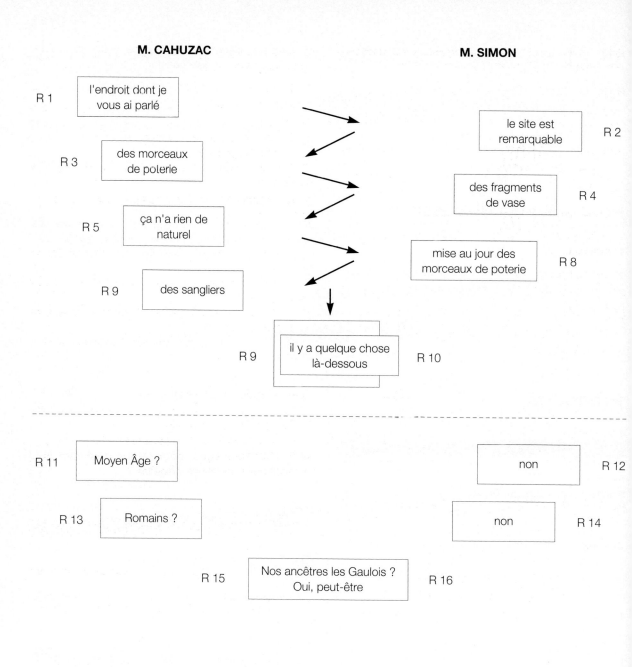

M. CAHUZAC

M. SIMON

R 1 — l'endroit dont je vous ai parlé

le site est remarquable — R 2

R 3 — des morceaux de poterie

des fragments de vase — R 4

R 5 — ça n'a rien de naturel

mise au jour des morceaux de poterie — R 8

R 9 — des sangliers

R 9 — il y a quelque chose là-dessous — R 10

R 11 — Moyen Âge ?

non — R 12

R 13 — Romains ?

non — R 14

R 15 — Nos ancêtres les Gaulois ? Oui, peut-être — R 16

Est-ce que vous pourrez lui dire de passer me voir ?

❏ Effectivement, je le préviendrai dès son retour.
❏ Volontiers, je le préviendrai dès son retour.

Et ces traces noirâtres là, avec ces débris, de quoi s'agit-il ?

❏ Effectivement, il s'agit bien des restes d'un foyer.
❏ Ce sont les restes d'un foyer.

Que pensez-vous de ce livre ?

❏ Effectivement, ce livre manque de qualités.
❏ Un livre qui ne manque pas de qualités.

Ce sont là des indices intéressants, non ?

❏ Effectivement, il s'agit là d'indices tout à fait intéressants.
❏ On a relevé à cet endroit beaucoup d'indices intéressants.

Selon la question posée, répondez en utilisant l'un ou l'autre ordre de présentation avec COMME ou EN EFFET.

exemple

a) Cette salle est l'endroit le mieux isolé de la maison.

b) Cette salle sert de salle de repos.

Question 1 : *Quelle est, d'après vous, la fonction de cette salle ?*

Réponse = b + a

➧ *Cette salle doit servir de salle de repos.* **En effet***, elle est l'endroit le mieux isolé de la maison.*

Question 2 : *Pourquoi affirmer que cette salle est bien la salle de repos ?*

Réponse = a + b

➧ **Comme** *cette salle est l'endroit le mieux isolé de la maison, elle doit servir de salle de repos.*

La question 1 : elle appelle une demande d'information. Cette information est donnée tout de suite dans la réponse, elle est suivie d'une justification introduite par **en effet.**

La question 2 : quand la question porte sur une demande de justification, on donne cette justification immédiatement dans la réponse en la faisant précéder de **comme.**

a) Cette salle est la salle de travail.
b) On trouve de nombreux vestiges culinaires dans cette salle.
Q 1 : Sur quels éléments vous appuyez-vous pour dire que cette salle était bien la salle de travail ?
Q 2 : Quelle était, d'après vous, la fonction de cette salle ?

a) Cet habitat n'est pas d'époque romaine.
b) Aucun site de cette époque n'a été signalé dans la région.
Q 1 : Cet habitat est d'époque romaine selon vous ?
Q 2 : Alors, d'après vous, cet habitat ne peut pas être d'époque romaine ?

a) Cette céramique est du Vᵉ siècle av. J.-C.
b) La forme de cette céramique est caractéristique.
Q 1 : À quelle époque, selon vous, peut-on situer cette céramique ?

Q 2 : Vous êtes certain qu'il s'agit bien d'une céramique du Vᵉ siècle ?

a) Un très grand nombre de vestiges ont pu être retrouvés.
b) Le toit de la maison, en s'effondrant brutalement, a permis de les protéger.
Q 1 : Est-ce que vous avez pu retrouver beaucoup de vestiges ?
Q 2 : Comment se fait-il qu'on ait pu retrouver autant de vestiges ?

a) Tout le mobilier recueilli est antérieur au IVᵉ siècle av. J.-C.
b) L'hypothèse d'un habitat d'époque romaine ne tient pas.
Q 1 : L'hypothèse d'un habitat d'époque romaine ne vous semble pas recevable ?
Q 2 : Pourquoi rejeter l'hypothèse d'un habitat d'époque romaine ?

a) Il s'agit de populations indigènes.
b) Le site est trop éloigné de la côte pour avoir été occupé par des colons grecs.
Q 1 : Qui occupait ces lieux, à votre avis ?
Q 2 : Sur quoi vous fondez-vous pour dire qu'il s'agissait de populations indigènes ?

Indiquez l'énoncé qui est à l'origine de la réponse donnée.

❏ Finalement, tu es allé voir le film dont tu m'avais parlé ?
❏ Beaucoup de gens sont allés voir ce film ?

Il y avait un monde fou devant le cinéma. C'est pour ça d'ailleurs que je n'y suis pas allé.

❏ Comment se présente le site ?
❏ Pourquoi appelle-t-on ce site le Plan de la Tour ?

C'est une étendue vaste et plane. C'est pour ça d'ailleurs que nous l'appelons le Plan de la Tour.

❏ Est-ce qu'on a maintenu les crédits de recherche pour cette année ?
❏ Pourquoi n'avez-vous pas poursuivi votre campagne de fouilles ?

Les crédits de recherche ont été diminués de moitié cette année. C'est pour cette raison d'ailleurs que nous avons dû interrompre notre campagne de fouilles.

❏ Pourquoi vous en tenir seulement à des hypothèses sur la façon de vivre des habitants ?
❏ Est-ce qu'il est possible de reconstituer la façon de vivre des habitants ?

Nous ne disposons que de très peu d'indices pour aborder la façon de vivre des habitants. C'est d'ailleurs pourquoi nous ne pouvons que formuler des hypothèses.

EXERCICE 5

Complétez chacun des énoncés par EN FAIT ou EN EFFET.

– Je ne pensais pas du tout que l'on puisse trouver quelque chose ici. ...... c'est par le plus grand des hasards que j'ai repéré ce site.

– J'avais toujours été intrigué par cet endroit. ...... cette grande surface plane, en haut de la colline, c'était tout à fait inhabituel.

– Je ne l'ai jamais vraiment aimée ; ...... c'était plutôt de l'affection que j'éprouvais pour elle.

– Tout le monde pensait qu'il s'agissait de vestiges du Moyen Âge. ......, on se trouvait en présence de restes de l'époque celte.

– Je ne pense pas qu'il soit rentré. ...... je n'ai pas vu sa voiture devant la porte.

– Qu'il n'y ait pas sa voiture devant la porte ne signifie rien. ......, il lui arrive très souvent de la laisser dans un garage en ville.

– J'ai l'air savant, comme ça, en vous parlant de ce site. ......, je suis incapable de distinguer un caillou d'un vestige archéologique.

EXERCICE 6

Répondez à la question posée en utilisant EN FAIT ou EN EFFET.

– On m'a dit que vous aviez donné des concerts de piano, quand vous étiez plus jeune ?

– ......

– C'est en faisant des fouilles que vous avez découvert ce site ?
– ......

– Et comment est-ce que vous vous êtes rencontrés ? Ce sont des amis qui vous ont présenté ?
– ......

– Ce ne sont quand même pas des cailloux sans intérêt qui sont apparus en surface ?
– ......

– Voilà ce que je propose : sortons ce soir ensemble et allons au restaurant chinois.
– ......

– Finalement, tu as pu la rencontrer, comme je t'avais demandé de le faire ?
– ......

EXERCICE 7

Raisonnez et objectez.

exemple

M. Cahuzac pense que l'on se trouve en présence de vestiges d'époque romaine.

M. Simon, nous le savons, n'est pas d'accord. Selon lui :

– tous les sites d'époque romaine sont parfaitement connus ;
– aucun site romain n'a jamais été signalé dans la région ;
– on est en présence d'un habitat d'une époque antérieure.

Ce qui peut se reformuler ainsi :

▶ *Ces vestiges ne sont pas d'époque romaine. En effet tous les sites de cette période sont parfaitement connus. Or aucun site romain n'a jamais été signalé dans la région. On est donc en présence d'un habitat d'une époque antérieure.*

Sur ce modèle, effectuez les reformulations suivantes :

Autour d'un foyer situé dans une salle intérieure, on a

trouvé des ossements. Il devait donc servir à cuire des aliments. M. Simon n'est pas tout à fait d'accord :

– les déchets domestiques, tessons, ossements d'animaux sont beaucoup moins nombreux que ceux retrouvés autour du foyer extérieur ;
– le foyer est entouré sur les trois côtés de banquettes de pierre où les gens pouvaient s'asseoir ou se reposer ;
– le foyer avait d'abord un rôle d'éclairage et de chauffage.

Ce qui peut se formuler ainsi :

 ......

Sur le site du Plan de la Tour, on a trouvé des récipients importés, ainsi que des traces de produits alimentaires provenant d'autres régions, du vin et peut-être de l'huile. Cela prouve que les échanges avec le monde extérieur étaient importants. M. Simon n'est pas d'accord :

– les échanges avec le monde extérieur étaient très limités ;

– sur la plupart des sites analogues, on ne trouve que des objets produits localement ;
– les récipients importés retrouvés sur le site du Plan de la Tour sont très peu nombreux ;
– la situation du Plan de la Tour correspond à ce que l'on sait de la nature des échanges à l'âge du fer.

Ce qui peut se formuler ainsi :

 ......

La maison d'habitation semble vivre de façon tout à fait autonome. Mais M. Simon n'est pas d'accord :

– des échanges, même limités, existaient en ce temps-là ;
– on a trouvé des récipients provenant d'autres régions ;
– les habitants disposaient de surplus qu'ils pouvaient échanger ;
– des relations commerciales existaient déjà.

Ce qui peut se formuler ainsi :

▶ ......

APPUIS LINGUISTIQUES

LES CONNECTEURS ARGUMENTATIFS (3)

1. CONFIRMATION

Effectivement et **en effet** servent à introduire un argument ou une explication venant à l'appui d'une affirmation ou d'un énoncé antérieur.

Effectivement, en effet correspondent à une démarche d'approbation et servent à confirmer une information déjà disponible :

– Que pensez-vous de ce site ? Il est intéressant n'est-ce pas ?
*– **En effet / Effectivement,** ce site est tout à fait remarquable.*

En effet établit une certaine distance dans l'appréciation de la situation par celui qui parle ; **effectivement** marque une prise de position plus nette, une réaction plus vive.

La différence d'utilisation n'est donc pas liée à la présence de marques spécifiques dans le contexte, mais de la position de celui qui parle.

2. CORRECTION

En fait (ainsi que **en réalité**) a pour fonction de rectifier, de corriger un point de vue, de réévaluer ce qui vient d'être dit, de le placer dans une nouvelle perspective :
– *Elle n'a jamais été vraiment heureuse avec lui :* **en réalité,** *je crois qu'elle ne l'aimait pas.*

L E C T U R E

DANS LES SABLES ROUGES

(L'auteur rapporte ici un récit lu dans son enfance et qui l'avait particulièrement marqué.)

L'archéologue avançait – c'était là la vision première – dans le désert de Gobi. Avec un petit groupe d'explorateurs et de guides il s'était éloigné de toutes pistes connues, à la recherche des ruines que quelque aviateur, sans doute, avait repérées, et qu'il avait pour mission de comprendre. Et ils campaient donc chaque soir à des centaines de kilomètres de la présence humaine la plus proche. D'où leur stupeur, un matin : posée au seuil de leur tente, il y avait une tablette d'argile qui n'était certes pas là la veille. En outre, l'inscription qu'on pouvait y voir était gravée de frais, semblait-il, et en latin ! « N'allez pas plus loin », déchiffrent-ils. Ils sont troublés, déconcertés, ils explorent les environs, rien n'apparaît, mais la nuit revient et au petit jour une autre tablette, et l'intimation, plus pressante encore, et le latin. Cette fois, ils organisent des veilles. Et la troisième nuit, à la clarté des étoiles, l'archéologue, un très jeune homme, aperçoit une ombre, et se précipite, la voit hésiter, s'arrêter : c'est une jeune fille, vêtue comme on l'était à Rome, il le sait, à un certain moment de l'empire. Paralysé par l'étonnement, il l'appelle, s'il est vrai que les mots ont pu sortir de sa gorge. Mais oui : elle se retourne, le regarde... Mais quand l'archéologue allait commencer à parler, d'un seul coup, sans qu'il comprît pourquoi, il n'y avait plus rien, là devant lui, que le sable, et une autre plaque d'argile. Il ramassait ce peu d'écriture, il doutait malgré tout de sa vision.

Il n'avait pas rêvé, cependant. Quand ils revinrent, dès l'aube, là où l'apparition s'était dissipée, les explorateurs aperçurent, cachée sous le sable, une dalle, qu'ils soulevèrent, et puis ce fut un escalier, des galeries, des salles, éclairées quelquefois par un rayon qui tombait des voûtes. Au-delà de l'étonnement désormais, ils avancent dans ce qui peu à peu se révèle toute une ville, reconnaissent à des signes (un feu, une fournée de pain sur la pierre d'une boutique) qu'elle est habitée bien qu'apparemment déserte, et qu'elle est, de surcroît, romaine, par les formes, par les objets.

Et d'ailleurs, brusquement, ils sont entourés, arrêtés, et ce sont des centurions qui opèrent, cuirassés et armés du glaive. Après quoi les bruits de la vie reprennent, la population reparaît. On conduit les archéologues là où le préfet siège, entouré de ses officiers. Ils apprennent de lui qu'ils ont pénétré dans ce qui avait été là-haut, sous le ciel, un des avant-postes de l'expansion impériale, puis quand Rome, affaiblie, avait renoncé à cette marche, une colonie, isolée, menacée, qui n'avait trouvé son salut qu'en s'enfonçant dans la terre. Ainsi, ces Latins ont-ils survécu, en Asie, à travers des siècles qu'ils ont cessé de compter. L'isolement qui les avait affaiblis les préserve, et le secret, il faut donc que périssent ceux qui ont percé celui-ci. Que n'ont-ils pris au sérieux les avertissements des dernières nuits ! Le préfet parle, et l'archéologue qui l'écoute, rassemblant à grand-peine tout son latin, aperçoit soudain derrière un pilier la jeune fille. Elle est pâle. À nouveau elle a cherché son regard.

On les mène à présent à une geôle, et ils savent qu'ils n'y resteront qu'un moment avant d'être exécutés. L'archéologue explique à ses compagnons ce qu'il a compris du discours. Ils cherchent, mais en vain, à bâtir un plan d'évasion. Ils parlent – et cependant les minutes, les heures passent. Pourquoi ne vient-on pas les chercher ? Pourquoi ce silence, toujours plus grand quand tout à l'heure encore les gardes marchaient dans le couloir ? Étonnés à nouveau, saisis d'un étrange espoir, les prisonniers prêtent l'oreille, est-ce vrai, plus rien ? Mais si, un bruit de clef dans la porte, la jeune fille est là, sur le seuil. « Partez », dit-elle. Ah, quel regard d'échange, de réparation de la misère ancienne, des esclavages d'enfance, les « feuilles d'or » retrouvées ! Les deux enfants savent qu'ils s'aiment, et une seconde fois dans le temps ouvert, mouvant, où l'origine revient, l'homme veut parler à la femme, mais – « Une seconde fois, perdue ! » Elle connaît trop bien les lieux, eux ne peuvent que tâtonner dans le labyrinthe qui est vide.

Car la jeune Romaine, je ne sais plus comment ils finissent par le comprendre, a convaincu son père, le préfet, d'épargner les étrangers et de fuir, gagnant avec tous les gens, par des couloirs à nouveau, une autre ville également souterraine, et plus retirée encore, l'ultime Rome dans le reploiement du désert. Ils s'éloignent par des galeries voûtées qui s'élargissent parfois pour une salle ronde, une peinture, une lampe. Et derrière eux la porte s'est refermée et même s'est effacée, puisque le jeune Français, qui voudrait tant savoir et cherche partout dans la ville, ne parvient pas à la retrouver sur les parois sans défaut.

Yves **BONNEFOY**, *L'Arrière-Pays,* éd. Skira.

• Quels sont les éléments du texte qui le signalent comme texte à thème archéologique ?
• Type de texte (narratif, descriptif, explicatif, argumentatif...). Vise-t-il à informer ou à distraire ?
• Ce texte était destiné à un public d'enfants. Si on voulait le réécrire pour un public d'adultes, tout en lui conservant son caractère d'« aventure archéologique », quelles modifications faudrait-il envisager ?

2 - LES FOUILLES

RADIOSCOPIE D'UNE ENQUÊTE

DIALOGUE 2

Intervenants

– M. Simon, archéologue

– M. Cros, son assistant

– M. Delmas, journaliste

ÉCHANGE

– explication/description

R 1 M. SIMON. – Tenez, permettez-moi de vous présenter Christian Delmas, correspondant local du *Midi Libre* qui vient faire un reportage sur notre campagne de fouilles.

R 2 M. CROS. – Heureux de vous rencontrer. Un peu de publicité ne fera pas de mal à notre entreprise ! Nous, les archéologues, sommes de grands méconnus.

R 3 M. DELMAS. – Justement, on m'a dit que vous étiez en train de faire une découverte tout à fait exceptionnelle.

R 4 M. SIMON. – Exceptionnelle ? N'exagérons rien. Mais il est exact que nous sommes en présence ici d'un ensemble très riche dont les vestiges sont particulièrement bien conservés.

R 5 M. DELMAS. – Pourtant, à première vue, il n'a pas l'air de rester grand-chose, à part, bien sûr, ces quelques fondations.

R 6 M. SIMON. – Ces quelques fondations, comme vous dites, nous permettent pourtant de reconstituer la structure générale de l'habitation. Le plan au sol apparaît très nettement. Regardez ici, vous avez l'habitation proprement dite avec deux grandes salles : celle-ci qui devait servir pour le repos, et celle-là qui servait au rangement des instruments domestiques.

R 7 M. DELMAS. – Mais comment pouvez-vous savoir quel était l'usage de chacune de ces pièces ?

R 8 M. CROS. – Tout simplement à partir de l'analyse du mobilier retrouvé dans le sol, c'est-à-dire les fragments de poterie ou de vases, des tessons d'amphore. On connaît d'autre part dans le Midi des habitations organisées selon le même mode.

R 9 M. SIMON. – Par contre, ce qui est tout à fait intéressant ici, c'est la netteté avec laquelle apparaissent les abords de la maison, on distingue bien l'espace de la cour, organisée elle aussi autour d'un foyer et où devaient se dérouler toutes sortes d'activités domestiques, et là un appentis dont la fonction, je dois vous l'avouer, n'est pas encore clairement élucidée.

R 10 M. DELMAS. – Mais sur les habitants eux-mêmes, est-ce qu'on peut avoir des renseignements ? Qui étaient-ils ? Après tout il ne reste ici que des pierres et des vases brisés.

R 11 M. SIMON. – Il y a plus que cela, vous savez. Mais il faut être un spécialiste pour y être sensible. On peut, à partir de certains indices, reconstituer au moins certains caractères de cette famille. D'abord il s'agissait de paysans assez modestes. D'autre part, étant donné la taille des locaux, un tel édifice ne pouvait abriter qu'un groupe de six personnes au maximum, vraisemblablement un couple et ses enfants. Voilà par exemple une information très précieuse qui peut être déduite de l'analyse des vestiges.

R 12 M. CROS. – Mais, évidemment, beaucoup d'autres aspects nous échappent. Il y avait d'autres familles qui vivaient sur ce site. Mais comment s'organisaient-elles ensemble ? Ça... ? !

R 13 M. DELMAS. – Mais à quelle période remonte un tel ensemble ? Du temps de la Gaule romaine ?

R 14 M. CROS. – Oh non, c'est bien antérieur. Sans pouvoir définir une datation précise, nous pouvons cependant situer la construction de la maison entre 475 et 450 av. J.-C.

R 15 M. DELMAS. – Mais comment faites-vous pour parvenir à de telles conclusions ?

R 16 M. DELMAS. – Nous nous fondons sur l'analyse des objets retrouvés dans le sol, notamment les vases en céramique dont on connaît les périodes de fabrication.

R 17 M. DELMAS. – C'est un vrai travail de détective auquel vous vous livrez là !

R 18 M. SIMON. – En un certain sens oui, nous ne devons en effet négliger aucun indice, surtout lorsqu'on est en présence de vestiges aussi modestes. Il est plus facile, comme vous vous en doutez, de restituer la forme et la fonction d'un temple romain que de restituer la maison d'un paysan anonyme de l'âge du fer.

R 19 M. DELMAS. – Mais je crois que mes lecteurs seront très certainement intéressés par cette évocation de leurs très lointains ancêtres.

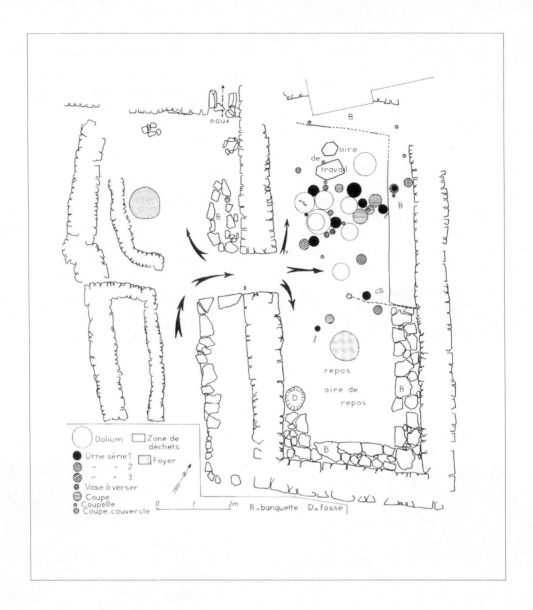

1. Pour suivre le dialogue

1. Analyse

a) À partir de la photographie et du schéma :

– précisez où en sont les travaux ;
– quels sont les éléments du site qui ont été mis au jour ?

b) les intervenants :

Christian Delmas, journaliste :

– spécialiste/non-spécialiste ?
– sa fonction ?
– formes d'interventions liées à la fonction ?

Les archéologues, M. Simon et M. Cros :

– spécialistes/non-spécialistes ?
– fonction de leur discours ?
– formes d'interventions (verbes utilisés pour signaler les éléments fondamentaux ; ordre d'exposition et mots clés correspondants) ?

2. Restitution

À l'aide du schéma de la page ci-contre, des notes que vous avez prises, et à partir de ce que vous savez des rapports entre le journaliste et les archéologues, de leurs attitudes respectives vis-à-vis du champ de fouilles, essayez, par groupes de trois, de restituer l'entretien des trois hommes sur le chantier des fouilles.

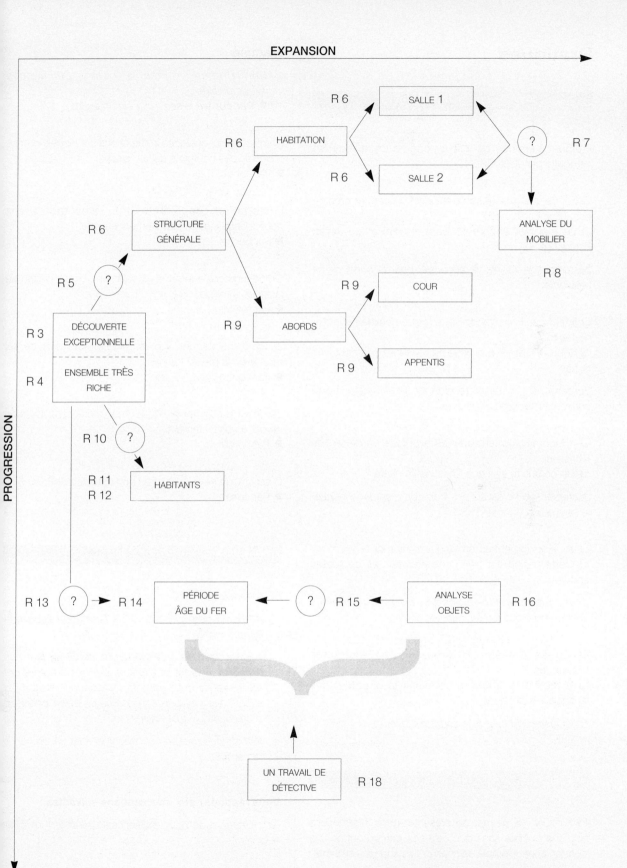

Pratiques

Indiquez l'énoncé qui est à l'origine de la réponse introduite par JUSTEMENT.

❏ Est-ce que tu as regardé le projet de contrat préparé par Julien Espinasse ?
❏ Je n'ai pas encore préparé le contrat de Julien Espinasse.

Justement, je voulais te rencontrer pour te parler de ce problème.

❏ Il faut que vous veniez visiter notre nouveau chantier de fouilles.
❏ Pourquoi est-ce que vous ne passeriez pas nous voir là-bas ?

Justement, j'avais l'intention de venir visiter votre chantier la semaine prochaine.

❏ Il faudrait pourtant que je l'avertisse du départ de Christine.
❏ Est-ce que tu sais que Christine l'a quitté ?

Justement, je ne savais pas trop comment lui annoncer la nouvelle.

❏ Vous devriez entreprendre des fouilles ici.
❏ Cette région est très riche en vestiges de toutes sortes.

C'est justement pour cette raison que je vais entreprendre des fouilles dans ce secteur.

❏ Tu as prévenu le directeur des Antiquités historiques ?
❏ À mon avis, il faudrait prévenir le directeur des Antiquités historiques.

C'est justement ce que je comptais faire.

PAR CONTRE permet de présenter deux informations de sens opposé sans que cela soit perçu comme une contradiction. Complétez chacun des énoncés suivants.

exemple

> *Son premier roman a connu un succès extraordinaire.*
> ➤ *Par contre le second a été un échec.*

On dispose de quelques informations sur les ressources agricoles des habitants de la maison.
➤ Par contre ......

L'habitation proprement dite, avec toutes ses dépendances, a été parfaitement étudiée.
➤ Par contre ......

On peut reconstituer, très globalement, l'organisation de la cellule familiale.
➤ Par contre ......

Jusqu'à maintenant, il n'est jamais resté plus de six mois avec la même femme.
➤ Par contre ......

Le début du roman n'est pas très intéressant. L'action démarre très lentement.
➤ Par contre ......

C'est vrai qu'elle n'a pas très bon caractère.
➤ Par contre ......

Sur le modèle suivant :

> – *Il paraît que vous venez de faire une découverte exceptionnelle.*

> – *Exceptionnelle ? N'exagérons rien/Il ne faut rien exagérer. D'autre habitations de même nature ont été mises au jour dans le Languedoc. Mais il est exact/il est vrai que nous sommes ici en présence d'un ensemble très intéressant.*

> *(On atténue tout en confirmant le sens général de la remarque.)*

Vous répondez aux interventions suivantes :

– La structure de cette maison est, paraît-il, tout à fait originale.
– ......

– D'après ce qu'on m'a dit, vous venez de mettre en évidence des données d'un intérêt exceptionnel sur l'organisation familiale à cette époque.
– ......

– L'étude de cette unité d'habitation aurait permis d'apporter de très nombreux renseignements sur le mode de vie des habitants.
– ......

– Il paraît que c'est un des meilleurs spécialistes en matière d'archéologie gallo-romaine.
– ......

– Il est impossible de situer précisément la date d'abandon de la maison par ses habitants.
– ......

– Il paraît que Pierre a eu un très grave accident.
– ......

– La mise au jour de cette unité va bouleverser tout ce qu'on savait jusqu'à présent sur la vie quotidienne en Languedoc à l'âge du fer.
– ......

– Finalement, la vie qui a été la vôtre, M. Schnell, n'a jamais été très facile.
– ......

EXERCICE 4

Sur le modèle suivant :

Pourquoi attachez-vous une telle importance à l'étude des abords de la maison ?
– les surfaces intérieures sont très petites ;
– l'essentiel des activités domestiques devait se passer hors de la maison.

▶ ***Étant donné*** *l'exiguïté des surfaces intérieures, l'essentiel des activités domestiques devait se passer hors de la maison.*

Vous justifiez à chaque fois votre point de vue :

Vous êtes certain qu'il s'agissait bien d'une famille restreinte ?
– les locaux sont de taille réduite ;
– l'édifice ne pouvait abriter qu'un nombre limité d'individus.

▶ ......

Qu'est-ce qui vous fait dire que cette salle était bien la salle de repos ?
– Il y a très peu d'objets mobiliers dans la salle.

▶ ......

Pourquoi l'appentis ne serait-il pas un local de rangement ?
– on n'a pas trouvé de mobilier sur place ;
– un local certainement destiné à abriter des animaux domestiques.

▶ ......

Vous êtes certain de la période retenue pour situer l'abandon de la maison ?
– on n'a retrouvé aucun objet ou mobilier postérieur à 400 av. J-C.

▶ ......

Vous ne pensez pas qu'il puisse s'agir de vestiges de l'époque romaine ?
– on n'a jamais signalé le moindre établissement romain dans ce secteur.

▶ ......

Pourquoi ne pas publier tout de suite ce manuscrit ?
– la critique a très mal accueilli le livre précédent ;
– il vaut mieux attendre.

▶ ......

Vous pensez que la chasse ne jouait pas un rôle important dans l'alimentation des habitants ?
– on a trouvé de très grandes quantités d'ossements d'animaux domestiques.

▶ ......

3 - LE DISCOURS SCIENTIFIQUE

▶ Le « parler savant » ne consiste pas uniquement, même si cet aspect est le plus visible, à recourir à un lexique spécialisé pour rendre compte des données ou des phénomènes à étudier.

Les faits ne doivent pas seulement être dénommés et traités isolément, ils doivent être mis en relation entre eux, s'inscrire dans une vision élargie.

▶ Ainsi peut-on, dans une approche première des données, dire ceci :

1. L'espace à l'intérieur de la maison est très limité.

2 Les gens, pour la préparation des aliments, la cuisson, leur conservation, le nettoyage de la vaisselle..., doivent se tenir dehors.

Deux constats complémentaires qui, réunis dans une même saisie, peuvent se reformuler ainsi :

L'exiguïté des surfaces intérieures amène les gens à effectuer l'essentiel des activités domestiques à l'extérieur.

Reformulation obtenue selon la procédure suivante :

constat 1 :
l'espace à l'intérieur de la maison / est très limité → l'exiguïté / des surfaces intérieures

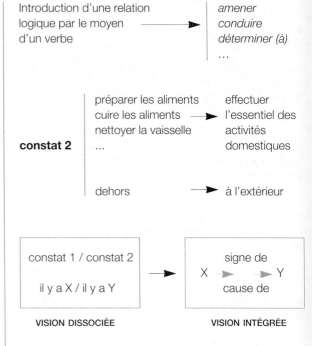

Introduction d'une relation logique par le moyen d'un verbe → *amener conduire déterminer (à) ...*

constat 2 :
préparer les aliments, cuire les aliments, nettoyer la vaisselle ... → effectuer l'essentiel des activités domestiques

dehors → à l'extérieur

constat 1 / constat 2
il y a X / il y a Y
VISION DISSOCIÉE

signe de
X → → Y
cause de
VISION INTÉGRÉE

Transformez les énoncés suivants de façon à passer d'une formulation ordinaire à une formulation savante.

exemple

On ne voit pas d'aménagement intérieur et il y a vraiment très peu de débris sur le sol ; on ne peut pas savoir alors à quoi pouvait servir cet endroit.

▶ *L'absence d'aménagement intérieur et la rareté du mobilier déposé sur le sol interdisent de préciser la fonction du lieu.*

Il y a une anse sur ces vases. On devait donc les utiliser pour conserver des produits comme l'eau, l'huile ou le vin.

➡ ......

On a retrouvé dans la cour trois foyers successifs placés les uns sur les autres ; on devait donc utiliser beaucoup plus le foyer du dehors.

➡ ......

Le bord (la lèvre) de la coupe est incliné vers l'extérieur et n'est pas très haut. Il y a aussi une bande réservée sous le bord intérieur. On peut de la sorte lui fixer une date assez précise : le début du ve siècle av. J.-C.

➡ ......

Ces deux séries d'urnes n'ont pas la même forme. Elles ne doivent donc pas avoir la même fonction.

➡ ......

Il y a dans cette salle beaucoup de tessons de vases, d'ossements d'animaux. On ne devait donc pas la nettoyer souvent.

➡ ......

Il y a de plus en plus de fouilles sur ce site. Il y a de gros problèmes pour organiser le travail des équipes.

➡ ......

Il est difficile de parvenir dans la salle funéraire centrale. Il y a beaucoup de déblais.

➡ ......

Recourir au « parler savant », c'est aussi organiser son énoncé de telle manière qu'il ne donne pas l'impression d'être lié à une personne particulière. Ce qui est dit doit revêtir une forme **objective** d'où aura disparu toute trace de celui qui parle. Ainsi **on passera de :**

– Nous avons examiné de façon attentive les restes alimentaires : nous avons pu de la sorte faire apparaître les activités économiques essentielles de la maison.

à :

– Un examen attentif des restes alimentaires de la maison a permis de faire apparaître les activités économiques essentielles de la maison.

EXERCICE 2

Transformez les énoncés suivants de manière à leur donner une forme plus objectivée.

Nous avons mis au jour de nombreux ossements ainsi que des tessons en céramique dans cette partie de la salle. Nous avons pu ainsi déterminer la fonction de cette salle.

➡ ......

J'ai étudié attentivement l'origine des vases retrouvés dans la maison. Je me suis aperçu qu'ils étaient presque tous d'origine régionale.

➡ ......

Nous avons découvert de nombreux ossements dans cette partie de la cour ; nous avons pu de la sorte reconstituer le régime alimentaire des habitants.

➡ ......

J'ai analysé le sol sous l'appentis. Je n'ai rien pu en tirer de précis concernant sa fonction.

➡ ......

Nous avons recherché des aménagements particuliers dans la partie nord de la cour, mais nous n'avons rien trouvé.

➡ ......

Nous devons poursuivre les fouilles, ainsi nous pourrons mieux connaître la façon dont cette maison s'intègre dans le reste de l'agglomération.

➡ ......

J'ai comparé la structure de la maison du Plan de la Tour à celle d'autres maisons retrouvées dans la région ; je n'ai pas noté de grandes différences.

➡ ......

DOCUMENT 1

Un navire romain parle

Son étude a renouvelé notre connaissance de la navigation commerciale et de la construction navale dans l'Antiquité

Pendant onze ans, de 1972 à 1982, les archéologues-plongeurs de l'Institut d'archéologie associant à Aix-en-Provence (France) l'université de Provence et le C.N.R.S. sont venus chaque été installer leur camp dans une pinède dominant la mer sur la rive sud de la presqu'île de Giens, à une trentaine de kilomètres à l'est de Toulon.

Découverte en 1967, une épave romaine y avait été choisie, parce qu'elle gisait à une profondeur raisonnable – 18 à 20 mètres – et qu'elle n'avait pas été, à l'instar de tant d'autres, ravagée par des pillards, comme site de la première fouille vraiment scientifique menée en France avec des moyens importants. Trois ans de travaux étaient prévus : on ne savait pas encore que l'épave de La Madrague de Giens allait se révéler comme celle d'un des deux ou trois plus gros navires antiques dont les vestiges aient été repérés sous la mer.

Une partie de la cargaison d'amphores transportée par un navire de commerce romain qui coule près de La Madrague de Giens, au sud de la France.

La méthode adoptée est plus simple à dire qu'à réaliser à travers les aléas de la mer et de l'appareillage mis en œuvre. Dégager soigneusement et complètement, à l'aide de la suceuse à air, les objets en n'en déplaçant aucun avant de l'avoir repérée. Amarrer sur toutes les amphores et sur les principaux objets des numéros bien visibles. Réaliser une couverture photographique stéréoscopique de la zone fouillée. Remonter les objets ainsi identifiés et continuer, niveau par niveau, jusqu'à la coque et en démontant certaines parties afin de parvenir à reconstituer son mode de construction

Le navire a fait naufrage vers 70-60 avant notre ère. Il transportait une cargaison de vin venant d'Italie, plus précisément de la région de Terracine : nous connaissons le site de l'atelier où ont été fabriquées la plupart des amphores de la cargaison. Mesurant près de 40 mètres, il pouvait transporter sept à huit mille amphores, ce qui lui donne un port en lourd de 350 à 400 tonnes : capacité respectable pour n'importe quel navire de la marine traditionnelle, jusqu'au XIXe siècle.

Mais nous n'avons pas trouvé autant de milliers d'amphores sur le fond. D'abord parce que, pour son dernier voyage, le navire n'était pas chargé entièrement de vin. Un

complément de cargaison, des caisses de vaisselle à vernis noir, occupait le sommet du chargement. Ensuite et surtout parce que nous avons pu établir que peu de temps après le naufrage des plongeurs, sans doute des professionnels, étaient venus sauver cette cargaison immergée et avaient remonté à la surface une bonne moitié des amphores. De cela restent deux signes concordants. L'épave est parsemée de grosses pierres ; une étude géologique a montré qu'elles venaient vraisemblablement de la presqu'île elle-même, ou de la côte qui lui fait face autour de la ville d'Hyères. Ce sont les pierres dont s'aidaient les plongeurs en apnée pour descendre plus vite au fond de la mer comme l'ont fait pendant des siècles les pêcheurs d'éponges dans toute la Méditerranée.

Par ailleurs, l'étude des photographies et des plans dressés pendant la fouille montre, sans doute possible, malgré le déplacement subi par la cargaison pendant et après le naufrage, que si trois couches d'amphores subsistent à bâbord, il n'y en a qu'une seule à tribord. Par endroits, de véritables trous dans la cargaison peuvent être observés, et une ou deux amphores isolées sont restées fichées dans le sable volcanique qui, à l'arrière, servait à la fois de lest et de calage pour les amphores, alors que leurs voisines ont été hissées à bord du bateau servant de base à nos prédécesseurs de l'époque romaine.

L'étude de la coque a demandé les travaux les plus spectaculaires : pour examiner la quille et en prélever des échantillons, il a fallu creuser un tunnel sous la coque et mettre en œuvre des tronçonneuses sous-marines. Les fragments prélevés étaient démontés et étudiés cheville par cheville à terre, puis exactement reconstitués et remis en place sur l'épave.

Le résultat le plus important a été de montrer que le retour de carène important et la hauteur de la quille permettaient certainement au navire de bien résister à la dérive et de remonter au vent. La forme élaborée de la carène compensait la voilure non démultipliée des navires antiques et lui assurait une bonne vitesse. À l'avant, une étrave inversée et un taille-mer achevaient de donner ses qualités nautiques au bâtiment.

Patrice Pomey, après avoir dressé un plan détaillé de la carène, l'a superposé à l'image beaucoup plus tardive d'un navire représenté sur une mosaïque de Tunisie. Les proportions sont exactement les mêmes : les élancements avant et arrière commencent aux mêmes endroits, la pompe de cale et les mâts sont situés aux mêmes emplacements. De là s'imposent d'un coup trois conclusions importantes : que cette mosaïque, et beaucoup d'autres sans doute, représente les bateaux antiques avec bien plus de réalisme et d'exactitude qu'on ne pourrait le penser ; que les parties disparues et la voilure de l'épave de Giens devaient être semblables à celles de la mosaïque ; que ce type de navire s'est maintenu à peu près à l'identique pendant plus de trois siècles.

Cinq ans après la fin de la fouille, l'étude complète des résultats est encore loin d'être terminée. De nouvelles remarques sont à venir. Regrettons seulement que rien n'ait pu être fait d'autre pour préserver cette grande coque antique que la recouvrir de sable et la laisser réensevelie là où nous l'avons trouvée.

André TCHERNIA, *Le Courrier de l'Unesco*, n° 1987.

Ce texte rapporte les circonstances d'une découverte en archéologie sous-marine :

– Qu'est-ce qui a été découvert (relevez tous les substantifs qui désignent **l'objet de la découverte** et **les parties** qui le constituent) ?

– Comment ont été conduites ces recherches ?

– Résultats ?

– Validation des résultats ?

– Quelles sont les nouvelles hypothèses ?

2. Écrivez

Réécrivez ce texte (en le condensant, 30 lignes maximum) en **style savant** (cf. exercices précédents).

APPUIS LINGUISTIQUES

VARIATIONS DE TEXTE/D'ÉCRITURE

À une même structure de texte peuvent correspondre des modes d'écritures ou de formulation différents, selon le public auquel on s'adresse. Ainsi, sur un sujet de cette nature, l'archéologie, on peut distinguer deux grandes catégories de public :
– le **public savant,** composé de spécialistes déjà informés dans la spécialité ;
– le **grand public,** qui ne dispose pas de connaissances spécifiques sur la question.
Ce qui nécessite pour chacun d'eux l'usage d'un vocabulaire spécifique. Voici, très rapidement présentées, deux séries lexicales parallèles sur le thème de l'archéologie :

LEXIQUE

savant	grand public
– gisement archéologique	– lieu de recherche/de fouille
– site	– endroit
– unité domestique	– maison

➡ – couche	– terre/sol
– structure générale	– plan général
– édifice	– maison
– vestiges	– restes
– base de l'élévation	– fondations
– mur de soutènement	– murs
– mur d'enceinte	
– moellons	– pierres
– habitation	– maison
– salle	– pièce
– espace intérieur	– dedans
– foyer	– feu
– vestiges	– débris de...
– mobilier lithique	– cailloux, galets
– tessons/fragments	– morceaux
– zone/aire de rangement	– endroit pour ranger
– zone/aire de repos	– endroit pour se reposer
– déchets culinaires	– restes d'aliments
– vaisselle culinaire	– plats, récipients
– espace non couvert	– cour
– accès	– entrée
– cellule familiale/sociale	– famille
– famille nucléaire	– famille peu nombreuse
– agriculteurs à revenus limités	– paysans modestes
– datation	– situation dans le temps
– cadre chronologique	– époque

3. Rédigez

Le schéma de la page suivante reprend le mode de présentation dans le dialogue 2 (pp. 132-133) de l'habitation mise au jour par les archéologues au Plan de la Tour.

Chacun des éléments de la description est défini par deux coordonnées : une suite de chiffres (de 1 à 6) qui définit l'ordre de présentation des éléments, depuis le plus global jusqu'au plus spécifique ; l'autre, une suite de lettres (de A à E) qui détaille chacun des éléments.

Vous allez à chaque fois rédiger une description de l'ensemble archéologique, selon l'ordre de présentation indiqué :

a) A3, B2, C2, D1, E1, D2, C2, D3, E3, D4, B5, C6.

......

b) D1, E1, D2, E2, D3, E3, C2, C3, B2, B5, C6, A3.

......

c) A3, B2, B5, C6, C2, C3, D1, D2, D3, D4, E1, E2, E3.

......

À l'aide de ces deux séries lexicales, et en vous référant au schéma ci-dessous, c'est-à-dire en choisissant l'ordre de présentation le plus approprié, vous allez rédiger :

a) un texte destiné à un **public savant** (type revue d'archéologie) ;

b) un texte destiné au **grand public** (type grand quotidien régional).

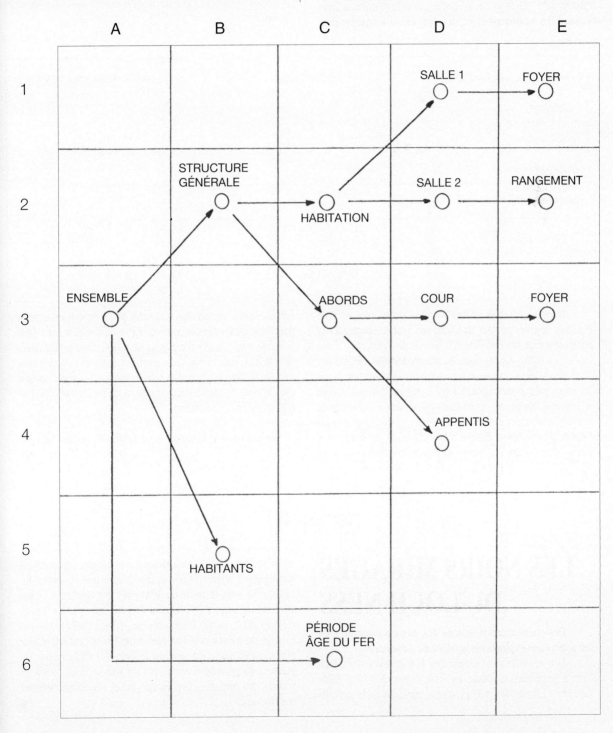

Lisez/écrivez

Chacun des textes qui suit s'organise autour d'une **démarche logique** qui, au moyen d'**arguments** divers, vise à **confirmer** ou à **réfuter** une **hypothèse** posée au départ.

Analysez chacun de ces textes au moyen du tableau suivant.

ÉTAPES DE LA DÉMARCHE	CONTENUS	TERMES INTRODUCTEURS
hypothèse		
confirmation		
réfutation		
conclusion		

DOCUMENT 2

Nous avons déjà vu que l'unité domestique n° 1 de Gailhan fournissait par sa structure architecturale et la composition de ses éléments des indices de l'existence d'une famille nucléaire. Or les plans de maison les plus complets et les données les mieux conservées que nous avons examinés sur les autres habitats du milieu de l'âge du fer en Provence et dans le reste du Languedoc impliquent également l'existence de cellules familiales du même type, même si, sur les gisements fouillés de manière extensive, des différences de taille entre unités domestiques peuvent indiquer des différences de richesse entre maisonnées. Les rares plans de maison connus pour l'âge du fer dans le reste de la France semblent aller dans le même sens. L'unité domestique n° 1 de Gailhan reflète donc, dans la deuxième moitié du Ve siècle av. J.-C., une organisation sociale en famille restreinte bien attestée à la même époque dans le reste du Midi méditerranéen, et au moins dans d'autres régions de France intérieure.

Bernard DEDET, *Habitat et vie quotidienne en Languedoc au milieu de l'âge du fer*, éd. du C.N.R.S., 1987.

DOCUMENT 3

LES NOIRS MIRAGES DU LOCH NESS

Des phénomènes d'optique dus aux eaux sombres du lac pourraient expliquer le mystère du « monstre ».

Une légende aussi tenace que le « monstre » du loch Ness a forcément, si infime soit-elle, sa part de vérité. Mais laquelle ? L'invention pure et simple, par goût de la mystification ou pour favoriser le tourisme, ne tient pas : les premiers témoignages contemporains remontent à une époque – les années 30 – où le tourisme n'attirait que quelques riches amateurs de chasse, de pêche ou de golf, mais pas les masses crédules. Et le moine bénédictin qui relança l'affaire par son témoignage n'avait rien d'un plaisantin. On ne peut retenir non plus comme seule explication le goût des Celtes pour les mythes... ou celui des Écossais pour le whisky. À ce compte, il y aurait des monstres dans chaque lac et sur chaque sommet des Highlands !

➡

Les explications scientifiques ou pseudo-scientifiques ne sont guère convaincantes, elles non plus. L'animal préhistorique surpris dans la fracture du lac par la fin de l'ère glaciaire est évidemment à écarter : même préhistoriques, les animaux étaient mortels. À moins d'imaginer un troupeau de plésiosaures[1] particulièrement résistants – qu'on ne manquerait pas de voir à tout instant venir respirer à la surface –, il faut revenir à des hypothèses plus plausibles. Celle du mammifère marin égaré, imaginable une saison, ne l'est plus sur le long terme. Même le phoque, dont la taille n'est au demeurant pas « monstrueuse », n'a jamais été vu dans le loch Ness. Quant à la loutre, elle peut difficilement accréditer la présence d'un « monstre », même par temps de brouillard.

La magie du lieu...

L'hypothèse du tronc d'arbre remontant brusquement du fond à la suite de la libératon d'une poche de méthane est sans doute ingénieuse, mais elle ne correspond à aucun des témoignages enregistrés : tous les témoins prétendent avoir vu un corps en mouvement et se déplaçant rapidement.

Restent deux explications plausibles : l'illusion d'optique ou le « gros poisson ». Ceux qui sillonnent le lac sont frappés par des phénomènes bien spécifiques au loch Ness. Tout d'abord, une eau noire qui, comme dans certains marais à cyprès chauves, aux États-Unis, ou dans le bassin amazonien (Rio Negro), est chargée de particules dues à la décomposition végétale. L'eau qui dévale des Highlands, en percolant à travers bruyères et tourbe, prend une couleur jaune qui, avec la masse, apparaît noire comme le café. Lorsqu'un bateau traverse le lac à contre-jour, son sillage, curieusement soulevé par les courants, déroule des ondulations qui peuvent provoquer quelque « serpent de mer ».

Ce lac étroit et long (37 km) se présente souvent comme un ruban d'argent qui, telle une route mouillée, se met à onduler à l'horizon. On a même parfois l'impression qu'il se termine en glacier escaladant le ciel, avec des silhouettes d'arbres et de rochers dansant comme des mirages. On conçoit, dans ces conditions, que certains se laissent prendre à la magie du lieu...

Quant au gros poisson, la seule véritable explication rationnelle du phénomène Nessie, il a pour lui toute la vraisemblance : le loch Ness, encaissé et très profond (220 mètres), ne peut guère être pêché au filet. On ne connaît donc pas sa faune abyssale, celle des grands fonds. L'on sait, en revanche, qu'il est pauvre en petits poissons, et même en truites ou en saumons, dont la région regorge par ailleurs. De là à imaginer quelques gros carnassiers qui hantent les fonds du loch... Mais lesquels ? Le saumon atlantique, qui peut atteindre 1,60 mètre de long, franchit difficilement les obstacles de la rivière Ness pour parvenir au lac. Quant au brochet ou au sandre, les plus gros spécimens – femelles, comme Nessie ! – ne dépassent pas 1,30 mètre. Rien de « monstrueux ». Seul le silure glane, ce « porc de fleuve » omnivore, qui peut atteindre 300 kilos et 5 mètres de long dans le Danube, pourrait répondre à la définition. Mais ce poisson longiligne reste généralement tapi au fond des fleuves et ne s'aventure que rarement en surface.

Il est aussi possible que tous les phénomènes insolites s'ajoutent, chaque témoin de l'un d'eux contribuant à nourrir la légende. Nul, aujourd'hui, ne peut aborder le loch Ness sans imaginer quelque prodige, tant la pression mythique est forte. Dans ce contexte, chaque vision inattendue, chaque objet surprenant peut suggérer l'apparition du monstre, même s'il s'agit en l'occurrence de phénomènes différents. Les explorateurs du loch Ness ont encore de beaux jours devant eux.

Roger CANS, *Le Monde,* 21-10-1987.

1. Plésiosaure : grand reptile de l'ère secondaire.

Regroupez les phrases qui suivent en un seul paragraphe en utilisant les éléments de liaison et d'articulation nécessaires.

1. Les restes alimentaires font apparaître quatre activités économiques essentielles : la cueillette, la chasse, l'élevage et l'agriculture.

2. Selon les vestiges conservés, l'élevage et l'agriculture semblent occuper une place beaucoup plus importante dans l'alimentation de la maisonnée que la cueillette et la chasse.

3. Si l'on tient compte de la taille réduite des locaux annexes et de la faible capacité de stockage des céréales, il est possible que l'élevage ait constitué la principale activité vivrière des habitants de cette unité domestique.

4. Ce sont là des hypothèses plutôt que des conclusions : trop de données nous échappent.

Remettez ces différentes phrases dans l'ordre qui convient de façon à constituer un paragraphe cohérent.

1. Nous sommes donc en présence d'un cas privilégié où une approche des activités quotidiennes des habitants de la maison au moment de la catastrophe peut être tentée.

2. Par ailleurs tous les objets périssables faisant partie de l'attirail de la maison (bois, vannerie, peau) nous échappent totalement.

3. Deux réserves cependant doivent être formulées.

4. Les conditions d'occupation et d'exploitation des lieux par la suite ne semblent pas avoir affecté de manière significative cet état.

5. Les habitants ont pu emporter un certain nombre d'objets qu'ils considéraient comme plus utiles ou plus difficiles à remplacer.

6. L'effondrement des parties hautes de l'unité domestique entre 430 et 400 av. J.-C. a scellé structures et mobiliers abandonnés par les habitants.

7. Le fait que les vases de stockage ont été abandonnés pratiquement vides va dans le même sens, à moins que l'événement ne se soit produit juste avant les récoltes, au moment de la soudure.

8. En particulier la sous-représentation du matériel métallique ou des poteries importés plaide en faveur de cette éventualité.

Même consigne que pour l'exercice précédent.

1. Enfin, beaucoup de sites d'habitat n'ont fait l'objet que de sondages limités.

2. D'une façon générale, en dehors des grands sites dégagés, les fouilles des abords des maisons sont extrêmement rares et l'on ignore le plus souvent l'environnement de l'habitation fouillée : autre maison, annexe, cour, espace de circulation.

3. Par ailleurs les méthodes de fouille employées jusqu'à une époque récente sont peu favorables à la connaissance de l'emploi de certains matériaux (briques de l'élévation, torchis du toit par exemple), de l'existence de divisions ou d'aménagements intérieurs ou extérieurs en matériaux légers et de l'utilisation de l'espace à travers la répartition du mobilier.

4. Or, ceux-ci, s'ils fournissent des indications sur la technique constructive mise en œuvre, ne peuvent faire connaître le plan de la maison et son organisation.

Organisez les différents éléments suivants en une seule phrase commençant par MÊME SI.

1. Il n'est pas possible de dater exactement le moment de construction et d'abandon de la maison.

2. On ne dispose pas d'éléments précis sur ce point.

3. Ces cadres chronologiques sont fournis par différentes séries d'objets.

4. Ces objets sont des fragments de vases, des tessons de céramique.

5. La céramique non tournée dans son ensemble ne peut fournir d'indications chronologiques.

Même consigne que pour l'exercice précédent.

1. On a retrouvé sur le site des ossements de sanglier, de cerf et de lièvre.

2. Ces ossements étaient en nombre limité.

3. La chasse jouait un rôle tout à fait mineur dans l'alimentation des habitants.

4. L'essentiel de la nourriture carnée provenait de l'élevage.

LECTURES COMPARÉES

1. LE SAUVETAGE DE DEUX BARQUES ROMAINES TOMBÉES EN RADE

Deux « horéias », des années 80 du début de notre ère, ont été retrouvées dans le port antique de Toulon.
L'équipe de fouille les a exhumées de la vase après cinq mois d'efforts. Elles rejoindront aujourd'hui Grenoble pour y subir une longue cure de jouvence. Une première mondiale.

Toulon (envoyé spécial)

En arrachant hier ces deux vaisseaux aplatis et ventrus à la fange qui les fossilisait, ce sont près de deux mille ans que l'on vient d'abolir. Pour quelques minutes seulement. Le temps d'entendre une dernière fois la carcasse des deux superbes horéias romaines retrouvées en rade du port antique de Toulon, dans le quartier en rénovation de Besagne, coincées entre une rocade du front de mer et la tour du Mûrier aux quinze étages lépreux, rongées par le sel. Le temps que s'ébrouent une dernière fois ces deux « morceaux d'histoire » dans l'eau douce qui les a conservées, avant leur mise en boîte : aujourd'hui, ce convoi exceptionnel long d'environ 20 mètres doit rejoindre, sous escorte de la Marine, le Centre grenoblois d'études et de traitement des bois gorgés d'eau (C.E.T.B.G.E.) pour une longue cure de jouvence.

La fosse boueuse, entourée d'un vague grillage, est devenue le point d'attraction des Toulonnais venus faire leur marché au cours La Fayette. Les « vé, finalement y ressemble au *Saint-Michel* » qui mouille dans le port se perdent dans le vacarme du chantier, le cri des minots attroupés et les coups de Klaxon. Il aura fallu cinq mois à l'équipe de fouille pour exhumer ces carcasses de la vase sans les réduire en poussière. Soudées à la roche, les larges barques ont longtemps résisté, repoussant à plusieurs reprises leur enlèvement.

Hier, l'équipe au grand complet était visiblement émue. Les barques étaient enrubannées pour l'occasion de petits drapeaux multicolores, d'un plus grand consacré à Telo Martius (l'antique Toulon), et d'un à l'avant dédié à la Louve romaine… *Alea jacta est*, on allait enfin vérifier si la solution technique retenue était la bonne. « Pour les sortir de leur gangue, nous avons envisagé trois solutions », explique Jean-Marie Gassend du C.N.R.S. et de l'Institut de recherche sur l'architecture antique d'Aix-en-Provence. « Creuser des tranchées tout autour des barques, injecter du béton puis enlever les horéias avec leur bout de terrain… évidemment cela faisait près de 60 tonnes à transporter et Grenoble n'était pas enchantée par la perspective de devoir démouler les bateaux. » La solution est tombée à l'eau. « On a pensé alors à une variante : la congélation des barques par gaz liquide. Mais là encore, nous aurions gelé la terre alentour et dû enlever autant de tonnes qu'en bétonnant. » Solution B coulée ! « Nous avons finalement construit une sorte d'arête centrale en bois pour consolider l'intérieur des vaisseaux, afin de pouvoir les surélever avec des sangles. » Mais la fragilité des bois a rendu l'opération trop hasardeuse. En plus de l'armature intérieure, ils ont alors enroulé l'extérieur de la carène par une couche de mousse polyuréthanne qui se durcit à l'air. Consolidées, les horéias sont déplaçables.

Maladroitement au début, puis retrouvant l'usage de leur carène encore bien conservée, les horéias flottent à présent avec une certaine aisance, drapeaux déployés. Gassend joue même les capitaines d'un jour, installé dans la plus grande des deux horéias.

« Et dire que dans les années 80 du début de notre ère, elles faisaient la navette entre ce bout de quai et les grands vaisseaux de la flotte romaine, grosses de dizaines d'amphores de vin... », soupire Jean-Pierre Brun qui dirige le Centre de documentation archéologique du Var. Un commerce juteux sur toute la Côte d'Azur pendant les IIe et IIIe siècles. « C'est une première mondiale vous savez : les seules traces d'horéias que l'on ait, ce sont les représentations des mosaïques d'Althiburos en Tunisie et de Palestrine en Italie, ainsi que des mentions dans quelques textes classiques. »

C'est dire l'effort consenti au sauvetage de ces deux bouts de bois uniques par les autorités locales et même nationales – bien qu'avec Léotard de Fréjus on reste entre Varois –, pas loin de 3,5 millions de francs. « Il faut pas exagérer les coûts qui ne représentent au bout du compte qu'un dixième des subventions allouées au club de foot », s'empresse de préciser Jean-Pierre Brun.

Comme pour les œuvres d'art les plus prestigieuses, la renaissance des horéias va mettre en œuvre des procédés de restauration extrêmement sophistiqués et pas moins d'une douzaine de « docteurs » (ébéniste, archéologue, chimiste, restaurateurs...). Ce lifting en surface et en profondeur durera entre deux et trois ans. Première étape, le diagnostic. Les barques vont être analysées sous toute leur carcasse : « Pendant six à huit mois nous allons faire un inventaire exhaustif des essences afin de réaliser des "soins" appropriés, explique Michèle Giffault, conservateur des musées de la ville de Grenoble. Nous allons évaluer le taux d'humidité, la teneur en sel métallique et micro-organismes divers des barques. » Les horéias passeront ensuite à la toilette, en étant plongées dans une piscine spécialement construite à leur intention.

C'est à partir de là que les choses sérieuses vont commencer : la restauration à proprement parler. Le labo des bois gorgés d'eau de l'Isère avait imaginé plonger les bateaux dans des bains saturés peu à peu par l'acétone, puis irradier l'ensemble au cobalt 60 pour « polymériser » le tout, c'est-à-dire fixer l'acétone, mais les dimensions des vaisseaux auraient contraint à construire un nouvel ensemble d'irradiations. Coût minimal : 4 millions de francs... Et en plus d'être trop coûteuse, une polymérisation sous acétone s'avère toujours dangereuse et risquait d'alourdir les barques. « Nous avons donc choisi de substituer à l'eau un produit consolidant : du polyséthyléneglycol (P.E.G.), plus simple à utiliser, moins cher, réversible car miscible dans l'eau, mais au temps de pénétration dans le bois nettement plus long. Pour accélérer la manœuvre, on peut baigner des morceaux de bois dans du P.E.G. chaud. » Dernière touche : l'équipe grenobloise redonnera quelque couleur aux vaisseaux.

Dans trois ans, les horéias rentreront à leur port d'attache : peut-être dans la rade artificielle d'un musée historique que Jean-Pierre Brun appelle de ses vœux. « Le coup de rendre à Toulon son passé : celui d'un port celto-romain au nom de Telo Martius, une gentille colonie pour vétérans offerte pas César en 45 avant Jésus-Christ, et dépendante d'Arles. »

Vincent TARDIEU, *Libération*, 21-10-1987.

2. DEUX BATEAUX ROMAINS DÉCOUVERTS DANS LE PORT ANTIQUE

À l'occasion des travaux d'urbanisation réalisés dans le cadre de la rénovation du centre ville de Toulon, les fouilles archéologiques menées par le Centre de documentation archéologique du Var (C.D.A.V.) ont permis de réaliser en juillet une découverte exceptionnelle à quelques jours d'intervalle, deux horéias romaines, des bateaux de pêche à fond plat que l'on ne connaissait jusqu'à présent que par les textes ou des représentations sur mosaïques. Parfaitement conservées par le milieu humide dans lequel elles baignaient, les deux coques, datées du Iᵉʳ siècle après J.-C., viennent d'être retirées de la vase et acheminées vers le Centre de traitement des bois gorgés d'eau de Grenoble (Centre d'études nucléaires) en vue de leur préservation.

Le port antique Telo Martius

Le sous-sol toulonnais n'avait, jusqu'à il y a une dizaine d'années, jamais livré de vestiges antiques spectaculaires : archéologues et historiens considéraient que Telo Martius, mentionné tardivement dans l'itinéraire d'Antonin (IIIᵉ siècle), n'était qu'un petit comptoir de pêche au murex. Au Vᵉ siècle, la *Notilia dignitatum* le signale comme le siège d'un procurateur et d'une teinturerie impériale de pourpre.

En 1978, la création d'une zone piétonne conduit à la découverte d'une nécropole et de villas à mosaïques. En 1986, l'implantation de la Z.A.C. de Besagne-Dudasta, avec ses huit hectares d'emprise, était l'occasion idéale de mettre en place un vaste programme d'archéologie urbaine pour lequel le C.D.A.V., rattaché à la direction des Antiquités historiques Côte d'Azur, recevait le soutien financier du ministère de la Culture et de la ville qui apportait également l'appui logistique de ses services techniques.

Ce programme a porté ses fruits en révélant en l'espace de quelques mois un quartier d'habitation et surtout une partie du port antique. De découverte en découverte, se révèle tout un pan caché de l'histoire de la ville de Toulon.

Deux bateaux du Iᵉʳ siècle apr. J.-C.

Dans la seconde moitié du Iᵉʳ siècle sont construits deux îlots d'habitations séparés par une ruelle, avec des boutiques abritées par un portique telles qu'on en connaît à Vaison-la-Romaine, Saint-Romain-en-Gal ou encore Ostie, le port de Rome : elles ouvrent sur un quai, constitué de quelques rangs de pierres disposés en avant de gros troncs de chêne liège mis bout à bout pour retenir des remblais destinés à gagner sur la mer pour assurer un tirant d'eau suffisant aux gros navires. Pour compléter ce dispositif, perpendiculairement au quai, une jetée d'une quinzaine de mètres est constituée en coulant volontairement deux bateaux à fond plat et à marotte (tableau avant), chargés de gros blocs de pierre. Ces horéias, parfaitement conservées dans la nappe phréatique, très peu abîmées par le sel car la mer s'est retirée très tôt, sont des pièces absolument uniques, aucun autre spécimen n'ayant jamais été découvert. Ces embarcations pouvaient faire office de bateaux de service, de « navettes » entre les bateaux de haute mer et le port.

Au IIᵉ siècle, on élève dans un décrochement entre deux façades une fontaine d'eau douce décorée d'une statue de Silène, dans les fondations de laquelle on découvre un trésor de 36 monnaies d'or et d'argent de Vitellius à Hadrien. On bâtit dans la ruelle un collecteur d'eaux usées et d'eaux de pluie qui se jette dans la mer, envasant progressivement le port.

Vers la fin du IIᵉ siècle, les aménagements du port sont remplacés par une nouvelle jetée faite de pieux de bois et de planches. Les portiques des boutiques sont cloisonnés, leurs sols exhaussés. À partir du IVᵉ siècle, on constate une nette dégradation de l'habitat qui va jusqu'à un abandon total du site au Vᵉ siècle.

Telo Martius était un port beaucoup plus vaste qu'on ne le pensait, trois fois plus étendu que la ville médiévale dans les limites de laquelle on le confinait, assez fortement urbanisé (îlots de maisons à un étage, luxueuses villas à mosaïques), avec une population de quatre à cinq mille habitants et une activité économique importante illustrée par l'épaisse couche de matériel, amphores, vases, bois, comblant le port.

Le spectaculaire renflouage des horéias

Les deux bateaux découverts dans le port de Telo Martius constituent l'élément le plus spectaculaire de cette campagne de fouilles. Depuis leur mise au jour en juillet, il font l'objet de soins attentifs et quotidiens. Pour éviter impérativement leur dessiccation, un système d'arrosage permanent les a maintenus en milieux aqueux : consciente de leur intérêt exceptionnel, la municipalité a décidé de prendre en charge les frais d'« enhumation » des horéias, leur restauration et leur conservation (le coût global de l'opération est estimé à 3 millions de francs).

Moins de trois mois après leur découverte, le 8 octobre dernier, commençait l'opération de renflouage, soigneusement mise au point par une équipe formée des fouilleurs du C.D.A.V., J.-P. Brun, M. Pasqualini, P. Lecacheur et M. Borreani, des responsables de la direction des Antiquités historiques et un spécialiste d'archéologie navale, J.-M. Gassend, membre du C.N.R.S., qui a déjà travaillé sur l'épave du bateau de la Bourse à Marseille. Le dispositif, qui en lui-même constitue une première, consistait à enrober la carène de chaque bateau de mousse de polyuréthanne et de les apporter à l'intérieur d'un caisson métallique prévu pour le transport.

L'opération s'est déroulée en plusieurs phases :
– renforcement de la carène par une ossature de bois,
– enrobage de la carène avec de la mousse expansée, en pompant l'eau dans laquelle elle baigne et en dégageant progressivement le talus sur lequel elle repose,
– mise à flot de la carène « encoconnée » dans sa mousse en faisant remonter le niveau d'eau autour d'elle,
– halage de la carène à l'intérieur du caisson métallique doublé d'inox,

– retrait de l'eau, remplacement par un produit spécifique.

À Grenoble où ils sont transportés, les bateaux subiront pendant six à huit mois une étude approfondie afin de calculer leur taux d'humidité, le taux de dégradation des bois, la teneur en sels métalliques qui les imprègnent, et de réaliser l'étude chimique des intrusions extérieures... Ils subiront ensuite un nettoyage fin et long en eau courante dans une piscine spécialement construite qui sera ensuite utilisée pour le traitement, à savoir une imprégnation au polyéthylène-glycol, une méthode plusieurs fois utilisée et qui a fait ses preuves.

Ce n'est qu'au bout de trois ans que la ville de Toulon pourra récupérer ses précieux bateaux pour les présenter au public.

Liliane **DUTRAIT,** *Archéologia,* novembre 1987.

1. Analyse détaillée

Pour chaque texte :

– Quels sont les éléments d'information apportés par les photographes ?

– Quelles hypothèses peut-on construire concernant le contenu d'information figurant dans le texte de l'article à partir de ces différents indicateurs (titre, chapeau, photographies) ?

– Relevez tous les termes (nom, groupe nominal, pronom) qui se rapportent aux deux barques romaines, ainsi que les verbes qui, avant ou après, leur sont associés. Que peut-on constater à partir de ce relevé ?

– Le thème est traité sous la forme :

❏ d'une narration
❏ d'une description
❏ d'une explication

– L'accent est-il mis sur les acteurs de la découverte et les circonstances de la découverte ou sur la découverte proprement dite ?

– Des deux textes, quel est celui qui est le plus proche d'une présentation de type scientifique ?

2. Analyse globale

Un texte à contenu archéologique doit, selon les spécialistes, contenir les éléments d'information suivants :

– identification du monument ou du matériel,
– description,
– état des connaissances,
– interprétation,

– validation,
– nouvelles hypothèses.

– Ces informations figurent-elles dans les deux textes ?

– Sont-elles disposées de la même manière ?

– Sont-elles développées de la même manière ?

– Y a-t-il des ajouts ? de quelle nature ? pour quelles raisons ?

– Le public des lecteurs est-il le même pour chacun des deux textes ? Comment, dans chacun des deux cas, se fait la présentation d'une information spécialisée ?

3. Amplification

Vestiges sauvés

Deux barques gallo-romaines découvertes dans le port antique de Toulon ont été traitées au laboratoire nucléaire du Centre d'études nucléaires de Grenoble (C.E.N.G.).

Un procédé de conservation et de consolidation des objets en bois particulièrement fragiles à la suite d'un séjour très prolongé dans l'eau y a été mis au point.

Une association regroupant le C.E.A., la Direction des musées de France et la ville de Grenoble (Centre d'études des bois gorgés d'eau, C.E.T.B.G.E.) a été constituée pour le traitement de ce genre de vestiges archéologiques.

Le Monde, 9-02-1988.

Développez le compte rendu ci-dessus en un texte de 500 mots environ à partir des éléments d'information figurant dans les deux textes précédents.

L'ordre de présentation du texte de départ sera conservé.

Pour récapituler

1. Christian Delmas rentre à son journal pour rédiger, à partir des notes qu'il a prises, un article rendant compte de la découverte archéologique du Plan de la Tour.

– l'article s'adresse au grand public ;

– l'accent ne manquera pas d'être mis sur les circonstances de la découverte, la description des acteurs, les conditions de travail...

2. M. Simon rédige une note de synthèse à destination de la direction régionale des Antiquités historiques sur la découverte archéologique du Plan de la Tour.

– la note s'adresse à un public spécialisé ;

– l'accent est mis sur l'objet même de la découverte.

Reconstitution de la maison du Plan de la Tour (Bernard Dedet, *op. cit.*)

6

Négociations

---

1 – La situation

2 – Les intervenants

3 – Les débats

Lexique

1. Ceux qui dirigent/organisent le travail :

– le directeur/le(s) dirigeant(s)/la direction/le P.-D.G.
– le patron/le patronat (celui qui détient le pouvoir)
– le chef d'entreprise
– l'employeur (celui qui donne un emploi, verse le salaire)

2. L'endroit où l'on travaille :

– l'usine
– l'établissement
– la firme industrielle
– l'entreprise
– le groupe
– la société

3. Ceux qui sont employés :

– le personnel (cadre, employé, ouvrier)
– le(s) salarié(s)
– le(s) travailleur(s)
– la main-d'œuvre
– une personne
– un emploi
– un poste de travail

4. Changements de situation :

– embaucher/recruter/licencier une personne ➔ licenciement
– réduire les effectifs ➔ réduction d'effectif
– supprimer un emploi ➔ suppression d'emploi
– être au chômage/chômeur/demandeur d'emploi
– reclasser/reclassement

Lisez

DOCUMENT 1

Rhônes-Alpes
Crouzet poursuit son plan de dégraissage

Le 18 janvier prochain, près de 300 salariés de Crouzet se verront signifier individuellement leur licenciement en même temps qu'une proposition de contrat de conversion. Il s'agira là du début de la mise en application du plan de restructuration annoncé le 9 octobre dernier (*Les Échos* du 10 octobre 1987) par le groupe valentinois.

Un plan rendu inévitable, selon la direction, par une chute constante de sa compétitivité qui affecte ses quatre secteurs d'activité : l'aérospatiale, les composants d'automatisme, les composants pour l'électroménager, les terminaux et systèmes dans ses unités de Valence, de Granges-lès-Valence, de Montélier, de Crest (Drôme) et d'Alès (Gard). Au total, 492 postes de travail seront supprimés, ce qui ramènera les effectifs de la société mère de 3 850 personnes aux alentours de 3 430 salariés (contre 4 092 fin 1982).

Quant aux quatre filiales françaises du groupe qui emploie au total 5 400 personnes, installées à Nice, à Toussus-le-Noble, à Massy et à Saint-Agrève et les treize filiales étrangères, soit au total 1 550 personnes, elles ne sont pas concernées par ces mesures. Mesures qui, outre les 300 licenciements signifiés le 18 janvier prochain, s'accompagneront de reclassement au sein du groupe (80 étaient prévus, il y en aura en fait près d'une centaine) et d'une convention F.N.E. à signer courant 1988 portant sur environ 120 personnes. Ce sera là, d'ailleurs, la quatrième convention – ou contrat – signée en quelques années puisque, en 1982 déjà, une convention F.N.E. avait permis le départ anticipé de 229 personnes, qu'en 1983 un contrat de solidarité avait autorisé 95 préretraites et qu'en 1985 210 autres salariés avaient bénéficié du F.N.E.

En 1988, les choses seront plus délicates sur le plan social, et c'est la raison pour laquelle des antennes « emploi » ont été mises en place depuis quelques jours pour une durée de six mois sur les deux sites de Valence et Alès, afin de faciliter le reclassement des licenciés. Quant aux résultats 1987 du groupe, la direction se refuse pour l'instant à les rendre publics, mais voici quelques mois, elle estimait que le résultat net après impôts pourrait retomber à environ 1,8 million de francs contre 31,5 millions en 1986 sur un chiffre d'affaires consolidé de 2 245 millions de francs, dont 54 % réalisés à l'étranger.

P.V., *Les Échos*, 8-01-1988.

DOCUMENT 2

Vidéocolor bloqué

La direction de Vidéocolor à Lyon, filiale de Thomson, a engagé une action en référé pour obtenir la levée d'un piquet de grève installé depuis mercredi dernier devant cette usine de composants et tubes pour télés couleurs. Les grévistes protestent contre la suppression de 397 des 860 emplois de l'entreprise, annoncée par la direction qui a décidé d'arrêter l'activité tubes T.V. Le personnel estime insuffisantes les propositions de plan social de la direction.

D.R.

DOCUMENT 3

Comité d'entreprise houleux à Alcatel-Cit

Alors que les syndicats tentaient de faire reporter d'un an le plan social qui doit entraîner la suppression de 639 emplois, la direction d'Alcatel-Cit s'est engagée à ouvrir des négociations sur l'emploi.

Le comité d'entreprise d'Alcatel-Cit, au cours duquel la direction devait défendre son projet de suppression de 639 emplois, a été sérieusement perturbé. Dès l'ouverture de la réunion, hier matin à Paris, André Monteil (F.O.) a lu une déclaration commune à la C.G.C, à la C.F.D.T. et aux élus indépendants dans laquelle les syndicats exprimaient leur refus des licenciements et jetaient le discrédit sur l'actuelle direction générale. De son côté, la C.G.T. s'est également fendue d'un texte liminaire, allant dans le même sens.

Pierre Guichet, le directeur général d'Alcatel-Cit, et Guy Métais, le directeur des ressources humaines, se sont vu proposer par les syndicats de reporter d'un an l'actuel « plan social », compte tenu de « la situation financière saine » de l'entreprise. À la suite du refus de cette proposition, la direction a demandé le respect de l'ordre du jour, tel qu'il avait été défini à la suite d'un arrêt en référé du tribunal de grande instance de Nanterre, remontant à lundi dernier. Après cinq heures de discussions tumultueuses, un huissier est venu constater que ce C.C.E. d'information sur le plan de suppressions d'emplois d'Alcatel s'était effectivement tenu.

En outre, la direction s'est engagée officiellement vis-à-vis des organisations syndicales à ouvrir des négociations sur l'emploi à l'échelle de l'ensemble de l'entreprise. En attendant, un C.C.E. d'Alcatel, aux fins de consultation, est prévu pour janvier prochain.

D.R.

DOCUMENT 4

Ingénierie
Technip : Saint-Nazaire gagne des délais

Les syndicats de Technip, la firme française d'ingénierie, ont déjà réussi à gagner trois mois et demi sur la procédure de fermeture de l'établissement de Saint-Nazaire, procédure engagée le 29 septembre dernier. Ils ont à nouveau, en assignant la direction en référé, fait reporter de quelques jours – au 21 janvier – la réunion du comité d'établissement de Saint-Nazaire. Un C.C.E. du groupe à Paris est prévu pour le 25 janvier. Au pire, la fermeture n'interviendra pas désormais avant la fin juin.

Le rapport demandé aux experts de la SECAFI a mis en évidence la bonne santé de l'entreprise (qui devait être bénéficiaire en 1988 comme en 1987), l'amélioration de son plan de charge (de l'aveu même de la direction, Technip démarre 1988 avec 70 % de sa charge assurée), et la contribution de Saint-Nazaire à la marche de Technip : « La fermeture entraînerait le recours accru à la sous-traitance. » Forts de ce rapport, les syndicats proposent une solution de survie pour l'établissement : réduction des emplois de 250 à 150 personnes par départs volontaires, optimisation des locaux. La direction, pour sa part, avait envisagé de maintenir 25 emplois sur deux ans.

Bien que les pouvoirs publics ne puissent pas s'opposer à la fermeture, le personnel de Technip multiplie les démarches. Le comité économique et social régional des pays de Loire s'est prononcé contre la fermeture. Mais la survie de Saint-Nazaire paraît toujours liée à l'issue des conversations entre Elf-Aquitaine, Technip et la Cogema, sur un éventuel rapprochement de Technip et de la S.G.N.

J.M., *Tribune de l'Expansion*, 19-01-1988.

Contrôle lexical

Complétez chacune des phrases suivantes par le mot qui convient.

– Alcatel-CIT veut supprimer 639 ......

– Alcatel-CIT veut licencier 639 ......

– Le ...... de Vidéocolor s'est mis en grève pour protester contre la ...... de 397 ......

– Outre les 300 ......, Crouzet prévoit le ...... de 80 ...... au sein du ......

– 300 ...... de Crouzet doivent être bientôt ......

– On prévoit au total de supprimer 492 ...... chez Crouzet. De la sorte les ...... passeront de 3 850 ...... à 3 430 ......

– Une convention avec le Fonds national de l'emploi a permis le départ anticipé de 229 ......

– Les syndicats de Vidéocolor jugent les propositions de la ...... insuffisantes.

– Crouzet prévoit de ...... des emplois dans six ...... du ......

– Les ...... de Vidéocolor se sont mis en grève pour protester contre la suppression de 397 des 867 ...... de l' ......

– Les syndicats veulent engager des négociations à l'échelle de l'ensemble du ......

– La bonne santé de l'...... ne justifie pas, selon les syndicats, la fermeture de l' ......

– Une antenne-emploi est prévue pour s'occuper du reclassement des ......

– Les 1 550 ...... des quatre autres ...... du ...... ne sont pas concernés par les mesures de ......

– À l'occasion du prochain comité d'entreprise, la ...... devra défendre son projet de ...... de 639 emplois.

– Les syndicats de Technip proposent une ...... des effectifs par des départs volontaires.

– Le personnel de Vidéocolor a décidé de ...... à la suite de la décision de supprimer 397 ...... dans ......

– Le personnel de Vidéocolor a installé un ...... devant l'usine.

1 - LA SITUATION

Une petite ville du Sud-Ouest...

... et son usine

1. Une ville

a) Saint-Hilaire-de-Lanzac, sous-préfecture de 18 000 habitants, dans le Sud-Ouest.

b) Région à dominante agricole, peu d'emplois industriels, un taux de chômage important, pas de perspectives d'expansion.

2. Une usine

a) « La Téléphonie du Midi », spécialisée dans la fabrication de matériel téléphonique.

b) 260 emplois, le plus gros employeur de la région.

c) Depuis huit ans appartient à un grand groupe, la C.G.M.E. (Compagnie générale de matériel électronique).

d) Ce groupe s'occupe de tout ce qui, de près ou de loin, concerne l'électronique.

e) Passe de gros marchés avec l'État, dans le domaine militaire notamment.

f) Autrefois « La Téléphonie du Midi » était une entreprise très dynamique, à l'origine de nombreuses innovations, mais, faute de capitaux suffisants pour financer son expansion, elle a dû passer sous le contrôle de la C.G.M.E.

3. Un événement

a) La C.G.M.E. décide de réorganiser sa production et de supprimer sa branche de matériel téléphonique jugée insuffisamment rentable et trop éloignée des projets de développement du groupe centrés sur la télévision et l'électronique militaire.

b) Faute d'avoir bénéficié d'investissements suffisamment importants, l'usine de Saint-Hilaire n'intéresse pas les industriels de la téléphonie, trop heureux de voir de la sorte disparaître un concurrent.

c) La C.G.M.E. décide de fermer l'usine de Saint-Hilaire en adoptant le plan suivant : 55 départs en préretraite, 80 reconversions dans d'autres usines du groupe, 125 licenciements.

d) Une grosse commande téléphonique reste à livrer.

4. Les conséquences

a) Pour la ville, une véritable catastrophe économique, aucune autre société n'étant capable de reprendre le personnel licencié.

b) Les recettes provenant du versement de la taxe professionnelle vont faire défaut à un budget municipal déjà difficile à équilibrer.

c) Les commerces ainsi que les artisans vont aussi être très durement touchés par la fermeture de l'usine.

d) La municipalité et le département avaient déjà consenti de gros efforts (subventions, mise à disposition de terrains pour agrandissements) pour aider au maintien de l'usine sur place, au moment de son rachat par la C.G.M.E.

e) Le maire, élu à une très faible majorité, va être vivement attaqué par l'opposition au conseil municipal.

f) Les élections législatives approchent, le député craint pour sa réélection face à un candidat rival très dynamique qui ne manquera pas de critiquer à cette occasion la politique du gouvernement en matière d'emplois.

g) Pour le personnel, très enraciné dans la région, il n'est pas question de partir tenter sa chance ailleurs, les perspectives d'embauche étant partout très limitées.

h) Ceux à qui on propose un transfert dans d'autres usines du groupe s'inquiètent des possibilités d'emploi du conjoint.

II. LE CONFLIT

1. Le conflit ouvert

a) L'émotion dans le personnel, toutes catégories et toutes tendances syndicales confondues, est considérable.

b) L'absence de concertation préalable a profondément choqué.

c) Les personnels et leurs représentants se sont réunis en intersyndicale et ont décidé d'occuper l'usine.

d) Les autorités locales (maire, conseillers généraux, députés) appuient le mouvement qui recueille l'approbation unanime de la population.

e) Il s'agit de s'opposer purement et simplement à la fermeture de l'usine.

2. La direction

a) Ses points forts : elle est maîtresse de sa décision, la C.G.M.E. est puissante – elle peut, si le mouvement se prolonge, recourir au licenciement de l'ensemble du personnel.

b) Ses faiblesses : le blocage de la commande en suspens coûtera très cher en indemnités de retard et fera malgré tout une mauvaise réputation au groupe – le groupe C.G.M.E. veut conserver l'image d'un groupe moderne, dynamique, ouvert. La prolongation du conflit ou une solution trop brutale aurait de ce point de vue-là un effet négatif.

c) Sa marge de manœuvre : il est possible de retarder la fermeture de l'usine et de la repousser après les élections – on peut augmenter le nombre des reclassements dans les autres usines du groupe – à cet effet la C.G.M.E. peut demander des aides particulières.

3. Le personnel

a) Ses points forts : l'appui unanime de l'opinion publique aussi bien au niveau local qu'à celui de la région – l'occupation de l'usine et le blocage de la commande.

b) Ses faiblesses : les pertes de revenu pour le personnel en grève sont importantes – le mouvement ne résistera pas à une confrontation trop longue – risque de désunion syndicale.

c) Sa marge de manœuvre : accepter la fermeture à terme de l'usine en échange d'un plan social plus étoffé (moins de licenciements, plus de reclassements et de préretraites).

4. Les autorités locales

a) Peu favorables habituellement aux syndicats, n'aimant ni les grèves ni l'agitation, ne peuvent cependant accepter la fermeture.

b) Volonté de trouver un compromis pour éviter au moins la fermeture complète de l'usine.

c) Le maire, le député interviennent auprès de Paris qui est aussi tenu au courant par le préfet (représentant de l'État au niveau du département), pour que le gouvernement fasse pression sur la C.G.M.E.

III. L'APAISEMENT

1. Le climat général

a) Trois semaines ont passé ; une grève digne, sans incidents majeurs, avec un personnel déterminé.

b) Très vite la grève a connu un large écho dans la région et, grâce à l'action de la C.G.T., a connu un certain écho au plan national.

c) Les élus locaux ont multiplié les démarches auprès de Paris pour éviter la fermeture.

d) Le conseil régional s'est mobilisé lui aussi pour trouver une solution.

e) Le gouvernement a exercé de très fortes pressions sur la C.G.M.E., une solution est apparue.

f) La fermeture est momentanément évitée.

g) Un médiateur, Michel Duchamp, professeur à la faculté de droit de Bordeaux, spécialiste de droit du travail, a maintenu les contacts entre les différentes parties et organisé les négociations.

2. La direction

a) Accepte de reporter d'un an sa décision de fermeture de l'usine, mais ne renonce nullement au principe.

b) Accepte de reconvertir « La Téléphonie du Midi » en sous-traitant le matériel électronique.

c) Mais exige une aide de la part des pouvoirs publics.

d) Maintient le principe des départs en préretraite pour alléger des effectifs considérés de toute façon comme trop élevés, avec participation du Fonds national de l'emploi.

e) Réduit les licenciements à 45 personnes, mais participe, avec l'appui du département et de la région, à la mise en place d'une « antenne-emploi » (service de reconversion et de placement des personnels licenciés) pour essayer de reclasser les personnes licenciées.

f) Sur le fond, le maintien de cette unité de production à Saint-Hilaire-de-Lanzac ne peut être, pour la C.G.M.E., qu'une solution provisoire.

3. Les syndicats

a) Ont obtenu le report de la fermeture de l'usine, le maintien du personnel sur place et une diminution très nette du nombre des licenciements.

b) Arrêtent immédiatement la grève.

c) Débloquent la commande en suspens.

d) Renoncent à la prime du 13e mois.

e) Espèrent que d'ici un an l'usine aura redémarré ou, au pire, sera rachetée par un autre groupe de l'électronique.

4. Les autorités locales

a) Soulagement général, le maire et le député voient leurs efforts récompensés et espèrent, de la sorte, que les élections se passeront bien pour eux.

b) Ont dégagé des ressources financières pour la mise en place d'une antenne-emploi.

Une solution provisoire est trouvée, le pire a été évité, mais qu'en sera-t-il dans un an ?

2 - LES INTERVENANTS

Gilles de Laborie

Représentant de la C.G.M.E.

Situation

– 35 ans, marié, épouse cadre dans la publicité, habite Paris,

– formation : Institut d'études politiques de Paris + M.B.A. Harvard,

– a intégré il y a quatre ans le groupe C.G.M.E. à la direction du personnel.

Attitude

– de principe : favorable à une entreprise dynamique, évolutive, constamment à l'écoute du marché et attentif à l'évolution de l'environnement économique ; que le meilleur l'emporte, malheur au vaincu,

– vis-à-vis des syndicats : hostilité déclarée ; ils constituent une cause d'immobilisme, empêchent l'entreprise d'évoluer librement, ne sont pas conscients des enjeux de la concurrence internationale,

– la fermeture de l'usine : favorable à une fermeture immédiate, a reçu des consignes très fermes de Paris sur ce point,

– expression caractéristique : « C'est la seule solution envisageable. »

Arguments

– la concurrence internationale est très vive,

– la C.G.M.E. doit renforcer ses positions et recentrer ses activités sur ses points forts,

– la situation financière saine de la C.G.M.E. ne justifie pas le maintien d'une usine dont les profits sont en chute libre,

– la C.G.M.E. consent un gros effort en proposant de reprendre 80 personnes dans d'autres usines du groupe, les indemnités de licenciements versées seront très importantes.

Michel Leblanc

Directeur de l'usine

Situation

– 42 ans, marié, épouse sans profession,

– ingénieur des Arts et Métiers,

– directeur de l'usine depuis cinq ans.

Attitude

– de principe : la logique économique doit l'emporter en toute chose. Nécessité de suivre le marché et de savoir faire face à la concurrence,

– vis-à-vis des syndicats : a toujours maintenu des contacts étroits avec les représentants du personnel ; croit aux vertus du dialogue social dans l'entreprise, pense que le personnel doit être associé sinon à la gestion, du moins à la vie de l'entreprise,

– la fermeture de l'usine : ne remet pas en cause la décision de la C.G.M.E., mais, au fond de lui-même, regrette la fermeture. Il s'est attaché à la région et aux gens. Aimerait, malgré tout, que l'usine puisse encore fonctionner, ne serait-ce qu'un certain temps, pour éviter des licenciements trop brutaux,

– expression caractéristique : « Il faut tout de même trouver une solution. »

Jeanne Estivals

Déléguée du personnel C.G.T.

Situation

– 26 ans, mariée, mari petit exploitant agricole,

– formation : B.E.P.C., est entrée à « La Téléphonie du Midi » à l'âge de 18 ans,

– ouvrière qualifiée,

– déléguée du personnel C.G.T. (Confédération

générale du travail, syndicat proche du parti communiste français, revendication syndicale et prise de position politique étant souvent associées).

Attitude

– de principe : hostile à l'entreprise capitaliste, favorable à l'intervention de l'État dans la vie économique, défense de l'emploi et revendication salariale,

– à l'égard du patronat : hostilité vive, le patronat est l'ennemi de classe, celui qui exploite les « travailleurs »,

– sur la fermeture de l'usine : hostilité complète, maintien pur et simple de la situation en l'état actuel,

– objectif : lutter pour faire reculer la direction,

– expressions caractéristiques : « il n'y a qu'à... », « il n'en est pas question ».

Arguments

– la C.G.M.E. a une situation financière excellente, les bénéfices du dernier exercice sont en augmentation,

– faute d'avoir suffisamment investi, la C.G.M.E. a mis l'entreprise en difficulté,

– il faut relancer l'investissement, proposer des produits nouveaux,

– l'exil des gens installés dans la région depuis toujours est inadmissible,

– l'État doit forcer la C.G.M.E. à revenir sur sa décision.

André Mazéas

Délégué du personnel C.G.C.

Situation

– 47 ans, marié, épouse sans profession,

– formation : école centrale de Lyon,

– ingénieur de production, travaille depuis quinze ans à « La Téléphonie »,

– délégué du personnel C.G.C. (Confédération générale des cadres, syndicat regroupant les personnels d'encadrement et de maîtrise, défense des intérêts de ces personnels et de leur position dans l'entreprise, très forte divergence de vue avec la C.G.T.).

Attitude

– de principe : favorable à la libre entreprise, croit aux vertus de la concurrence, souhaite que les rémunérations des personnels d'encadrement soient à la mesure de l'importance de leurs responsabilités,

– à l'égard du patronat : respect de la hiérarchie, dévouement à la cause de l'entreprise et à l'action de la direction, mais regrette de ne pas être consulté plus souvent ; se sent proche de la direction, mais a un statut de salarié comme le personnel ouvrier ; sentiment d'inconfort,

– la fermeture de l'usine : comprend la décision sur le fond, mais en déplore les conséquences sur le plan humain,

– objectifs : négocier pour obtenir le plus grand nombre possible de reconversions et limiter au maximum les licenciements,

– expression caractéristique : « Nous sommes parfaitement conscients de la situation. »

Arguments

– l'encadrement a toujours eu une attitude responsable dans l'entreprise, il aurait souhaité être consulté,

– le personnel n'est pas responsable de la situation faite à « La Téléphonie du Midi », il a participé à la prospérité du groupe,

– la C.G.M.E. ne saurait se priver de la contribution d'un personnel compétent et hautement spécialisé,

– si fermeture inéluctable, la retarder pour faciliter la recherche de solutions équitables pour tous.

Maurice Pujol

Délégué du personnel F.O.

Situation

– 52 ans, marié, épouse institutrice,

– formation : technique commerciale, niveau secondaire,

– service comptabilité,

– délégué du personnel F.O. (force ouvrière, syndicat de salariés, se veut apolitique, soucieux de la défense des intérêts matériels des salariés, priorité à l'emploi et au maintien des revenus).

Attitude

– de principe : l'essentiel est d'avoir du travail et de pouvoir l'exercer dans une entreprise prospère et dynamique en bénéficiant d'une bonne protection sociale,

– à l'égard du patronat : respect de l'autorité dans l'entreprise, mais veille à ce que les contrats, les engagements soient rigoureusement tenus. Toujours préférer la négociation à la confrontation,

– la fermeture de l'entreprise : hostile sur le fond, mais réaliste, ne pense pas qu'il soit possible d'annuler la décision,

– objectif : essayer de faire reculer la direction dans un premier temps, dans un second, obtenir, en cas de fermeture, le maximum de concessions sur le nombre de licenciements, le montant des indemnités, etc.,

– expression caractéristique : « Regardons les choses en face. »

Arguments

– une politique d'investissement plus dynamique pourrait permettre de relancer la production,

– les travailleurs ne doivent pas être jetés à la rue comme des objets usagés,

– l'entreprise doit respecter les engagements pris envers les travailleurs en matière de protection de l'emploi.

Un conflit entre direction et salariés. Ici, entre les journalistes et la direction de FR3.

3 - LES DÉBATS

I. ORGANISER LE DÉBAT

Réunion 1 : le comité d'entreprise

C'est une instance de l'entreprise où sont réunis les représentants du personnel et la direction et où sont notamment examinés tous les problèmes liés au fonctionnement de l'entreprise (compression de personnel, transfert, etc.). La direction doit ici informer le personnel de la décision de fermeture prochaine de l'usine.

1. Préparez la réunion

On peut maintenant essayer de tenir (simuler) la première réunion à l'aide des éléments de situation qui viennent d'être présentés, c'est-à-dire :

– les données générales (p. 158),

– les fiches intervenants (pp. 161-163).

Le schéma directeur de la page suivante définit le déroulement de la réunion.

a) Tous ensemble

– Étude du **schéma directeur** de la page suivante (la boule ○ représente le locuteur, les flèches ⇛▶ les interventions en direction de l'interlocuteur, les traits ⎰⟫ l'attitude de celui à qui s'adresse l'intervention) :

    position initiale des intervenants ;
    position finale ;
    passage de l'une à l'autre.

– Les interventions (il peut y en avoir plusieurs de part et d'autre à l'occasion d'un échange) : en préciser le nombre.

– Pour chaque intervention, son orientation, son contenu (cf. éléments de situation, pp. 158, 159).

b) En groupes restreints (cinq, six personnes)

Chaque groupe va travailler sur un rôle. Il devra :

– s'identifier à ce rôle et défendre les conceptions et les intérêts du groupe représenté (cf. fiches intervenants, pp. 161-163) ;

– analyser et commenter les composantes fondamentales du rôle (éventuellement apporter des précisions) en vue d'adopter le comportement verbal correspondant ;

– rédiger, chaque fois que le personnel doit intervenir, un projet d'intervention (au moment du jeu de rôles, on devra procéder à l'insertion exacte de l'intervention dans l'ensemble des échanges), en précisant chaque fois :

    l'orientation générale de l'échange,
    les arguments venant à l'appui,
    un membre du groupe prend le rôle en charge.

2. Jouez/commentez

a) Les étudiants choisis pour chacun des rôles tiennent la réunion conformément au schéma directeur de la page 165.

b) Commentaire par les auditeurs à l'issue de la réunion destiné à apprécier la qualité et la pertinence des enchaînements des différentes interventions.

3. Prise de notes

Un étudiant sera chargé de la rédaction du procès-verbal de séance. Ce procès-verbal sera relu par l'ensemble des étudiants, commenté, avant la préparation de la réunion suivante. Il constituera, en quelque sorte, la mémoire du groupe.

Un autre étudiant sera chargé de la rédaction d'un bref compte rendu qui sera publié dans le quotidien régional *Sud-Ouest*.

Réunion 2 : le face-à-face

Adoptez la même démarche que pour la réunion précédente, en vous référant cette fois au schéma directeur de la p. 166.

Réunion 3 : la dernière séance

Même démarche que pour les deux réunions précédentes. On introduira ici le rôle du médiateur, Michel Duchamp (cf. L'apaisement 1. f, p. 159), dont la fonction sera essentielle dans la tenue de cette réunion. Le **schéma directeur** de la page 167 définit le déroulement de la réunion. Il convient de préciser l'ordre, la nature et le nombre des interventions.

RÉUNION DU COMITÉ D'ENTREPRISE

	DIRECTION	PERSONNEL
Échange 1	PRÉALABLES	ATTENTE
Échange 2	PROPOSITION	REFUS
Échange 3	REFUS	CONTRE - PROPOSITION
Échange 4	MENACES	REJET
Échange 5	REJET	MENACES
Échange 6	REFUS	REFUS

LE FACE-À-FACE

	DIRECTION	PERSONNEL
Échange 1	AFFIRMATION DES PRINCIPES	AFFIRMATION DES PRINCIPES
Échange 2	GRIEFS	REJET
Échange 3	REJET	GRIEFS
Échange 4	REFUS	REFUS
Échange 5	PROPOSITION	REJET
	EXPLORATION DES POSITIONS ADVERSES	
Échange 6	REJET	CONTRE - PROPOSITION

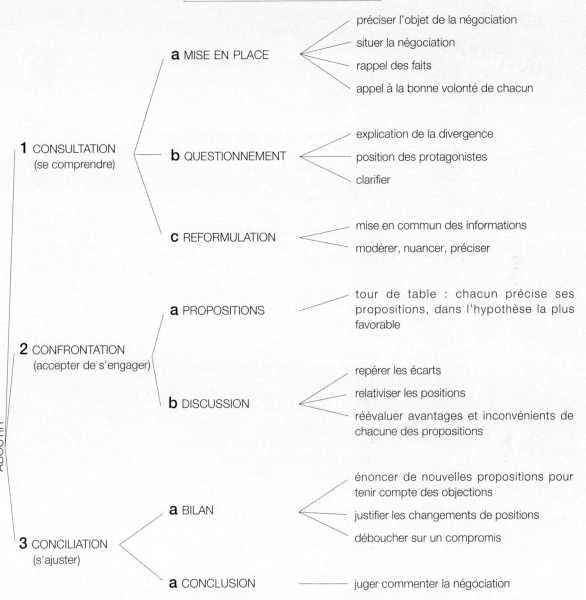

LA DERNIÈRE SÉANCE

ABOUTIR

1 CONSULTATION
(se comprendre)

a MISE EN PLACE
- préciser l'objet de la négociation
- situer la négociation
- rappel des faits
- appel à la bonne volonté de chacun

b QUESTIONNEMENT
- explication de la divergence
- position des protagonistes
- clarifier

c REFORMULATION
- mise en commun des informations
- modérer, nuancer, préciser

2 CONFRONTATION
(accepter de s'engager)

a PROPOSITIONS
- tour de table : chacun précise ses propositions, dans l'hypothèse la plus favorable

b DISCUSSION
- repérer les écarts
- relativiser les positions
- réévaluer avantages et inconvénients de chacune des propositions

3 CONCILIATION
(s'ajuster)

a BILAN
- énoncer de nouvelles propositions pour tenir compte des objections
- justifier les changements de positions
- déboucher sur un compromis

a CONCLUSION
- juger commenter la négociation

d'après l'ouvrage *La Négociation*, de L. Bellanger, Que sais-je ? n° 2187.

APPUIS LINGUISTIQUES

1. POUR PRÉCISER, EXPLIQUER CE QUE L'ON A DIT OU CE QUI VIENT D'ÊTRE DIT

S'EXPLIQUER

– je m'explique
– j'essaie simplement d'expliquer que
– je voudrais | insister sur
rappeler que
préciser que

- je précise que/précisons
- comprenez-moi bien
- entendons-nous bien
- je n'ai jamais dit que
- ne me faites pas dire ce que je n'ai jamais dit
- c'est-à-dire
- autrement dit
- en d'autres termes

RÉFÉRENCE À UN PROPOS PRÉCÉDENT

- si je vous ai bien compris
- ce que vous venez de dire, c'est que
- comme le disait X
- comme X nous le rappelait
- d'accord avec ce qu'a dit X

INTERROMPRE

- je vous interromps
- juste une remarque si vous le permettez
- attendez
- vous permettez
- un instant s'il vous plaît
- désolé, je ne peux pas laisser dire ça

PRÉVENIR UNE OBJECTION

- vous me direz
- vous pourriez me faire remarquer... mais
- on pourrait évidemment... mais

2. LES CONNECTEURS ARGUMENTATIFS

LA RELATION CONSÉCUTIVE

Les connecteurs consécutifs (*donc, par conséquent, alors,* etc.) établissent une relation de conséquence entre deux éléments a et b. L'emploi de chacun de ces connecteurs dépend de la façon dont cette relation est établie.

DONC introduit une conclusion fondée sur des raisons considérées comme généralement admises et présentées comme objectives.
- *Cette usine n'est pas rentable. Nous devons **donc** la fermer.*
(élément implicite : toute usine non rentable met en danger l'équilibre financier du groupe)

PAR CONSÉQUENT établit une relation consécutive entre deux éléments explicitement posés et de façon directe.
- *Vous ne voulez pas écouter nos propositions. **Par conséquent** ce sera la grève.*

ALORS établit une relation consécutive simple, mais liée au point de vue de la personne qui l'énonce.
– *Ils n'ont pas voulu écouter nos propositions.* **Alors** *nous avons préféré quitter la salle.*

(mais une autre conséquence aurait tout aussi bien pu être envisagée)

AINSI, à la différence des connecteurs précédents qui fondaient la relation consécutive sur un raisonnement, établit un lien consécutif simple qui va de la cause à l'effet.
– *Nous allons occuper l'usine.* **Ainsi** *la direction sera obligée de négocier.*

AUSSI diffère de AINSI simplement par le fait que le lien consécutif relève de l'initiative de celui qui l'énonce et n'est pas dans la nature des faits ou des événements.
– *Une grève est toujours difficile à conduire.* **Aussi** *est-il préférable selon moi de négocier.*

LES CONNECTEURS CONSÉCUTIFS USUELS

DONC	PAR CONSÉQUENT	ALORS	AINSI
	EN CONSÉQUENCE	DANS CES CONDITIONS	DE CETTE FAÇON
	DE CE FAIT	DÈS LORS	DE TELLE SORTE QUE
	C'EST POURQUOI	POUR CES RAISONS	DE SORTE QUE
	PAR SUITE		

EXERCICE 1

Reliez chaque fois les deux énoncés par AUSSI ou AINSI. Indiquez les cas où l'emploi des deux connecteurs est possible.

– L'environnement économique évolue très vite, la concurrence se fait très vive. ...... nous devons revoir l'organisation de notre groupe.

– Depuis deux ans, les commandes ont considérablement chuté. ...... nous avons été obligés de mettre le personnel en chômage technique à plusieurs reprises.

– Les conditions de sécurité dans le hangar n° 4 étaient insuffisantes. ...... nous avons été obligés de mettre le personnel en chômage technique à plusieurs reprises.

– Le chômage dans notre région est particulièrement important. ...... il faut se battre coûte que coûte pour le maintien de l'usine en activité.

– Il y avait grève des chemins de fer ce jour-là. ...... la réunion a dû être annulée à notre grand regret.

– Aucun des films qu'ils jouaient ce soir-là ne me plaisait vraiment. ...... j'ai préféré rentrer chez moi.

– Le spectacle n'a rencontré aucun succès. ...... la direction a été obligée d'annuler les dix dernières représentations.

– L'usine fait perdre de l'argent au groupe. ...... sommes-nous décidés à la fermer.

– Une antenne-emploi va être installée à Saint-Hilaire. ...... les personnes touchées par les licenciements seront aidées dans leur recherche d'un nouvel emploi.

– Je savais bien qu'il y avait quelque chose là-dessous. Mais je ne connais rien à tout ça. ...... ai-je préféré vous prévenir.

EXERCICE 2

Complétez chacune de ces interventions introduites par AUSSI ou AINSI.

– Ma voiture est tombée en panne sur l'autoroute. AUSSI ......

– Ma voiture est tombée en panne sur l'autoroute. AINSI ......

– La direction refuse de négocier avec nous. AUSSI ......

– Notre carnet de commandes est vide. AUSSI ......

– Nous allons occuper l'usine. AINSI ......

– Les négociations avec la direction vont être très difficiles. AUSSI ......

– Nous allons intervenir auprès des responsables du groupe à Paris. AINSI ......

– Je ne peux accepter cette décision de fermeture qui va porter un coup mortel à notre ville. AUSSI ......

EXERCICE 3

Complétez chacune de ces interventions par la séquence qui précède AUSSI ou AINSI.

– ...... AINSI vous disposerez d'un moyen de pression important sur la direction.

– ...... AINSI j'ai dû renoncer à ce voyage.

– ...... AUSSI vous aurez bien soin d'insister sur le nombre important de reclassements prévus dans notre groupe.

– ...... AUSSI j'ai préféré renoncer à mon voyage.

– ...... AINSI nous pouvons obliger la direction à revoir sa position.

– ...... AUSSI j'ai pris contact avec le ministre de l'Industrie pour lui demander d'agir.

– ...... AINSI la fermeture de l'usine ne sera pas ressentie de façon aussi brutale.

– ...... AUSSI la reconversion de cette usine est-elle difficilement envisageable.

EXERCICE 4

Élaborez la réponse appropriée à partir des éléments proposés, en utilisant selon le cas DONC ou EN EFFET.

exemple

• *Qu'a décidé la direction de l'entreprise ?*
– *la direction accepte de reporter la fermeture de l'usine ;*
– *nous pouvons reprendre le travail.*

➡ *La direction accepte de reporter la fermeture de l'usine ; nous pouvons **donc** reprendre le travail.*

• Finalement, quelle est votre décision ?
– les commandes de matériel téléphonique ont brutalement chuté ;
– nous devons fermer l'usine.

➡ ......

• Selon vous, l'activité de l'usine peut-elle être poursuivie ?
– l'usine dispose d'importantes capacités de fabrication ;
– l'usine doit pouvoir poursuivre son activité dans d'autres secteurs de l'électronique.

➡ ......

• Que pensez-vous de la décision de la C.G.M.E. ?
– la C.G.M.E. ne peut pas fermer l'usine de Saint-Hilaire ;
– « La Téléphonie du Midi » a bénéficié d'importantes subventions de la part de la commune et du département.

➡ ......

• Mais dans ces conditions, que faire ?
– la fermeture de l'usine n'est pas envisageable, c'est la seule source d'emplois de la région ;
– il faut coûte que coûte maintenir l'usine en activité.

➡ ......

• L'usine dispose-t-elle d'un matériel de production performant ?
– l'équipement de l'usine ne correspond plus aux normes de productivité actuelles ;
– on ne peut pas envisager de reconvertir la production de cette usine.

➡ ......

• Est-ce qu'il existe malgré tout des possibilités de reclassement ?
– nous avons la possibilité de reprendre une centaine de personnes dans d'autres usines du groupe ;
– d'autres secteurs d'activités à l'intérieur de notre groupe sont actuellement en pleine expansion.

➡ ......

EXERCICE 5

Élaborez, à partir des éléments fournis, la réponse appropriée, en utilisant selon le cas DONC ou CAR.

exemple

• *Que s'est-il passé exactement ?*
– *la chaussée était très glissante et les pneus de la voiture très usés ;*
– *la voiture a dérapé et a basculé dans le ravin.*

▶ *La chaussée était très glissante et les pneus très usés. La voiture a **donc** dérapé et a basculé dans le ravin.*

• Est-il vraiment nécessaire d'abandonner la fabrication de matériel téléphonique ?
– la C.G.M.E. doit concentrer ses efforts sur un nombre plus restreint de secteurs ;
– nous devons abandonner la fabrication de matériel téléphonique.

▶ ......

• Et d'après vous, je ne suis pas en droit de fermer l'usine ?
– vous avez touché d'importantes subventions de la commune et du département ;
– vous ne pouvez pas décider comme ça de fermer l'usine.

▶ ......

• Vous devez nous donner une réponse immédiatement !
– je ne peux prendre aucun engagement ici ;
– toutes les décisions sont prises par Paris.

▶ ......

• Mais nous proposons de reclasser un certain nombre de personnes dans d'autres usines du groupe !
– les gens ne peuvent pas accepter de quitter Saint-Hilaire ;
– les gens ont économisé sou après sou pour acquérir leur logement.

▶ ......

EXERCICE 6

À chacune de ces remarques, le représentant de la C.G.M.E. répond en commençant son énoncé par MÊME SI.

exemple

– *Il fallait investir quand il en était encore temps. Nous n'en serions pas là maintenant.*

(élément de réponse : le marché du matériel téléphonique est saturé)
– ***Même si** nous avions investi, cela n'aurait servi à rien car le marché du matériel téléphonique est saturé.*

– Il fallait développer la recherche dans le secteur de la téléphonie.
(trop de concurrents)
– ......

– Il fallait explorer de nouveaux marchés au lieu d'attendre des commandes de l'État.
(les marchés extérieurs font l'objet d'une concurrence trop vive)
– ......

– Il fallait pratiquer une politique commerciale plus agressive.
(nos prix sont trop élevés par rapport à nos concurrents)
– ......

– Il fallait envisager plus tôt la reconversion de l'usine.
(trop coûteux, usine trop spécialisée)
– ......

– Il fallait fabriquer d'autres groupes d'électroniques.
(commandes insuffisantes pour maintenir tout le personnel en activité)
– ......

– Il fallait chercher un repreneur.
(il n'aurait jamais pu reprendre tout le personnel)
– ......

EXERCICE 7

Même consigne, il s'agit cette fois-ci des représentants du personnel que l'on interroge.

exemple

– *Vous feriez mieux d'accepter les reclassements proposés, c'est toujours ça de pris.*
– ***Même si** nous acceptions les reclassements proposés, cela ne résoudrait pas les problèmes de l'ensemble du personnel.*

– Votre grève ne servira à rien, car l'usine sera fermée de toute façon.
– ......

– Vous feriez mieux de reprendre le travail plutôt que de vous obstiner à poursuivre une grève inutile.

– ......

– Cette grève va être longue, très difficile à conduire, les gens vont se décourager.

– ......

– Ne comptez pas trop sur l'appui du maire ou du député.

– ......

– Il faudra bien que vous parveniez à un compromis.

– ......

– Est-ce que vous êtes assurés de bénéficier du soutien de l'opinion publique ? Vous n'êtes pas les seuls dans ce cas !

– ......

EXERCICE 8

Vous réagissez à chacune des interventions selon le modèle suivant.

exemple

> – *Pensez-vous qu'il soit raisonnable de vous lancer dans un conflit aussi grave ?*
> – *Nous savons très bien que la lutte est inégale et que la C.G.M.E. est très puissante, **mais** nous occuperons l'usine **quand même**.*

– Vous ne pensez pas qu'il vaudrait mieux d'abord terminer la commande pour le Mexique ?

– ......

– Cela m'étonnerait beaucoup que la négociation avec la C.G.M.E. puisse aboutir.

– ......

– Je ne te conseille pas d'aller la revoir. Cela ne te mènera à rien.

– ......

– Il serait peut-être préférable de réexaminer votre décision de fermer l'usine.

– ......

– Vous pourriez peut-être modifier votre plan social et augmenter le nombre des reclassements.

– ......

– Je crains que la C.G.M.E. ne veuille pas m'écouter. Vous savez, le maire d'une petite ville de province...

– ......

– Je pense qu'il est inutile de nous revoir. Nous n'avons rien à nous dire.

– ......

EXERCICE 9

Achevez chacun de ces échanges sur le modèle suivant.

exemple

> *1. demande – Est-ce que vous avez reçu les représentants du personnel ?*
>
> *2. refus – Non, pas depuis la réunion du dernier comité d'entreprise. D'ailleurs je n'ai rien à leur dire.*
>
> *3. conseil – Vous devriez **quand même** les recevoir, il est indispensable de maintenir les contacts.*

1. – Est-ce que vous avez envisagé de revoir votre plan de fermeture ?

2. – Absolument pas. Nous n'avons pas l'habitude de revenir sur nos décisions.

3. – ......

1. – Et si la direction mettait à exécution sa menace de fermer l'usine et de licencier tout le monde ? Y avez-vous pensé ?

2. – Inutile, car la direction n'osera jamais aller jusque-là.

3. – ......

1. – Vous ne pensez pas qu'il serait utile de s'adresser au ministre de l'Industrie ?

2. – Pour quoi faire ? Il dira que ce problème ne relève pas de sa compétence.

3. – ......

1. – Est-ce que vous avez pensé à alerter les média nationaux ?

2. – Vous savez, ce qui se passe ici n'a rien d'extraordinaire. Nous ne sommes pas la première usine que l'on va fermer.

3. – ......

1. – Est-ce que vous avez dit aux représentants du personnel qu'il serait peut-être possible de retarder la fermeture de l'usine de six mois ?

2. – C'est inutile. Tout ce qu'ils veulent, c'est le maintien pur et simple de l'usine en activité.

3. – ......

1. – Il faut proposer à la direction un plan de redressement, avec un apport de nouveaux capitaux et la fabrication de nouveaux produits.

2. – Tu sais, les patrons écoutent rarement les propositions de leurs salariés pour la gestion de leur entreprise.

3. – ......

II. LE CARRÉ ARGUMENTATIF

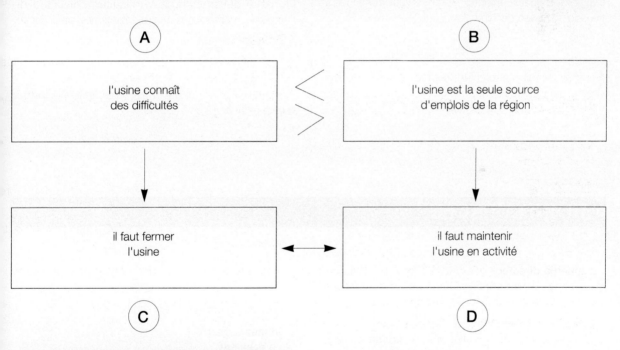

EXERCICE 1

Déterminez sur ce carré les parcours qui sont liés à l'utilisation des connecteurs suivants (plusieurs peuvent être utilisés sur un même parcours). Vous proposerez en même temps la formulation qui vous paraît la plus appropriée.

exemple

A – D ➡ *QUAND MÊME*

*L'usine connaît des difficultés **mais** il ne faut **quand même** pas la fermer.*

Les connecteurs :

Bien que ......

Pourtant ......

Certes ......

Quand même ......

Mais ......

Donc ......

Néanmoins ......

En effet ......

Comme ......

Puisque ......

Même si ......

Alors ......

Aussi ......

En utilisant le codage A, B, C, D du carré argumentatif (voir p. 173), indiquez pour chacun des énoncés suivants le parcours adopté.

Malgré ses quatre enfants, Florence veut continuer à travailler car elle a de l'ambition.

......

Florence devrait s'arrêter de travailler à cause de ses quatre enfants, mais comme elle est ambitieuse elle veut coûte que coûte continuer.

......

Florence, malgré ses quatre enfants, veut quand même continuer à travailler.

......

Même si Florence a de l'ambition, elle devrait se souvenir qu'elle a quatre enfants et s'arrêter, au moins provisoirement, de travailler.

......

Florence a quatre enfants, c'est vrai, ce qui devrait l'inciter à s'arrêter de travailler ; néanmoins elle est ambitieuse et je comprends très bien qu'elle veuille poursuivre.

......

Florence doit continuer à travailler, car elle a de l'ambition, même si ses quatre enfants devraient l'inciter à réfléchir.

......

Florence veut continuer à travailler. Elle a pourtant quatre enfants.

......

· III. INFLUENCER

Le **schéma directeur** des trois réunions (pp. 164-165) permet de définir l'organisation générale de chacune des réunions ainsi que leur progression interne.

Globalement, il s'agit à chaque fois de pousser l'autre à agir dans le sens que l'on souhaite, de l'**inciter** ou de le **dissuader** d'adopter telle ou telle solution.

On peut rendre cette stratégie plus efficace, parce que plus nuancée, en amenant l'interlocuteur à comparer le degré de satisfaction ou d'insatisfaction à attendre de la réalisation d'une action ou de sa non-réalisation pour conclure en faveur de la solution considérée comme la plus intéressante.

Ainsi supposons que Jeanne Estivals veuille inciter le délégué C.G.C. à occuper l'usine et à bloquer la commande pour le Mexique, elle peut lui dire :

> « Si nous ne réagissons pas, nous serons tous licenciés. En occupant les locaux, nous obligerons la direction à revoir sa position et nous pourrons limiter les dégâts. »

Ce qui peut s'énoncer de la sorte :

– **inciter** (à réagir)
– en **éveillant**
– la **crainte** que le fait de s'abstenir de réagir
– engendre des inconvénients supérieurs
– aux inconvénients liés à l'absence d'action.

Ce à quoi André Mazéas peut répondre :

> « Occuper les locaux ne servira à rien. La direction veut de toute façon se débarrasser de l'usine. Ce sera là pour elle un argument supplémentaire. Il vaut mieux négocier et essayer d'obtenir le maximum de reconversions. »

où il s'agit de :

– **dissuader**

– en **modérant**

– l'**espoir** que l'occupation des locaux apportera un avantage supérieur

– aux avantages à attendre de l'abstention d'une action dangereuse.

La démarche est plus complexe, mais les argumentations les plus efficaces ne sont pas forcément les plus simples.

Que peut répondre à chacun des intervenants suivants la personne ainsi sollicitée ?

– On précisera d'abord la démarche (incitative ou dissuasive).

– On verbalisera la démarche ainsi spécifiée.

– On pourra justifier/expliquer chacun des points de cette argumentation avec CAR, PARCE QUE, D'AILLEURS, EN EFFET, etc.

exemple

Un groupe d'ouvriers veut occuper immédiatement l'usine.

– Que peut dire Michel Leblanc, le directeur de l'usine ?

▶ *Michel Leblanc va les en dissuader.*

Ce qui peut se verbaliser ainsi :

Occuper les locaux est une opération dangereuse. Vous allez de la sorte attirer peut-être l'attention de l'opinion publique, mais vous ne ferez que rendre plus difficile la solution du problème.

• Gilles de Laborie, face au durcissement du conflit, veut rompre les négociations et licencier purement et simplement l'ensemble du personnel.

– Que peut lui conseiller Michel Leblanc ?

• Le représentant du préfet vient d'arriver à Saint-Hilaire. Il fait part au maire de son scepticisme à propos d'une intervention des pouvoirs publics.

– Que peut lui dire le maire ?

• Soucieux de ne pas voir la situation de l'usine s'aggraver, Michel Leblanc demande au personnel de débloquer la commande pour le Mexique.

– Que peut lui répondre Jeanne Estivals ?

• Jean-Marie Vignals, le maire, doute de l'intérêt qu'il y aurait à ouvrir une antenne-emploi. Cela coûte cher et les résultats ne sont généralement guère probants.

– Que peut lui répondre Robert Marzac ?

• Jeanne Estivals refuse de reprendre les discussions aussi longtemps que la décision de fermeture de l'usine ne sera pas annulée.

– Que peuvent répondre Maurice Pujol et André Mazéas ?

• Une partie des ouvriers de l'usine sont décidés à établir des barrages sur les routes, autour de Saint-Hilaire, pour sensibiliser l'opinion.

– Que peut répondre le maire ?

• L'intersyndicale propose à Gilles de Laborie de reporter au moins d'un an toute décision de fermeture.

– Que peut répondre Gilles de Laborie ?

• La C.G.M.E. ne tient pas à financer une antenne-emploi pour reclasser le personnel licencié. L'opération lui paraît beaucoup trop onéreuse et, d'après elle, ne relève pas de sa responsabilité.

– Que peut lui répondre le représentant du préfet ?

IV. OBJECTER

Face à l'affirmation d'un interlocuteur, on peut avoir à manifester son désaccord, à **formuler une objection.** À cet effet, il convient de trouver le point faible dans l'argumentation adverse.

Un des procédés les plus courants consiste à **distinguer** dans la proposition ou affirmation adverse une partie que l'on peut considérer comme **vraie** sous condition (on **concède**) d'une autre partie que l'on doit considérer comme **fausse** (on **nie**). À son tour, celui à qui s'adresse l'objection peut reprendre le dernier argument et établir une distinction entre ce qui lui paraît vrai et faux. Et de la sorte le débat avance jusqu'à ce que l'un des deux adversaires, faute d'argument supplémentaire, soit réduit au silence.

Soit l'échange suivant :

qui peut prendre la forme suivante :

D. – Une aide financière de l'État permettrait de maintenir l'usine en activité.

A. – Les aides de l'État, aussi importantes soient-elles, n'ont jamais permis de redresser la situation d'entreprises en difficulté.

D. – Quand il s'agit d'entreprises mal gérées, je veux bien, mais ce n'est pas du tout le cas de « La Téléphonie du Midi » qui peut trouver des débouchés dans la sous-traitance.

A. – À condition d'avoir accès au marché. Or, nous ne sommes pas les seuls. La concurrence est très vive et je doute que nous trouvions suffisamment de commandes pour faire tourner l'usine.

D. – Si vous considérez le marché comme quelque chose de figé, qui n'augmentera jamais ; or le marché évolue, on peut proposer de nouveaux services, susciter une nouvelle clientèle.

A. – En théorie tout est possible, mais dans les faits cela suppose une politique de prospection commerciale extrêmement coûteuse et nous ne disposons pas de suffisamment d'argent pour ça.

(Possibilité pour D de bloquer ici la discussion en revenant à la proposition initiale.)

D. – Mais justement, c'est là que les aides de l'État peuvent se révéler utiles.

(A peut s'en tenir là, ou au contraire relancer la discussion, en déplaçant le centre du débat.)

A. – Certes, mais cela suppose que cette aide soit rapidement disponible et que l'on soit prêt à cette reconversion. Or ni l'un ni l'autre de ces deux conditions ne sont remplies.

Essayez de poursuivre et d'objecter...

Expression écrite

Le représentant du préfet s'est rendu à Saint-Hilaire, il est entré en contact avec les différentes parties (direction, syndicats, municipalité, etc.). Il a pris au cours de ces auditions un certain nombre de notes :

- la C.G.M.E. veut fermer l'usine de Saint-Hilaire ;
- cette décision, d'un point de vue strictement économique, peut se comprendre ;
- l'usine de Saint-Hilaire fabrique exclusivement du matériel téléphonique ;
- le marché du matériel téléphonique devient extrêmement difficile ;
- il y a la concurrence des pays nouvellement industrialisés ;
- les coûts de production de ces pays sont extrêmement bas ;
- une décision de fermeture peut avoir des conséquences dramatiques sur la région ;
- la région est déjà très durement touchée par le chômage ;
- il faut trouver une solution ;
- cette solution ne doit pas faire perdre de l'argent à la C.G.M.E. ;
- cette solution doit permettre de préserver l'emploi à Saint-Hilaire et d'éviter un véritable désastre économique.

Le représentant du préfet va rédiger à partir de ces éléments une note de synthèse à destination du préfet. **Vous allez rédiger cette note.**
(Il s'agit de rédiger un paragraphe continu en utilisant les éléments d'articulation et les connecteurs argumentatifs qui vous paraissent nécessaires.)

Un journaliste de *Sud-Ouest*, le quotidien de la région, s'est rendu à Saint-Hilaire-de-Lanzac pour enquêter sur la fermeture de « La Téléphonie du Midi ». À l'occasion de différentes rencontres, il a pris un certain nombre de notes :

- le comité d'entreprise de « La Téléphonie du Midi » s'est réuni ;
- la réaction des délégués du personnel face à la décision de fermeture est tout à fait légitime ;
- le chômage dans la région est particulièrement important ;
- un certain nombre de salariés de l'entreprise ne peuvent aller s'installer ailleurs ;
- certains ont un conjoint qui travaille sur place, d'autres ont mis des années à acquérir leur logement ;
- on sait aussi que la situation de « La Téléphonie du Midi » allait en se dégradant ;
- il fallait prendre une décision ;
- cette décision sera douloureuse ;
- la position des syndicats dans cette affaire est délicate ;
- les syndicats bénéficient dans l'immédiat du soutien unanime de la population.

À partir de ces notes, le journaliste rédige le commentaire qui suit la relation des faits. **Vous rédigez ce commentaire.**

Le représentant F.O. a pris un certain nombre de notes durant la réunion et adresse au bureau national de son syndicat à Paris une analyse de la situation. Voici quelques-unes de ses notes :

- la C.G.M.E. propose de reclasser une partie du personnel ;
- cette partie est très limitée ;
- on peut admettre le principe d'une telle proposition ;

– il faut mettre en place un plan de transfert ;

– ce plan est la condition de réussite de l'opération ;

– ce plan s'adresse à ceux qui doivent s'installer ailleurs ;

– il faut rechercher un logement, un emploi pour les conjoints travaillant à Saint–Hilaire, examiner les conditions de scolarisation des enfants ;

– la C.G.M.E. n'a fait aucune proposition en ce sens ;

– nous sommes obligés de refuser le plan social de la C.G.M.E.

Vous rédigez cette analyse à partir des notes ci-dessus.

EXERCICE 4

Remettez ces différentes phrases dans l'ordre qui convient, de façon à constituer un texte cohérent.

1. Ce secteur, qui avait créé près de 1 million d'emplois de 1960 à 1973, en a perdu depuis lors près de 1,4 million.

2. L'économie française qui, dans les années 60, croissait à un rythme annuel de 6 %, ne semble plus pouvoir dépasser une progression de 2 % l'an.

3. Le taux de chômage, qui tournait autour de 1 %, se maintient à plus de 10 % en dépit de la multiplication des plans pour l'emploi.

4. L'industrie française, qui gagnait des parts de marché, en perd aujourd'hui, alors que le taux de pénétration du marché intérieur passe de 10 % au début des années 60 à près de 40 %.

5. Certes, la crise a entraîné des évolutions analogues dans la plupart des grands pays de l'O.C.D.E.

6. Certes, la désinflation semble confirmée ; mais le coût en a été élevé : maintien de taux d'intérêt réels dissuasifs, rupture dans la progression du salaire réel, absence de la vigoureuse reprise, tant attendue de l'investissement.

7. Le chômage, qui était inférieur d'environ un point à la moyenne de l'O.C.D.E. dans les années 70, est aujourd'hui supérieur de trois points.

8. Pourtant, ce mouvement a été beaucoup plus marqué en France qu'ailleurs.

LECTURES

1. ÉLECTRONIQUE : QUAND LES GRANDS SE FONT SOUS-TRAITANTS

Une réponse aux gains de productivité qui se généralise.

C'est le monde à l'envers. Habitués depuis des lustres à faire vivre les P.M.E. de leurs commandes, les usines des grands groupes industriels d'électronique adoptent désormais la stratégie inverse. Les donneurs d'ordres se transforment en sous-traitants, quitte, parfois, à fabriquer pour des tiers, fussent-ils leurs concurrents. Illustration parfaite de ces nouvelles habitudes : c'est l'usine Thomson de Laval, en Mayenne, qui fabrique les composants intégrés dans les micro-ordinateurs de Normerel, une P.M.E. de Granville, dans la Manche. Et c'est l'unité lilloise de Rank Xerox qui se charge de l'assemblage. Normerel, de son côté, se décharge en grande partie de tout souci industriel. « Nous concentrons la majorité de nos investissements sur la recherche-développement et la conception du matériel », explique M. Marc Frouin, un des responsables de l'entreprise.

Les raisons de ces pratiques nouvelles sont diverses. D'abord, le souci de garnir des plans de charge rendus parfois insuffisants par l'amélioration de la productivité. « Là où il fallait cinquante heures il y a cinq ans pour fabriquer un copieur milieu de gamme, dix heures suffisent désormais, explique M. Pierre Van Coppernolle, directeur général de l'usine française de Rank Xerox. Et l'on prévoit une division du temps par deux pour la prochaine génération de duplicateurs. » Comme les ventes n'augmentent pas dans la même proportion, les dirigeants d'usine se retrouvent à la tête d'équipements et de personnel en surplus Quelques-uns, attirés par une main-d'œuvre peu coûteuse, délocalisent une part de leur production vers l'Asie du Sud-Est. Conséquence : certaines usines ne tournent plus qu'à 50 ou 60 % et, faute d'une réorganisation difficile à mener sur le court terme, risquent de faire perdre de l'argent au groupe.

Se tourner vers la maison mère ; c'est le premier réflexe de toute usine confrontée à une baisse de ses charges. Partie des copieurs, l'usine Rank Xerox de Lille a progressivement élargi sa production aux progiciels et à l'assemblage de machines à écrire. Mais, face à ses cinq unités européennes qui, toutes, réclament du travail, le groupe n'a pas de réponse. Alors, on prospecte à l'extérieur. L'usine anglaise de Rank fabrique ainsi des circuits imprimés pour Acorn et Olivetti. Mais ces mutations ne se réalisent pas sans difficultés. Les usines n'ont souvent ni réseau commercial, ni souplesse, ni capacité rapide de réaction : elles ne savent pas traiter avec un client extérieur. Certaines paient cher pour trouver ces fameux contrats de sous-traitance, licence ou partenariat qui leur permettront de respirer. Elles font parfois appel à des cabinets spécialisés, comme DML, une société de prospection créée en 1980 par des transfuges de MacKinsey. « Pour chaque affaire, nous contactons entre 100 et 150 sociétés par mois, avec un rendement de 2 à 3 % », explique ainsi l'un de ces chasseurs de contrats, M. Louis-Marie Duchamp, directeur de D.M.L.

Dans certains cas, la sous-traitance ne représente qu'une faible partie de la production : 1 %, par exemple, du chiffre d'affaires de l'usine Rank Xerox de Lille.

« C'est une soupape qui nous permet d'avoir en permanence un volant de salariés temporaires et, grâce à eux, de renforcer, le cas échéant, une équipe ou l'autre », souligne M. Van Coppernolle. Pour d'autres, la sous-traitance est devenue une véritable institution. Les usines de composants (connecteurs, circuits hybrides) d'Alcatel à Lannion (Côtes-d'Armor) et à Coutances (Manche) écoulent ainsi un tiers de leur production à l'extérieur. « Le groupe ne peut pas absorber l'ensemble de notre fabrication. Vendre à d'autres est indispensable pour conserver la maîtrise de composants stratégiques. De plus, cela permet de mieux se frotter à la concurrence et de s'étalonner sur la qualité et les prix », estime un responsable d'Alcatel Industrie. Cas extrême : l'usine de composants Thomson de Laval travaille à 80 % pour des tiers et doit sa survie à cette solution. Dans son portefeuille de 300 entreprises, on trouve pêle-mêle Électronique Serge Dassault, le spécialiste des terminaux de paiement ingénico, Hewlett-Packard et la Télémécanique. « Cette installation, initialement vouée au téléphone et à un unique client, les P.T.T., voyait son plan de charges diminuer d'un tiers tous les ans, explique M. Pierre Gosselin, directeur industriel et de la qualité chez Thomson-C.S.F. À partir de ses atouts technologiques, elle s'est transformée en producteur d'électronique professionnelle. Si nous n'avions rien fait, les 1 350 salariés de 1984 ne seraient plus que 450 aujourd'hui. »

Les entreprises restent peu loquaces sur le sujet. Car une interrogation flotte toujours dans l'air : la sous-traitance constitue-t-elle une fin en soi, ou préfigure-t-elle un largage progressif des usines concernées ? Thomson-C.S.F., par exemple, n'exclut pas de céder un jour Laval. « Lorsqu'elle tourne à 80 %, une usine d'électronique atteint souvent un seuil critique qui implique, sinon sa condamnation, du moins une cession probable », estime M. Duchamp. La sous-traitance peut constituer un excellent test pour un acquéreur éventuel. C'est peut-être le calcul que font les Japonais, qui recherchent en France des entreprises prêtes à fabriquer leurs produits.

Véronique GROUSSARD, *Le Nouvel Économiste,* n° 626, 15-01-1988.

• Avant de commencer à lire le texte, assurez-vous de bien savoir ce qu'est :

– un donneur d'ordre ;
– un sous-traitant ;
– un plan de charge.

• La situation d'un certain nombre d'usines d'électronique évoquée dans le texte correspond-elle à celle de « La Téléphonie du Midi » ?

• Comment réagissent les grandes entreprises face à la diminution de leur plan de charge ? Comment avaient réagi les dirigeants de « La Téléphonie du Midi » ?

• Dans ce texte alternent des énoncés qui traitent du problème de la sous-traitance au plan le plus général et d'autres qui constituent des exemples, et se situent au niveau du cas particulier. Barrez cette dernière catégorie d'énoncés et relisez le texte qui subsiste. S'agit-il d'un texte cohérent ? Quelle est sa valeur d'information par rapport à la version initiale ?

2. TÉLÉMÉCANIQUE : LE RESPECT

Tous les analystes financiers le disent : la politique sociale de la Télémécanique constitue son vrai « trésor caché » (*Libération* du 14 février). Quatorze ans après, retour dans l'usine où j'avais travaillé. Un seul constat, unanime, des anciennes : « L'ambiance, tout, c'est encore mieux qu'avant ! » Et tristesse générale « Avec Schneider, on va perdre notre liberté. » Souvenirs. À la recherche du plaisir passé.

D'emblée, le bruit fracassant des machines ! L'odeur du fer et de la graisse surchauffée. La profusion des couleurs, rouge, vert, or. Fuir ? Je recule de trois pas. Une femme d'une quarantaine d'années, ronde et souriante, étonnamment calme au milieu de ce chaos, s'avance vers moi main tendue : « Vous venez d'être embauchée ? » J'acquiesce. « Vous avez de la chance, ici vous serez bien, on est heureux. » C'est exactement l'inverse de ce que m'ont toujours dit, en guise d'accueil, les ouvriers, employés, partout où j'ai bossé avant : usines de chaussures, de porcelaine, ateliers de couture, mais aussi bureaux, banque, services municipaux, hospitaliers. Heureux, ici, à la chaîne, dans ce boucan monstrueux ! Elle plaisante ! Mais déjà un chef d'équipe m'entraîne et me conduit à mon poste de travail.

La machine est énorme, couleur acier, couleur noire. Elle a des bras, des leviers, toutes sortes de manettes, et quand je vois ce qu'elle fait : planter un minuscule rivet dans un bout de plastique, je la trouve ridicule, gauche… Une masse pareille pour produire ça ! On me montre ce que je dois faire : huit gestes. À répéter des milliers de fois. Et au bout de la journée, un compte de pièces à fournir. Parole, je ne tiendrai pas une demi-heure ici ! Le type sourit à côté de moi : « Vous en faites pas, ça vient vite, et puis surtout, prenez votre temps, on n'est pas pressé. » Avant de partir, il me montre une porte au bout de l'atelier : « Ici, on n'a pas le droit de fumer, si sous voulez griller une cigarette, vous allez aux toilettes. Personne ne vous dira rien. » Sympa ce mec ; bizarre ; je regarde autour de moi, des dizaines de femmes s'affairent sur leurs machines ; quand nos regards se croisent, mes proches voisines sourient. Ça aussi, c'est inhabituel dans une usine le premier jour. Bon, voyons cette machine, tout compte fait, elle a comme un air sympa elle aussi. Je me lance. En trois jours, j'ai été capable de produire le rendement demandé. Plus tard j'ai pu, certains jours, aller assez vite pour me ménager une heure et même deux, pour bavarder, décompresser, une fois mon rendement obtenu pour la journée. C'est dire qu'à la Télémécanique on ne vous assassine pas par le travail.

C'était il y a quatorze ans et j'avais décidé d'y bosser un mois, histoire de me faire de l'argent de poche pour mes vacances. J'y resterai un an et demi, et jamais nulle part après, éducatrice, employée de bureau, journaliste, je n'ai eu autant de bonheur à travailler. De ce temps passé à la Télémécanique je garde toutes sortes de souvenirs précieux, dont trois essentiels, qui, sans aucun doute, réunis, forment le « trésor caché de la Télémécanique ». En premier, le bruit et l'odeur des machines, le plaisir sensuel à les manier dans une cadence qui n'avait rien d'infernal, une intelligence des mains, une mobilisation de tout le corps, sommé de trouver le geste sobre, précis, exact, qui au bout du compte va nous faire gagner des heures de travail. Une véritable éducation qui me sert encore aujourd'hui dans tous les actes de la vie quotidienne.

Mais ce boulot, tout agréable qu'il fût, si j'avais dû y passer une journée entière, rivée à cette machine, je l'aurais haï. Gagner sa vie à la perdre, huit heures/midi, deux heures/six heures, et le lendemain on recommence. Non ! Jamais ! Je n'ai pas eu à le haïr ce boulot, parce qu'à la Télémécanique on ne vole pas la vie des salariés. Et c'est le deuxième point essentiel : on y travaille six heures par jour. De sept heures à une heure, une semaine, et la semaine suivante, on bossait de une heure à dix-neuf heures. Et ça, à un salaire de base nettement supérieur au SMIC ! Vous imaginez ce que c'est : ne travailler que le matin ou l'après-midi ! Une semaine de trente heures et le reste du temps libre pour les copains, flâner, faire ce dont on a envie, tranquilles, disponibles... un salaire honnête en poche. Pouvoir vivre. C'est beaucoup, non ?

Mais il y avait mieux à la Télémécanique, il y avait le respect. Ce qu'on appelle aujourd'hui, au mieux, la politique sociale, au pire le paternalisme de cette boîte pas comme les autres. Le 13 mars, à l'émission « Enjeux », on interroge une salariée : « Mais qu'est-ce qui vous séduit dans la Télémécanique ? » Tout de suite elle répond : « On nous respecte. » Elle n'a pas dit le travail, les horaires, les avantages sociaux, la participation des salariés, toutes de très bonnes raisons qu'elle aurait pu balancer en premier lieu, celles dont tout le monde parle, sans voir l'essentiel. Non, elle a dit : « On nous respecte ! » Et ça, c'est le troisième point et c'est intraduisible ! Comment expliquer ce sentiment bizarre qu'on éprouvait ? Disons que, pas une fois, on ne s'est senti diminué de faire notre boulot. Pour qui, comme moi, a connu l'ambiance archaïque des bureaux (service des compensations) dans une grande banque, le poids écrasant de la hiérarchie, le mépris des cadres pour les gratte-papier que nous étions ; pour qui a connu des usines plus traditionnelles, avec leurs cohortes de petits chefs, la haine, l'agressivité à fleur de peau, la mine perpétuellement défaite, triste, des salariés, notre surprise est intraduisible.

Au début, franchement, on ricanait, on murmurait « paternalistes » dans leurs dos. On était goguenardes : « Ça va pas durer. » Mais ça durait. Incompréhensible pour nous, comme allant de soi pour eux. Souvent, irrégulièrement, les contremaîtres faisaient arrêter les chaînes. Réunion : ouvriers, chefs d'ateliers, cadres. Ils expliquaient l'usine, ses investissements, notre intéressement à l'entreprise. D'autre fois, ils faisaient circuler des questionnaires : de quelle couleur voulez-vous qu'on repeigne l'usine ? Et votre poste de travail ? Et qu'est-ce qui vous déplaît, qu'on pourrait modifier ? Et ils tenaient compte de nos réponses. Si une femme avait l'air fatigué, il y en avait toujours un pour le voir : « Rentrez chez vous, allez vous reposer. » Je n'exagère pas, c'est pas des blagues, c'est pas du détail, encore moins du paternalisme. C'était humain et chaleureux.

En trois mois nous fûmes conquises. Nous, c'était la petite équipe d'une cinquantaine de femmes qui constituait le groupe de démarrage de la Télémécanique à Limoges en 1974. Au bout d'un an et demi j'avais « l'esprit Télémécanique ».

Quatorze ans après, je me sens toujours un peu télémécanicienne. Et je crois que l'O.P.A. lancée par Schneider va provoquer des dégâts considérables. La restructuration risque d'entraîner licenciements, baisse des salaires, mais surtout, il y aura d'autres responsables, d'autres mœurs, beaucoup plus pragmatiques. Alors, adieu respect ! Bosser à la chaîne, ça deviendra comme partout ailleurs : contraintes, peines, aliénations, parce qu'en enlevant le respect, ils vont enlever le plaisir, la joie du travail. Comme à des millions de gens à qui on a enlevé le goût du manuel en les méprisant copieusement. C'est pourquoi, au bout du compte, vouloir ces richesses, prendre la Télémécanique de force, d'assaut, c'est un énorme gâchis, mais surtout une lamentable erreur financière. En effet son « trésor caché » n'étant pas d'espèces sonnantes, comme tout ce qui a une réelle valeur, il est d'essence morale, personne ne peut y accéder s'il n'a été accepté, initié par les salariés. Une fois dans la place, Schneider et ses hommes ne trouveront rien. Ils croiront avoir affaire à des salariés comme les autres (des grévistes c'est banal), les traiteront comme les autres et eux se mettront à travailler comme les autres, c'est-à-dire mal, à contrecœur, sans rien « produire ». Vainqueur ou pas, Schneider a déjà perdu la Télémécanique.

M.-J. BERNA (Nemours), Lettre adressée à *Libération* à l'occasion de la tentative de prise de contrôle par O.P.A. (Offre publique d'achat) de Télémécanique par Schneider, 14-04-1988.

❏ POUR SITUER LE TEXTE

• Le thème est abordé au niveau :
❏ du cas particulier
❏ de la règle générale
• Le thème est traité sous la forme :
❏ d'une narration
❏ d'une description
❏ d'une explication
❏ d'un commentaire
• Le texte est rédigé :
❏ à la forme personnelle
❏ à la forme impersonnelle

❏ POUR COMPRENDRE LE TEXTE

– Qui écrit ? un homme ? une femme ?
– Quels sont les épisodes de la vie de l'auteur qui sont rapportés ?
– Quels sont les qualificatifs utilisés pour caractériser la situation et le vécu de l'auteur à Télémécanique ? Quels qualificatifs utilise-t-on habituellement pour évoquer le travail en usine ?
– En contraste, quelle image donne-t-on de l'entreprise traditionnelle ?
– Quel est le sens de la dernière phrase ?

Expression écrite

Essayez de réécrire ce texte, à la manière d'un article publié dans un magazine comme *Le Nouvel Économiste,* c'est-à-dire :

– se situant au niveau du cas général ;

– sous forme d'une explication/commentaire ;

– à la forme impersonnelle.

7

Élections

●

1 – La campagne électorale

I. Les thèmes de la campagne
II. Présentation des candidats

●

2 – Les débats

I. Les parcours argumentatifs
II. Le déjeuner-débat
III. Pratiques

Le fondement du pouvoir politique dans une démocratie de type parlementaire repose sur le suffrage universel. Celui-ci s'exprime à l'occasion d'élections. À tous les niveaux, depuis l'élection du président de la République jusqu'à l'élection municipale dans la commune la plus modeste.

Très importantes de ce point de vue sont les élections législatives, celles qui permettent d'élire les députés à l'Assemblée nationale. Les députés sont en effet chargés de voter les lois, d'approuver ou de condamner la politique du gouvernement.

Pour être élu député à l'Assemblée nationale, il faut se présenter dans une circonscription législative. Elles sont plus ou moins nombreuses selon le nombre d'habitants du département. Ces circonscriptions sont constituées par le rassemblement de plusieurs cantons (division qui rassemble un certain nombre de communes à l'intérieur d'un département). On peut d'ailleurs en modifier la physionomie à l'occasion d'un changement de la loi électorale.

Lexique

– ÉLECTEUR (-TRICE)
– ÉLECTORAT ; CORPS ÉLECTORAL
– VOIX ; VOTE ; BULLETIN DE VOTE ; URNE
– SCRUTIN
– TOUR (premier, deuxième) ; REPORT (de voix)
– ÉLIRE ; ÉLECTION ; RÉÉLIRE ; RÉÉLECTION
– ACCORDER SA CONFIANCE À ; APPORTER SES SUFFRAGES À ; VOTER POUR ; S'ABSTENIR
– CANDIDAT (E) ; CANDIDATURE (au siège de)
– BRIGUER / CONVOITER (le siège de)
– SIÈGE : SIÉGER À (l'assemblée, au conseil…) ; EXERCER UN MANDAT DE
– PERDRE / RETROUVER (son siège de…)
– CAMPAGNE ÉLECTORALE / POUR LES ÉLECTIONS (cantonales, municipales, régionales, législatives, européennes, présidentielles)
– RECUEILLIR (X % des voix, X voix)
– MOBILISER (les voix, les électeurs, l'électorat)

– RÉALISER UN SCORE (important, remarquable, faible…) ; AMÉLIORER (son score)
– PARTICIPATION / ABSTENTION (des électeurs)
– AFFRONTER X ; S'OPPOSER À X ; SE MAINTENIR DEVANT X ; SE DÉSISTER / DÉSISTEMENT
– DEVANCER X ; ARRIVER EN TÊTE (au 1er tour) ; BALLOTTAGE
– SUCCÈS ; VICTOIRE ; TRIOMPHE (remporter un…) ; AVOIR LA MAJORITÉ
– SORTIR VAINQUEUR DE ; L'EMPORTER SUR X ; CONQUÉRIR
– BATTRE X ; RAVIR À X SON SIÈGE DE ; TENIR X EN ÉCHEC
– PRENDRE SA REVANCHE SUR X ; ÉLIMINER X
– TRIOMPHER DE X (de la liste X) ; élection SE TERMINER À L'AVANTAGE DE
– EMPORTER LE SIÈGE DE ; LA MAIRIE DE…
– DÉCEPTION ; DÉCONVENUE ; DÉFAITE ; ÉCHEC (subir / connaître) ; PERTE / CONQUÊTE
– ÉCHOUER / S'INCLINER DEVANT X
– PERDRE (devant X ; son siège ; les élections)

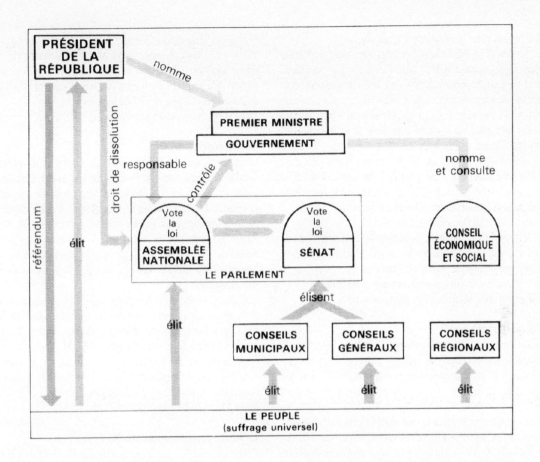

La carte de visite des partis

Le PS (parti socialiste)

En 1905, Jean Jaurès regroupe les différents mouvements socialistes en un parti socialiste, section française de l'Internationale ouvrière (SFIO), formation qui se veut révolutionnaire et se réfère au marxisme. En juillet 1969, lors du congrès d'Issy-les-Moulineaux, la SFIO, dirigée par Guy Mollet, et l'Union des clubs pour le renouveau de la gauche, présidée par M. Alain Savary, s'associent pour créer le nouveau parti socialiste, que rejoignent, en juin 1971, au congrès d'Épinay-sur-Seine, M. François Mitterrand et ses amis de la Convention des institutions républicaines.

Référence idéologique : le socialisme démocratique.

Principaux dirigeants : Jean Jaurès (1905-1914), Léon Blum (1920-1940), Guy Mollet (1946-1969), M. François Mitterrand (1971-1981), M. Lionel Jospin (depuis 1981).

Représentation : 203 députés ; 64 sénateurs ; 5 présidents de conseil régional ; 23 présidents de conseil général ; 60 maires de communes de plus de trente mille habitants.

Siège : 10, rue de Solférino, 75007 Paris.

Le PCF (parti communiste français)

Le parti communiste français (PCF) est né, en décembre 1920, de la scission du parti socialiste SFIO lors de son congrès, réuni à Tours. Après le départ des minoritaires conduits par Léon Blum, hostiles à l'adhésion de la SFIO à la IIIe Internationale qu'a fondée Lénine au lendemain de la révolution soviétique, la majorité du congrès, favorable à ce ralliement, crée la section française de l'Internationale communiste (SFIC), qui prend, en janvier 1921, le nom de parti communiste.

Référence idéologique : le « socialisme scientifique », autrement dit le marxisme-léninisme.

Principaux dirigeants : Ludovic-Oscar Frossard, secrétaire général à la fondation du parti ; Maurice Thorez, secrétaire général de 1931 à 1964 ; Waldeck-Rochet (1964-1970) ; M. Georges Marchais (depuis 1970).

Représentation : 35 députés ; 15 sénateurs ; 2 présidents de conseil général ; 53 maires de communes de plus de trente mille habitants.

Siège : 2, place du Colonel-Fabien, 75019 Paris.

L'UDF (union pour la démocratie française)

Le 1er février 1978, MM. Jean Lecanuet, président du Centre des démocrates-sociaux (CDS), Jean-Pierre Soisson, secrétaire général du parti républicain (PR), et Jean-Jacques Servan-Schreiber, président du parti radical, présentent quatre cent cinq candidats aux élections législatives de mars 1978 sous le sigle UDF (en référence au livre du président de la République, M. Valéry Giscard d'Estaing, *Démocratie française*) et après arbitrage sous l'autorité de M. Raymond Barre, Premier ministre. La confédération est constituée par le PR, le CDS, le parti radical, le parti socialiste-démocrate, les clubs Perspectives et Réalités et les adhérents directs.
Président : M. Jean Lecanuet (depuis 1978).
Représentation : 132 députés ; 144 sénateurs ; 14 présidents de conseil régional ; 42 présidents de conseil général ; 38 maires de communes de plus de 30 000 habitants.
Siège : 42 *bis*, boulevard Latour-Maubourg, 75007 Paris.
L'UDF réunit donc les principaux partis suivants :

Le PR (parti républicain)

Partisans du « oui » au référendum de 1962 sur l'élection du président de la République au suffrage universel, contre l'avis de la majorité des parlementaires du Centre national des indépendants et paysans, une trentaine de députés de ce parti forment, sous la houlette de M. Valéry Giscard d'Estaing, un nouveau groupe parlementaire, les républicains indépendants, puis créent, en 1966, la Fédération nationale des républicains indépendants. Celle-ci, dirigée par M. Jean-Pierre Soisson, s'associe au Comité national de soutien à M. Giscard d'Estaing, à Génération sociale et libérale (jeunes giscardiens) et au club Agir pour l'avenir, pour constituer, lors du congrès de Fréjus, en mai 1977, le parti républicain.
Référence idéologique : le libéralisme.
Principaux dirigeants : MM. Valéry Giscard d'Estaing, Michel Poniatowski ; puis MM. Jean-Pierre Soisson (1977-1978), Jacques Blanc (1978-1982) et François Léotard (depuis 1982).
Représentation : 56 députés ; 45 sénateurs ; 6 présidents de conseil régional ; 13 présidents de conseil général ; 10 maires de communes de plus de 30 000 habitants.
Siège : 3, rue de Constantine, 75007 Paris.

Le CDS (centre des démocrates-sociaux)

Héritiers du Mouvement républicain populaire (MRP), parti démocrate-chrétien créé à la Libération, qui a présenté la candidature de M. Jean Lecanuet à l'élection présidentielle de 1965, le Centre démocratie et progrès, animé par Jacques Duhamel, qui a soutenu la candidature de Georges Pompidou en 1969, et le Centre démocrate, présidé par M. Lecanuet, qui a défendu celle de M. Valéry Giscard d'Estaing en 1974, fondent, en mai 1976, lors du congrès de Rennes, le Centre des démocrates-sociaux.
Référence idéologique : le catholicisme social.

Principaux dirigeants : Georges Bidault, Robert Schuman, puis M. Jean Lecanuet et, depuis 1982, M. Pierre Méhaignerie.
Représentation : 38 députés ; 70 sénateurs ; 4 présidents de conseil régional ; 17 présidents de conseil général ; 14 maires de communes de plus de 30 000 habitants.
Siège : 205, boulevard Saint-Germain, 75007 Paris.

Le PR (parti radical)

Le parti radical est né, en 1901, de la fusion de plusieurs sociétés de pensée qui ont en commun leur anticléricalisme. En juillet 1972, les radicaux favorables au programme commun du gouvernement du PS et du PCF quittent leur parti et créent le Mouvement des radicaux de gauche, présidé par M. Robert Fabre. Le parti radical, dirigé par M. Jean-Jacques Servan-Schreiber, défend, lui, une ligne centriste et soutient, en 1974, la candidature de M. Valéry Giscard d'Estaing à l'élection présidentielle.
Référence idéologique : le républicanisme laïc et social.
Principaux dirigeants : Édouard Herriot, Édouard Daladier, M. Edgar Faure, Pierre Mendès France ; puis MM. Jean-Jacques Servan-Schreiber et, depuis 1983, M. André Rossinot.
Représentation : 3 députés ; 18 sénateurs ; 1 président de conseil régional ; 2 présidents de conseil général ; 9 maires de communes de plus de 30 000 habitants.
Siège : 1, place de Valois, 75001 Paris.

Le RPR (rassemblement pour la République)

Créé en avril 1947 par le général de Gaulle, le Rassemblement du peuple français (RPF) a pris plusieurs appellations (Union pour la nouvelle République en 1958, Union des démocrates pour la République en 1968) et s'est finalement transformé, le 5 décembre 1976, à la porte de Versailles à Paris, en Rassemblement pour la République :
Référence idéologique : le gaullisme.
Principaux dirigeants : Charles de Gaulle, Georges Pompidou, puis Jacques Chirac depuis 1974.
Représentation : 154 députés ; 77 sénateurs ; 6 présidents de conseil régional ; 24 présidents de conseil général ; 47 maires de communes de plus de 30 000 habitants.
Siège : 123, rue de Lille, 75007 Paris.

Le FN (front national)

Dans la lignée de la droite « nationale » d'avant-guerre, le Front national est né, en octobre 1972, d'une alliance de mouvements et personnalités d'extrême droite en vue des élections législatives de 1973.
Référence idéologique : le « nationalisme ».
Principal dirigeant : M. Jean-Marie Le Pen.
Représentation : 33 députés.
Siège : 8, rue du Général-Clergerie, 75116 Paris.

Le Monde, 13/14-03-1988.

1 - LA CAMPAGNE ÉLECTORALE

Pour emporter le suffrage des électeurs, *il faut mener campagne, ce que l'on appelle une campagne électorale. Il faut rencontrer les gens, leur parler, les écouter, en un mot il faut les convaincre de voter pour vous. Autrement dit sélectionner les arguments qui portent, adapter son discours à son auditoire, dissuader les gens de ne pas voter pour l'adversaire.*

Nous allons nous intéresser ici à une circonscription que nous connaissons bien, celle de Saint-Hilaire-de-Lanzac (cf. leçon 6). Les élections législatives sont là et le député Robert Marzac (centriste, UDF) va essayer de défendre son siège face à un nouveau candidat, Gérard Perrin (gauche PS), bien décidé à redonner à la gauche un siège qu'elle a perdu il y a une dizaine d'années.

I. LES THÈMES DE LA CAMPAGNE

Consignes générales

À partir des différents documents (La carte de visite des partis, documents 1 et 2) et des renseignements dont vous disposez sur la circonscription de Saint-Hilaire, vous allez d'abord essayer de préciser les thèmes de la campagne de chacun des deux principaux candidats en tenant compte :

– de leur appartenance politique (cf. La carte de visite des partis)
– de leur clientèle électorale (cf. document 1) traditionnelle et de la population de leur circonscription ;
– des sujets de préoccupation des électeurs :

　au niveau local (cf. leçon 6), avec notamment le problème du chômage et de la fermeture possible de « La Téléphonie du Midi » ;

　au niveau national (cf . leçon 2) ;

– de la mentalité des principaux groupes d'électeurs et des styles de vie qui s'y rattachent (cf. leçon 2, pp. 49-50).

Le discours que devra tenir chacun des candidats :

– s'appuiera sur les convictions politiques de chacun ;
– s'adaptera aux préoccupations, à l'attitude de l'auditoire.

N'oubliez pas non plus qu'il est extrêmement rare qu'une élection législative, au moins au premier tour, n'oppose que deux candidats. On trouvera le plus souvent un candidat communiste, un candidat du Front national, un candidat écologiste, on peut aussi trouver un candidat RPR, la droite n'étant pas toujours unie, d'où les jeux de désistements pour le second tour.

DOCUMENT 1

QUI A VOTÉ QUOI						
	PC	PS	RPR/UDF	FN	Autres	Total
Ensemble	10	32	42	10	6	100%
Selon le sexe						
Hommes	12	30	40	12	6	100%
Femmes	7	34	45	7	7	100%
Selon l'âge						
Moins de 25 ans	6	40	38	9	7	100%
25 à 34 ans	12	41	30	8	9	100%
35 à 49 ans	10	33	40	9	8	100%
50 à 64 ans	9	25	49	12	5	100%
65 ans et plus	10	23	53	9	5	100%
Selon la profession de l'électeur						
Agriculteurs	7	21	54	11	7	100%
Commerçants Artisans	5	14	61	14	6	100%
Professions libérales-cadres supérieurs	4	32	49	9	6	100%
Cadres moyens	9	38	36	10	7	100%
Employés	12	44	33	7	4	100%
Ouvriers	20	34	29	11	6	100%
Personnel de service	15	31	40	6	8	100%
Sans profession	11	29	45	9	6	100%
Selon le statut						
Chômeurs	13	33	33	14	7	100%
Salariés secteur privé	11	31	39	12	7	100%
Salariés secteur public	12	46	28	7	7	100%
Indépendants	6	21	53	13	7	100%
Etudiants	4	41	43	5	7	100%
Femmes au foyer	6	26	52	8	8	100%

Libération, 18 mars 1986

La politique et les mots pour la dire

La question posée : « Pour chacun des mots suivants, quelle est la définition que vous en donnez ? »

La méthode de l'enquête

Une liste de vingt mots-clés du débat politique français a été soumise à 1 070 personnes constituant — selon la méthode des quotas (sexe, âge, catégories socio-professionnelles, habitat, région) — un échantillon national représentatif de la population française inscrite sur les listes électorales. L'enquête a été réalisée par IPSOS du 1er au 5 février 1988. Les enquêteurs n'ont présenté, aux personnes interrogées, aucune proposition de réponse. Ils ont enregistré les définitions personnelles données pour chaque mot de la liste et noté les cas de non-réponse.

Plus de 21 000 réponses ont été ainsi recueillies. Les définitions spontanément données par les personnes interrogées ont fait l'objet d'une codification afin de faire apparaître, pour chacun des vingt mots analysés, les dix à quinze formulations significatives qui ressortent de manière dominante. Pour chaque groupe de définition ainsi établi, les résultats globaux ont été ventilés selon deux critères : la proximité de la personne interrogée avec l'un des cinq grands courants politiques, et l'intérêt qu'elle porte à la vie et à l'actualité politiques.

Nationalisations

	Ensemble
L'Etat acquiert, achète certaines sociétés privées	14
C'est tout ce qui appartient à l'Etat	9
Lorsque l'Etat s'empare des industries, lorsqu'il met des entreprises sous sa coupe	9
Une entreprise gérée, dirigée par l'Etat	8
Etatisation	6
Une régression, la suppression de l'esprit d'entreprise	6
Ce qui appartient à la nation, à la communauté, à nous tous	6
Donner la nationalité française aux étrangers	5
Ne se prononcent pas	12

Sécurité

	Ensemble
Plus de moyens pour la police ; donner des moyens d'agir aux forces de l'ordre	24
Se sentir protégé, être protégé	17
Protection des biens et des citoyens par l'Etat	10
Avoir, trouver un travail stable. Ne pas être, ne plus être au chômage	8
Vivre sans peur, en paix, tranquille	6
Se sentir en confiance dans la rue	6
Ne se prononcent pas	7

Les mots qui parlent le plus

La liste des vingt mots testés était proposée dans l'ordre alphabétique aux personnes constituant l'échantillon représentatif. A partir de là, un autre ordre s'impose rapidement : il y a des mots qui parlent, et pour lesquels une idée vient aussitôt à l'esprit, et les mots qui inspirent peu ou ne disent rien. Fondée sur le pourcentage de non-réponses, la hiérarchie des termes du débat politique qui ne laissent pas muettes les personnes interrogées s'établit comme suit :

	Non-réponses %
Chômage	1
Sécurité	7
Cohabitation	8
Acquis sociaux	10
Fiscalité indirecte	12
Nationalisation	12
Privatisation	12
Traitement social du chômage	15
Civisme	18
Participation	19
Décentralisation	20
Marché unique européen de 1992	20
Plan	21
Petit porteur	22
Protectionnisme	24
Alternance	26
Déréglementation	36
Etat-providence	42
Noyau dur	52
Bipolarisation	54

Etat-providence

	Ensemble
Etat bienfaiteur, qui aide tout le monde, qui vient au secours de tous	12
Etat qui supprime les responsabilités des individus	8
Fatalité du ciel, imprévu, inattendu, incertitude divine	7
Etat idéal	5
Une utopie	5
Ne se prononcent pas	42

Noyau dur

	Ensemble
Personne bornée, qui ne transige pas	9
Les ultras, les dogmatiques de chaque parti	5
Des extrémistes, quel que soit leur bord	5
Les quelques groupes financiers qui contrôlent toujours tout	4
Noyau d'un fruit	4
Noyau de soutien pour une privatisation	3
Ne se prononcent pas	52

Petit porteur

	Ensemble
Petit actionnaire en Bourse	31
Petit épargnant, ceux qui placent un peu d'argent à la caisse d'épargne	9
Les déçus, les ruinés, les bluffés du krach boursier	8
Ceux qui ont acheté des actions au moment des privatisations	7
Ne se prononcent pas	22

Privatisation

	Ensemble
Vente d'une entreprise publique au privé	31
Désétatisation, dénationalisation, contraire de nationalisation	12
Capitalisme, libéralisme	8
Rendre libre, responsable, autonome	7
Echec, je suis contre	6
Plutôt une bonne chose, mais il peut y avoir des déceptions	5
Ne se prononcent pas	12

Acquis sociaux

	Ensemble
La sécurité sociale, les allocations familiales, la santé gratuite	20
Ce qu'ont gagné les ouvriers, les travailleurs, le résultat des luttes sociales	14
Une amélioration générale, une garantie pour la vie, ce qui permet de vivre mieux	10
Les biens, les avantages acquis par les citoyens	9
Les congés payés, la cinquième semaine, les trente-neuf heures, la retraite à soixante ans	8
Des droits irréversibles, inaliénables	7
Ne se prononcent pas	10

Chômage

	Ensemble
Se trouver sans travail	26
Une catastrophe, le problème le plus difficile, un cataclysme	18
Un mal de civilisation, le SIDA de la société	11
Un manque d'emplois	10
La récession, la pauvreté, la misère des familles	7
Ne pas trouver d'emploi, chercher un emploi sans y arriver	6
Ne se prononcent pas	1

Cohabitation

	Ensemble
Habiter ensemble, vivre à plusieurs sous un même toit	22
Quand deux groupes politiques opposés s'entendent pour gérer le pays ensemble	16
Le président d'un bord, le premier ministre de l'autre	10
Un pré-divorce, ça ne durera pas	8
Etre tolérant envers les autres, se supporter les uns les autres	7
Une entente générale sur tout : le consensus	6
La gauche et la droite vivant en bonne entente	5
Ne se prononcent pas	8

Décentralisation

	Ensemble
Régionaliser, donner du poids aux régions	15
Que tout ne vienne pas de Paris, ne pas tout donner à Paris	10
Déplacer les entreprises vers la province	9
Partager, distribuer les responsabilités	6
Une bonne chose qu'il faudrait plus développer	5
Ne se prononcent pas	20

Plan

	Ensemble
Projet, idée	13
Prévisions pour l'avenir d'un pays	8
Placement financier (PER, PEL)	7
Planning, démarche à suivre	7
Programme d'avenir sur plusieurs années, avec des objectifs à durée déterminée	7
Ensemble des dispositions arrêtées en vue de l'exécution d'un projet	7
Schéma pour construire une maison	6
Ne se prononcent pas	21

Traitement social du chômage

	Ensemble
Toutes les mesures financières prises pour les chômeurs, les allocations-chômage, l'indemnisation des chômeurs	23
Aider les chômeurs à trouver un emploi	10
Faire baisser le nombre des chômeurs	8
L'ANPE, les ASSEDIC, le FNS	8
Les petits boulots, les stages d'insertion	6
Mal géré, inefficace parce que mal fait	5
Une fausse solution, une illusion	5
Cela déresponsabilise les chômeurs, ça leur donne envie de ne pas travailler	5
Ne se prononcent pas	15

Le Monde, 13/14-03-1988.

II. PRÉSENTATION DES CANDIDATS

Un candidat doit se présenter à ses électeurs. Il doit tout d'abord rappeler les **aspects les plus caractéristiques de sa vie** (origines, études, activités professionnelles, etc.), signaler ses **engagements politiques** et enfin justifier sa candidature à Saint-Hilaire par l'existence d'**attaches personnelles** avec la région (famille, résidence, etc.), surtout si le candidat est « parachuté », c'est-à-dire s'il vient d'une autre région et qu'il a été envoyé à Saint-Hilaire par son parti.

Vous allez rédiger la biographie de chacun des deux candidats, biographie qui doit être imprimée et diffusée un peu partout dans la circonscription.

À cet effet :

1. Reprendre le schéma de vie p. 59. Quels sont les aspects qui seront retenus et ceux qui ne seront pas évoqués ? Quels sont ceux qui seront valorisés ?

2. Robert Marzac a 58 ans, Gérard Perrin a 44 ans. Situez leur vie par rapport aux événements les plus récents de l'histoire de France (cf. Chronologie, pp. 30-31). À quels événements ont-ils pu participer ? Quels sont ceux qui seront perçus favorablement par leurs électeurs ?

3. Pour préciser les goûts, type de caractère, etc., situez les deux candidats sur la Carte de France des styles de vie, p. 50. Robert Marzac pourrait être un **rigoriste responsable** et Gérard Perrin un **activiste entreprenant** (voir aussi pp. 51-52).

Pour vous aider dans ce travail et vous donner quelques repères, voici quelques brèves biographies politiques :

DOCUMENT 3

Strasbourg, Mme Catherine Trautmann (PS).

Née à Strasbourg le 15 janvier 1951, Mme Catherine Trautmann est titulaire d'une maîtrise de théologie protestante, spécialiste de langue et de littérature copte. Entrée au PS en 1977, rocardienne, elle est devenue en 1978 secrétaire de la section strasbourgeoise de La Robertsau. Elle a été élue conseillère municipale en 1983 sur la liste alors conduite par le député Jean Oehler (PS). En mars 1986, elle a accepté la deuxième place – réputée impossible – sur la liste du PS du Bas-Rhin aux législatives. Élue, elle a été député de mars 1986 à juin 1988. En mai 1988, elle est nommée secrétaire d'État auprès du ministre des Affaires sociales, chargé des personnes âgées et des handicapés. Battue aux législatives, elle perd son siège au gouvernement. À la fin de l'année, elle est nommée présidente de la commission interministérielle de lutte contre la toxicomanie.

Maubeuge : M. Alain Carpentier (PS).

Né le 7 juillet 1936 à Cambrai, M. Alain Carpentier, ancien instituteur, professeur de collège depuis 1961, a d'abord exercé des responsabilités syndicales dans le monde enseignant avant de s'engager dans la vie politique. Secrétaire départemental du SNI, dans le Nord, de 1969 à 1982, trésorier départemental de la FEN, M. Carpentier s'engage au parti socialiste quand il rencontre, en 1975, M. Pierre Bérégovoy, qui vient à la conquête de la ville de Maubeuge. Il travaille avec lui pour la campagne des municipales de 1977, puis pour les législatives de 1978, qui ne permettent pas à M. Bérégovoy de s'implanter. En 1982, M. Carpentier est élu conseiller général de Maubeuge-Nord. En 1983, il conduit la liste socialiste au premier tour des municipales et la liste d'union de la gauche au second, mais sans succès. Il est réélu conseiller général en 1988 et nommé vice-président chargé des Affaires économiques et de l'emploi. Le 19 mars, il emporte la mairie de Maubeuge détenue par M. Jean-Claude Decagny (PSD), à la faveur d'une triangulaire avec le Front national.

Valenciennes : M. Jean-Louis Borloo (div. d.).

Né à Paris le 7 avril 1951, M. Jean-Louis Borloo a fait ses études secondaires au lycée Janson-de-Sailly à Paris avant de suivre conjointement des études d'histoire, de philosophie, de droit et d'économie et de parfaire sa formation à l'Institut supérieur des affaires et à l'université de Manchester. Avocat au barreau de Paris depuis le 11 février 1976, il fonde un cabinet d'affaires de dimension internationale. Il a eu de ce fait à travailler pour M. Bernard Tapie, est intervenu comme conseil d'Investor dans la reprise de la bijouterie Chaumet, de PSM dans le dossier de la Chapelle Darblay, etc. M. Borloo, qui enseigne l'analyse financière à HEC-ISA, est coauteur d'un guide de subsidologie : *Comment trouver aides et financements ?* Membre de la commission PME du CNPF, il n'apparaissait pas jusqu'à présent comme un homme politique.

Il a cependant présidé le Nouveau contrat social d'Edgar Faure et participé à la création d'Espace libéral. En septembre 1986, il avait rédigé à l'intention de M. Madelin, ministre de l'Industrie, un rapport sur l'Agence nationale de la création d'entreprise. Ayant eu à connaître Valenciennes et sa région dans le cadre de ses activités professionnelles, il est sollicité en 1987 pour reprendre la présidence de l'Union sportive de Valenciennes, alors à la dérive. Il a devancé dès le premier tour le maire sortant RPR, M. Olivier Marlière, qui ne s'est pas maintenu au second tour.

DRÔME : Montélimar : M. Thierry Cornillet (UDF-rad.).

Né le 23 juillet 1951, M. Thierry Cornillet est titulaire d'un doctorat en sciences politiques et diplômé de l'Institut d'études politiques de Lyon. Nommé en 1976 chargé de mission auprès de M. Michel Poniatowski, ministre de l'Intérieur, puis de son successeur, M. Christian Bonnet, M. Cornillet devient, en 1980, chef du cabinet de M. Jean-François Deniau (UDF-PR), président du conseil général du Cher. Chargé de mission auprès de M. André Rossinot (UDF-rad.), maire de Nancy de 1981 à 1986, M. Cornillet est élu, parallèlement, conseiller municipal minoritaire à Montélimar en 1983. Aux élections cantonales de 1985, il élimine M. Maurice Picq (PS), président du conseil général de la Drôme, en se faisant élire dans le canton de Montélimar-II. Conseiller régional depuis 1986, M. Cornillet est appelé au cabinet de M. Yves Galland, secrétaire d'État chargé des collectivités territoriales. Vice-président du parti radical depuis l'élection de ce dernier à la tête de ce parti en décembre 1988, M. Cornillet était chargé de mission auprès de M. Paul Granet (UDF-rad.), président de la Compagnie nationale du Rhône, avant sa victoire à la mairie de Montélimar face à M. Maurice Picq.

Le Monde, Dossiers et documents. Spécial élections municipales,
avril 1989.

Robert MARZAC

Gérard PERRIN

Contrôle lexical

En reprenant les éléments de lexique de la p. 184, vous reprenez et commentez les résultats obtenus par les candidats dans le département des Pyrénées-Atlantiques :

1. Dans la 3e circonscription, Léon Costedoat ......

2. Les électeurs de la 6e circonscription ...... Michèle Alliot-Marie.

3. René Cazenave, dans la 1re circonscription ...... Jean Gougy.

4. Jean Gougy n'est pas parvenu à ...... des électeurs.

5. Dans la 6e circonscription, ... était arrivé en tête du 1er tour.

6. Au 1er tour, Raphaël Lassallette ...... par Michèle Alliot-Marie dans la 6e circonscription.

7. Dans la 4e circonscription, Michel Martin, du PC,, ... au 2e tour, bien que François Maïta ......

8. Dans la 5e circonscription, Jean-Pierre Destrade ...... Alain Lamassoure, malgré le ...... du candidat communiste.

9. Dans la 3e circonscription, André Labarrère a réussi à conserver son ...... face à ......

10. Entre le 1er et le 2e tour, la ...... des électeurs dans la 3e circonscription a augmenté.

11. Dans la 2e circonscription, François Bayrou a pu ...... au 2e tour grâce à une ...... plus forte de l'électorat.

12. Henri Prat, dans la 2e circonscription, a dû ...... devant François Bayrou.

2 - LES DÉBATS

I. LES PARCOURS ARGUMENTATIFS

Argumenter, comme nous l'avons déjà vu, c'est d'une certaine manière manifester et justifier un désaccord. Soit on est en désaccord complet avec ce qui vient d'être dit, et il s'agit alors d'une **réfutation** (noté R dans le tableau de la page suivante), soit le désaccord ne porte que sur un point particulier, il s'agit alors d'une **concession** (noté C).

Supposons un locuteur A qui énonce l'assertion suivante :

A 1 : *La reprise économique est incontestable.*

Son interlocuteur B peut :

– concéder (B 1, C 1) : *Peut-être, mais cette reprise est fragile.*

ou

– réfuter (B 1, R 2) : *Mais absolument pas ; il n'y a pas actuellement de reprise économique.*

A va réagir à son tour et peut (voir A 2) :

soit

– réfuter C 1 : *Pas du tout, la reprise économique s'appuie sur des bases très solides.* (A 2, R 1)

ou bien

– concéder C 1 : *Elle est certes fragile, parce que nous en sommes simplement au début, mais elle va se poursuivre et se maintenir.* (A 2, C 2)

ou bien

– réfuter R 2 : *Vous ne pouvez pas nier l'existence de cette reprise ; regardez les chiffres du chômage, du taux de croissance.* (A 2, R 3)

ou encore

– concéder R 2 : *Entendons-nous bien sur les mots ; une reprise économique assurée, peut-être pas ; mais une reprise quand même.* (A 2, C 4)

etc.

Ainsi, à chaque réplique, le locuteur peut soit réfuter le point de vue antérieur, et de la sorte déplacer le débat, ou l'arrêter, soit concéder l'exactitude de ce point de vue concernant certains de ses aspects. C'est ainsi qu'**un débat avance** et que se définit un **parcours argumentatif.**

EXERCICE 1

Voici maintenant un certain nombre d'assertions qui peuvent servir de point de départ à un débat. À partir de là, et par groupes de deux, vous allez organiser un parcours argumentatif, en essayant de tenir le plus longtemps possible, jusqu'à ce que l'un des deux interlocuteurs ne puisse plus répondre.

– L'intervention de l'État dans l'économie est une très mauvaise chose.

– Aider les chômeurs en leur versant des aides est une fausse solution. Ce qu'il faut, c'est relancer l'économie.

PARCOURS ARGUMENTATIFS

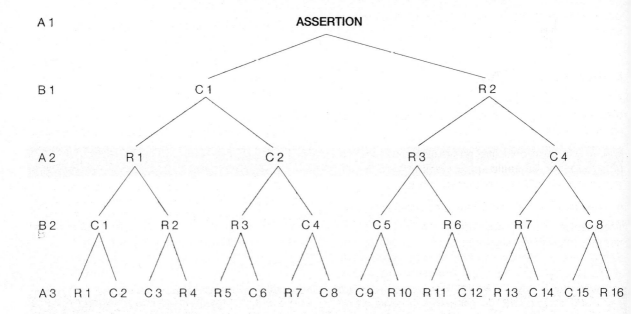

R pour réfutation
C pour concession

– Les centrales nucléaires représentent un terrible danger.

– Les hausses de salaires sont responsables de l'inflation.

– La situation des Français ces vingt dernières années s'est considérablement améliorée. Regardez le cas de Richard Schnell.

– Le déficit de la Sécurité sociale est intolérable.

– Les charges sociales des entreprises sont excessives.

– L'instauration du marché unique européen risque de décevoir beaucoup de gens.

– Ce n'est pas en limitant la vitesse des voitures qu'on diminuera le nombre des accidents de la route.

EXERCICE 2

Voici un certain nombre d'échanges. Identifiez pour chacun d'entre eux le parcours argumentatif retenu par les deux interlocuteurs. À cet effet, vous pouvez vous servir du code figurant sur le schéma ci-dessus.

ÉCHANGE 1

A – Si je présente ma candidature au siège de député de cette circonscription, c'est parce que le député sortant que vous êtes n'a pas su défendre les intérêts de la population.

B – Vous ne manquez pas d'audace ! Moi, je n'ai pas su défendre les intérêts d'une circonscription que je représente depuis dix ans ! Moi qui jusqu'à présent ai été élu chaque fois au 1er tour !

A – Peut-être avez-vous pu jusqu'à présent bénéficier de la confiance des électeurs. Mais après ce qui vient de se passer, croyez-moi, vous ne serez élu ni au premier tour ni au second.

B – Mais qu'est-ce qui vient de se passer ? L'usine est toujours ouverte. Au moins pour un an et d'ici là nous pourrons trouver de nouvelles solutions.

A – Je regrette. Elle n'est pas ouverte au moins pour un an. Vous avez tout juste obtenu un sursis d'un an avant sa fermeture, ce qui est tout à fait différent.

B – Oui, mais un an, c'est déjà beaucoup quand on sait ce qui était prévu au départ. Et nos interventions de ce point de vue-là ont été efficaces. Les électeurs le savent.

ÉCHANGE 2

A – Le site archéologique d'Allichamps n'a rien d'exceptionnel. La préservation des vestiges sur le site ne se justifie pas.

B – Le site n'est peut-être pas exceptionnel, mais il constitue par sa taille un ensemble tout à fait impressionnant qu'il faut absolument préserver.

A – Entendons-nous bien. Il n'est pas question de tout préserver. Des fouilles de sauvetage ont été entreprises.

Les vestiges les plus intéressants ont été recueillis. Tous les règlements ont été respectés.

B – Et nos projets de tourisme culturel, qu'en faites-vous ?

A – Je comprends votre déception, mais il existe dans votre commune d'autres sites que vous pouvez exploiter, notamment votre prieuré.

B – Non, mais il est tout de même extraordinaire d'entendre un responsable des services archéologiques trouver normale la destruction d'un site aussi intéressant.

A – Je regrette, mais je ne peux tout de même pas m'opposer à la construction d'une autoroute dès lors que la réglementation est respectée et que l'entreprise nous a permis de sauver ce qui était intéressant.

II. LE DÉJEUNER-DÉBAT

Les grandes réunions sont de moins en moins pratiquées par les candidats aux élections législatives, qui leur préfèrent de plus en plus le dialogue avec des personnalités jugées représentatives de l'endroit ou de la région et susceptibles par leur influence d'infléchir le vote des électeurs.

Parmi les techniques utilisées, le déjeuner-débat, qui permet de rencontrer autour d'une table un certain nombre de personnes auxquelles on pourra exposer son programme et échanger un certain nombre de points de vue. Imaginons donc un déjeuner-débat, avec un même public, et chacun de nos deux principaux candidats.

1. Préparez le débat

a) En grand groupe :

– déterminer le profil exact de chacun des participants (à l'exception des deux candidats qui sont déjà connus, voir plus haut p. 192). On en retiendra huit pour ne pas alourdir la séance. Ce sont des notables, plutôt conservateurs dans l'ensemble ;

– définir les thèmes qui seront abordés au cours de l'entretien, en distinguant :

➤ les thèmes relatifs à la politique et à la situation locale (cf. leçon 6, par exemple) ;

➤ les thèmes relatifs à la politique nationale (en fonction de l'actualité du moment et de la position des deux grandes tendances, droite et gauche, de la vie politique française) ;

– préciser le nombre des interventions (l'ensemble ne doit pas dépasser vingt minutes).

b) En groupes restreints :

– un groupe va préparer l'intervention initiale du candidat (cinq-six minutes environ) destinée à :

➤ rappeler les thèmes de la campagne (au plan national voir document 2) ;

➤ inciter à / dissuader de (voir pp. 174-175) en tenant compte de la position supposée de l'auditoire ;

– un groupe va travailler sur les questions à poser soit pour demander des précisions (problème des désistements au 2e tour par exemple), ou mettre l'orateur en difficulté (souligner des contradictions, cf. pp. 109 et suivantes).

2. À vous de jouer

En grand groupe :

– un groupe organise le débat ;

– un commentaire général est fait à l'issue du premier débat pour proposer des ajustements ou des corrections ;

– un autre groupe organise le débat.

Deux débats sont prévus :

– un débat avec Robert Marzac ;

– un débat avec Gérard Perrin ;

sachant que, dans le premier cas, l'auditoire sera plutôt favorable à Robert Marzac, alors que dans le second cas, avec Gérard Perrin, il lui sera sinon hostile, du moins méfiant ou réservé.

III. PRATIQUES

EXERCICE 1

Mettez en tête de la réplique OUI MAIS ou NON MAIS, selon la nature de l'échange.

– Vous n'avez pas réagi lorsque sont arrivées de Paris les premières rumeurs concernant la fermeture de l'usine.
– ...... à ce moment-là, il ne s'agissait que de rumeurs comme il en court beaucoup dans nos régions.

– Vous me dites que l'on aurait pu empêcher la fermeture de l'usine. J'aimerais bien savoir, moi, quels sont les pouvoirs d'un député dans ce domaine ?
– ...... ce que je voulais dire, c'est qu'une réaction plus rapide aurait permis d'envisager d'autres solutions.

– Je suis désolé, mais je ne vais pas arrêter le chantier et mettre 150 personnes en chômage technique pour vous permettre de chercher des morceaux de poteries ou je ne sais quoi encore !
– ...... la question n'est pas là. Il ne s'agit pas d'interrompre votre chantier, mais de nous laisser simplement le temps de faire une exploration rapide du terrain.

– Reconnaissez que la situation économique ces derniers temps s'est considérablement améliorée. La preuve, pour la première fois depuis longtemps, le nombre de chômeurs a diminué.
– ...... une telle amélioration reste très fragile et ne doit rien à la politique de votre gouvernement.

– C'est votre politique économique qui est responsable du développement du chômage dans notre région.
– ...... quel rapport y a-t-il, je vous le demande, entre la politique économique du gouvernement et la situation de l'usine de Saint-Hilaire ?

EXERCICE 2

Trouvez l'énoncé qui appelle chacune des répliques suivantes.

– ......
– Oui mais vous savez comme moi qu'il est très difficile d'obliger une société qui veut fermer une usine à la maintenir ouverte.

– ......
– Non mais ce que je veux dire, c'est que ce film, en dépit d'un scénario intéressant, est finalement très ennuyeux.

– ......
– Oui mais à vous entendre, il faudrait arrêter tous les travaux d'aménagements pour préserver les paysages naturels.

– ......
– Non mais ce que tu dis là n'a rien à voir avec mon problème. Je n'aime pas Paul, je ne l'aime pas, voilà tout !

– ......

– Non mais pourquoi faut-il toujours envisager l'hypothèse la plus catastrophique ? Pourquoi penser chaque fois que l'on construit un barrage qu'il y aura un tremblement de terre ?

EXERCICE 3

Complétez chacune de ces interventions en utilisant selon les cas MÊME ou AU MOINS.

– Tu vas arriver la veille au soir, mais ...... tu pourras passer une bonne nuit à te reposer.

– Tu arriveras le soir vers 7 heures. Tu auras ...... le temps d'aller au cinéma.

– Tu ne pourras pas voir tout ce que tu avais envie de voir, mais tu auras ...... le temps d'aller au cinéma.

– Je ne suis certes pas partisan de la peine de mort, vous le savez bien. Mais je pense qu'elle devrait être maintenue ...... pour les assassins d'enfants.

– Les fonctionnaires sont très déçus par votre politique. Ils ont ...... décidé de se mettre en grève.

– Vos électeurs, vous le savez, ont été très déçus par la politique de votre gouvernement. Ils risquent ...... de s'abstenir au 2ᵉ tour.

– Si tu pars assez tôt, tu arriveras à la gare avant les embouteillages. Tu pourras ...... prendre le train de 17 h 20.

– Il aurait mieux valu que ton avion arrive plus tôt. Mais ce n'est pas tellement grave. Tu pourras ...... prendre le train de 17 h 20.

EXERCICE 4

Précisez le sens de chacune de ces assertions.

Il est content de sa nouvelle secrétaire. Elle est au moins ponctuelle.

▶ signifie :

❏ que la secrétaire précédente n'était pas ponctuelle et qu'il s'agit là de la qualité principale de cette nouvelle secrétaire.

❏ que cette secrétaire a de nombreuses qualités ; en plus elle est ponctuelle.

Le maire de Saint-Hilaire est satisfait. Il a même évité la fermeture immédiate de l'usine d'électronique.

▶ signifie :

❏ que le maire aurait souhaité obtenir de meilleurs résultats. Mais il doit se satisfaire de celui-là.

❏ que le maire a déjà obtenu un certain nombre de résultats positifs. Celui-ci vient en plus.

Je ne regrette pas d'avoir changé de travail. Les horaires sont au moins plus commodes pour moi.

▶ signifie :

❏ que ce nouveau travail ne présente peut-être pas tous les avantages attendus.

❏ qu'en plus de différents avantages, ce travail offre des horaires plus commodes.

La dernière campagne de fouilles s'est bien passée. On a même pu mettre au jour les fondations du premier mur d'enceinte.

▶ signifie :

❏ que les résultats des fouilles n'ont pas été extraordinaires.

❏ que la découverte du mur d'enceinte est venue en plus d'autres découvertes.

Vous avez intérêt à accepter ce poste. Cela vous fera au moins une expérience nouvelle de travail.

▶ signifie :

❏ que le seul intérêt de ce poste est d'offrir une nouvelle expérience de travail.

❏ que ce poste présente déjà de nombreux avantages.

L'ouverture de cette mine d'uranium permettra même de créer un certain nombre d'emplois supplémentaires.

▶ signifie :

❏ qu'il s'agit là du seul effet positif de l'ouverture de cette mine.

❏ que l'ouverture de cette mine présente de nombreux avantages. Il faut y ajouter la création d'emplois.

EXERCICE 5

Sur le modèle suivant :

a) – En essayant de récupérer les voix communistes au second tour, je suis sûr d'avoir la majorité.

*– Je suis désolé. **Même** en essayant de récupérer les voix communistes au second tour, vous n'êtes pas assuré d'avoir la majorité.*

b) – Il ne faut pas oublier les voix communistes. Je peux les récupérer au second tour et être assuré d'avoir la majorité.

*– Je suis désolé. En essayant de récupérer **même** les voix communistes au second tour, vous n'êtes pas assuré d'avoir la majorité.*

c) – Oui, mais il y a le deuxième tour où je peux récupérer les voix communistes et être assuré d'avoir la majorité.

*– Je suis désolé. En essayant de récupérer les voix communistes **même** au second tour, vous n'êtes pas assuré d'avoir la majorité.*

Voici un certain nombre d'interventions. Répondez à chaque fois en plaçant MÊME à l'endroit qui vous paraît convenir.

– En organisant une campagne électorale sur le thème du maintien de l'emploi à Saint-Hilaire, je suis sûr de toucher un grand nombre d'électeurs.
– Je suis désolé. ......
– N'oublions pas le problème du maintien de l'emploi à Saint-Hilaire. C'est sur ce thème que je vais organiser ma campagne électorale. Je suis sûr de toucher un grand nombre d'électeurs.
– Je suis désolé. ......
– Nous sommes à Saint-Hilaire. Une campagne électorale organisée sur le maintien de l'emploi permettra de toucher un grand nombre d'électeurs.
– Je suis désolé. ......

– Je vais demander une subvention au conseil régional pour venir en aide aux personnes qui n'ont pu être reclassées. Les électeurs apprécieront.
– Je suis désolé. ......
– Il faut aller voir le conseil régional. Je vais leur demander une subvention pour venir en aide aux personnes qui n'ont pu être reclassées. Les électeurs apprécieront.
– Je suis désolé. ......
– C'est aux personnes qui n'ont pu être reclassées qu'il faut venir en aide. Je vais demander une subvention au conseil régional. Les électeurs apprécieront.

– Je suis désolé. ......

– Nous allons consacrer plusieurs millions en réaménagement du site. Cela apaisera les esprits.
– Je suis désolé. ......
– Mais si l'on consacre plusieurs millions au réaménagement du site, cela devrait calmer les esprits.
– Je suis désolé. ......
– Ce qu'il faut, c'est réaménager le site. Nous y consacrerons plusieurs millions.
– Je suis désolé. ......

EXERCICE 6

Répondez à chacune de ces interventions en utilisant MÊME POUR.

exemple

– Évidemment, c'est un deux pièces, ce n'est donc pas très grand.

*– **Même pour** un deux pièces, c'est vraiment petit.*

– C'est un livre d'art de très grande qualité. Il est normal que son prix soit élevé.
– ......

– Vous savez, les réunions électorales sous les préaux des écoles n'attirent plus beaucoup de monde.
– ......

– Vous savez, Gérard Perrin est quelqu'un qui a déjà une très large expérience de la vie politique. Il saura remporter les élections dans cette circonscription.
– ......

– C'est une personne qui a le sens du dialogue. Elle saura très vite aboutir à une solution avec les syndicats.
– ......

– C'est un chantier archéologique très facile à organiser. Les fouilles pourront être conduites très rapidement.
– ......

EXERCICE 7

Répondez à chacune des interventions suivantes en utilisant MÊME POUR ou MÊME SI.

– Je peux obtenir le report des voix centristes au second tour. Dans ce cas-là, j'aurais la majorité.
– ......

– C'est une circonscription très difficile et il n'a guère d'expérience de la vie politique. Il risque fort dans ces conditions d'être battu.
– ......

– Tout projet de mine à ciel ouvert bouleverse plus ou moins le paysage. Mais il ne faut pas exagérer l'importance du bouleversement.
– ......

– Nous réaménagerons le site lorsque l'exploitation de la mine s'arrêtera. Vous n'avez donc rien à craindre.
– ......

– C'est un garçon très timide. C'est pour ça qu'il ne parle pas beaucoup.
– ......

– Il y a encore des vestiges intéressants à mettre au jour sur ce site. Il faut poursuivre les recherches.
– ......

Achevez chacun des échanges suivants par l'intervention qui vous paraît convenir en utilisant l'un des connecteurs suivants : MÊME, QUAND MÊME, MÊME PAS ou QUAND MÊME PAS.

– Le candidat écologiste m'inquiète beaucoup. J'ai peur qu'il refuse de se désister au second tour en ma faveur.
– Oui, mais vous allez pouvoir quand même en discuter ensemble ?
– Non, ...

– Le candidat écologiste m'inquiète beaucoup. J'ai peur qu'il refuse de se désister en ma faveur au second tour.
– Il ne veut même pas te rencontrer pour en parler ?
– Si, ...

– Le candidat écologiste m'a l'air d'être très bien disposé à mon égard.
– Il t'a même proposé de se désister en ta faveur au second tour ?

– Non, ...

– J'ai attendu Virginie toute la soirée. Finalement, elle n'est pas venue.
– Elle t'avait quand même prévenu ?
– Non, ...

– Finalement Virginie n'est pas venue comme je le lui avais demandé.
– Et elle ne t'a même pas prévenu ?
– Si, ...

– Le site que nous avons mis au jour est tout à fait exceptionnel.
– Il est même plus intéressant que celui de Tautavel ?
– Non, ...

Trouvez pour chacun de ces échanges la réplique intermédiaire qui vous paraît convenir en utilisant au choix les mêmes connecteurs que dans l'exercice précédent.

– Le candidat écologiste m'a l'air d'être intraitable.
– ......
– Si. Il m'a même déjà fait savoir qu'il se maintiendrait au second tour.

– Le candidat écologiste m'a l'air d'être intraitable. J'ai peur de ce qui va se passer au second tour.
– ......
– Non, quand même pas, mais il risque de poser un certain nombre de conditions difficiles à satisfaire.

– Florence est incompréhensible. Elle me donne un rendez-vous pour la deuxième fois. Et elle n'est pas venue.
– ......
– Non, elle ne m'a même pas téléphoné pour s'expliquer.

– Florence et moi, c'est fini. Elle a décidé de partir vivre seule à Paris.
– ......
– Si, elle m'avait quand même plus ou moins prévenu de son projet.

– Tu sais, par principe, je ne lis jamais les prix littéraires.

– ......

– Figure-toi que je ne connais même pas son titre.

– C'est un patron très proche de son personnel et qu'il veut associer à la marche de son entreprise.

– ......

– Non, il ne va quand même pas jusque-là. Il les tient simplement régulièrement au courant des résultats à la fin de chaque trimestre.

Complétez chacune de ces interventions par POURTANT ou POUR AUTANT.

– Je ne l'avais pas invité à ma réunion. Il est ...... venu.

– Je l'avais invité à ma réunion. Il n'est pas venu ......

– Je ne pense pas que nous puissions bénéficier du report des voix écologistes au second tour. ...... rien n'est encore vraiment décidé.

– Je ne pense pas que nous puissions bénéficier du report des voix écologistes au second tour ...... tout est encore possible.

– Ce livre propose une approche assez originale du comportement électoral des Français. ...... je ne le recommanderai pas au grand public à cause de son aspect trop technique.

– Ce livre offre une étude très technique du comportement électoral des Français. ...... j'en recommanderai la lecture à tous, pour l'originalité de son approche.

– Finalement Jacques a refusé de recevoir Nicole. ...... j'avais tout fait pour le mettre au courant de sa situation très difficile.

– J'avais tout fait pour mettre Jacques au courant de la situation très difficile de Nicole. ...... il n'a pas voulu la recevoir.

– Lors de leur dernière rencontre, les représentants des syndicats et ceux de la direction n'ont pu se mettre d'accord. ...... il n'y a pas de quoi s'alarmer. Ils finiront bien par trouver un terrain d'entente.

Vous concluez en utilisant BREF ou DÉCIDÉMENT.

– Depuis que vous m'avez élu député de votre circonscription, je n'ai jamais cessé de défendre les intérêts de la région. J'ai obtenu des subventions pour les agriculteurs en difficulté ; j'ai aidé à l'installation d'une usine de montage de photocopieurs. ...... j'ai tout fait pour développer l'emploi et protéger les intérêts de chacun.

– Vous prétendez par votre politique de subventions aux agriculteurs protéger leurs intérêts, mais cela n'a pas empêché la fermeture de quatre exploitations dans le canton. Quant à l'installation de l'usine de photocopieurs, elle a coûté très cher en aides de toutes sortes et on parle déjà de licencier une partie du personnel. ...... monsieur le député, votre action n'a guère été efficace.

– Il m'avait promis de passer les vacances avec moi. Puis, il a prétexté qu'il avait trop de travail pour partir ne serait-ce qu'une semaine avec moi. Il m'avait dit aussi que nous pourrions nous voir plus souvent. C'est tout juste si nous nous voyons deux fois par semaine. ...... je vais avec lui de déceptions en déceptions.

– Ça y est, Virginie vient de me quitter. ...... je n'ai pas de chance avec les femmes.

– Partez immédiatement sur le chantier. Voyez ce qui s'est passé, interrogez tout le monde, rapportez-moi des éléments précis. ...... je veux un rapport complet pour ce soir cinq heures.

– Quand je dis que je soutiens les employés de l'usine dans leur lutte pour le maintien de l'emploi, ça ne veut pas dire que je me range aux côtés des syndicats, surtout des plus extrémistes. ...... vous ne comprendrez jamais rien à la politique.

AUTOUR DE MÊME

MÊME adverbe (pour le distinguer de **même** adjectif exprimant l'identité : *Ils ont acheté le même livre,* ou de **même** lié au pronom personnel : *Il fait tout lui-même,* ou de **même** qui spécifie une information : *Elle travaille à Paris même*) peut être combiné à un certain nombre d'autres formes linguistiques et revêtir de la sorte des significations très différentes.

1. MÊME peut introduire un argument considéré comme plus fort qu'un autre argument laissé à l'implicite :
– *La conférence a été un succès. Même le président de la République est venu.*
signifie qu'il y a eu beaucoup de monde à cette conférence (ce qui est laissé à l'implicite) et qu'**en plus** ou **aussi** le président de la République est venu.
La forme négative correspondante est QUAND MÊME PAS :
– *La conférence a été un succès.*
– *Même le président de la République est venu ?*
– *Non, il n'est* **quand même pas** *venu.*

2. MÊME peut porter sur différentes parties d'un énoncé, selon la place qu'il occupe. Supposons que : *Paul ne veut pas partir en vacances avec Marie.*
On peut avoir :
– *Même Paul ne veut pas partir en vacances avec Marie.*
– *Paul ne veut même pas partir en vacances avec Marie.*
– *Paul ne veut pas partir en vacances, même avec Marie.*

3. QUAND MÊME / TOUT DE MÊME
Locution adverbiale, QUAND MÊME ou TOUT DE MÊME exprime une valeur de concession :
– *Il n'a pas beaucoup travaillé cette année. Il a* | *quand même*
| *tout de même réussi.*

La forme négative correspondante est MÊME PAS :
– *Il n'a pas beaucoup travaillé cette année.*
– *Il a tout de même été admissible à l'oral ?*
– *Il n'a* **même pas** *été capable d'avoir l'écrit.*

4. MÊME SI
Locution conjonctive qui permet d'introduire une concession :
– *Elle n'est pas très jolie (il faut le reconnaître).*
– *Elle a beaucoup de charme.*
➤ *Même si elle n'est pas très jolie, elle a beaucoup de charme.*

5. MÊME POUR
Locution prépositionnelle, MÊME POUR sert à marquer un renchérissement dans l'appréciation d'un fait :
– *Les sujets de mathématiques au baccalauréat C sont généralement difficiles.*
– *Le sujet qui a été donné cette fois-ci est particulièrement difficile.*
Vous pourrez dire :
➤ *Même pour un sujet de baccalauréat C, c'est vraiment très difficile.*

Mouvements argumentatifs

Dans chacun des échanges suivants, indiquez la nature du **mouvement argumentatif** (cf. p. 74) : A pour **approuve**, C pour **concède**, R pour **réfute**. Soulignez l'élément qui signale la nature du mouvement.

1. On dit de ces projets de barrages qu'ils permettront de refroidir le cœur des centrales nucléaires ?

– Pas du tout. Le but principal de Serre de la Fare est la protection contre les crues. Il a également deux buts secondaires : le soutien d'étiage (lorsque la Loire n'est plus qu'un mince filet d'eau) et la création d'un pôle touristique de loisirs pour les personnes venues passer leurs vacances. À la différence près que ces personnes ne seront pas au bord d'une rivière, mais au bord d'un lac de retenue.

❏ A

❏ C

❏ R

2. Aujourd'hui, sur ces bords de la Loire, la nature est belle, encore sauvage. L'attrait touristique ne pâtira-t-il pas de ces barrages ?

– Je cite toujours l'exemple des barrages de Sainte-Croix-du-Verdon (Alpes de Haute-Provence), de Serre-Ponçon (Hautes-Alpes). Ce sont de magnifiques retenues. Bien sûr, des pêcheurs ont regretté que plusieurs kilomètres de rivière soient remplacés par un plan d'eau. Mais un plan d'eau bien organisé profite sans doute à un nombre plus grand de personnes. Évidemment on modifie la nature ! Est-ce qu'un écologiste peut dire que la nature n'a jamais été vraiment modifiée ? Lorsqu'on la transforme, on n'a pas le droit de faire des erreurs. Mais une fois ces changements acceptés, il faut faire en sorte qu'ils soient profitables à tous.

❏ A

❏ C

❏ R

3. La retenue d'eau est-elle toujours la meilleure solution pour le soutien d'étiage ? On a l'exemple du barrage de Grangent, sur la Loire, qui est devenu un véritable égout. Les retenues d'eau développent le processus d'eutrophisation.

– Les retenues d'eau sont nécessaires pour aménager le régime des fleuves. Mais il faut dépolluer. On peut faire des brassages d'eau pour y envoyer de l'oxygène, mais il faut aussi déphosphoriser tout ce que la vallée de Saint-Étienne envoie à Grangent. Il faut chasser les nitrates, les phosphates. Il faut lutter pour dépolluer la Loire.

❏ A

❏ C

❏ R

4. Vous avez depuis un an appelé à une union de l'opposition, vous avez tenté de ranimer quelque peu le débat d'idées et manifestement vous n'êtes pas suivi. Ne vous sentez-vous pas découragé ?

– Tout n'est pas sombre : nous avons été capables d'élaborer une position commune sur l'Europe et, sur cette base, nous présentons une liste commune du RPR et de l'UDF, ce qui n'était pas évident il y a quelques mois. C'est un premier résultat. Il devra être suivi d'autres, dans la même direction. La politique n'est pas du domaine de l'absolu. Il faut l'admettre sans pour autant s'y résigner. C'est ce à quoi je m'efforce sans me laisser aller, rassurez-vous, ni au découragement ni au goût de la solitude.

❏ A

❏ C

❏ R

(1, 2 et 3, extraits de *Sciences et Nature*, n° 65, mars 1989.)

(4, Entretien avec M. Édouard Balladur, *Le Monde*, 30 mai 1989.)

Arguments et orientation

Voici un certain nombre d'arguments venant à l'appui d'une assertion :

1. Indiquez par une flèche ➤ les arguments qui vont dans le même sens que l'assertion ; par une flèche ◄ ceux qui vont dans le sens opposé.

2. Reliez ces arguments, compte tenu de leur orientation et de leur nature, par les connecteurs argumentatifs qui vous paraissent convenir, de façon à constituer un paragraphe cohérent.

Notre parti n'a pas remporté les élections.

– Un certain nombre d'électeurs ont été déçus par

notre politique au gouvernement.

– Le chômage a continué à croître.

– La croissance du chômage a été moins forte que prévu.

– Nos adversaires n'ont pas fait mieux quand ils étaient au gouvernement.

– Nous n'avons pas su expliquer notre politique localement.

– Nos adversaires ont su exploiter nos incertitudes dans le domaine de la politique sociale.

– Nous n'avons jamais voulu porter atteinte aux acquis sociaux.

LECTURES

1. LES DÉCLARATIONS DES HOMMES POLITIQUES

Voici un certain nombre de déclarations d'hommes politiques français à l'issue des élections municipales de mars 1989. Indiquez pour chacune d'entre elles si l'homme politique en question :

a) se félicite du succès de son parti ;

b) déplore sa défaite ;

c) reconnaît pleinement son succès ou sa défaite ;

d) concède ou minimise son succès ou sa défaite.

Le parti communiste peut être légitimement fier d'avoir mis en œuvre avec loyauté sa politique de rassemblement de toutes les forces populaires contre la droite et l'extrême droite. Malheureusement, dans de trop nombreux endroits, comme au premier tour, le désir des dirigeants socialistes d'affaiblir le parti communiste français a été plus fort que la nécessité de battre la droite et l'extrême droite. Cette volonté aboutit à ce que les maires communistes sont, ce soir, battus par la droite ou par des candidats socialistes qui se sont ouvertement alliés avec elle. Malgré cela, la plupart des maires communistes qui devaient affronter un second tour sont ce soir réélus. De plus, de nouvelles villes ont un maire communiste.

Il serait exagéré de croire que nous assistons à une vague de fond qui porterait la majorité présidentielle. Il est exact que le parti socialiste reprend une partie du terrain qu'il avait perdu en 1983, mais une partie seulement. En ce qui concerne le rassemblement, nous perdons, c'est vrai, des villes importantes, mais nous en gagnons beaucoup sur le parti socialiste, Castres, Lens, Saint-Chamond, Cavaillon, Guingamp, Viré, Boulogne-sur-Mer, Aubusson ; sur le parti communiste Sarlat, Lons-le-Saunier.

Les promesses du premier tour sont tenues. La victoire est sortie des urnes pour le parti socialiste, pour la majorité présidentielle, pour le rassemblement de la gauche, partout où la discipline républicaine s'est appliquée. Cette victoire est pour l'essentiel le résultat de la stratégie du rassemblement à gauche, décidé et mis en œuvre par la direction du parti socialiste. Elle est amplifiée par la dynamique de l'ouverture créée lors de l'élection présidentielle de mai 88. Le président de la République et le Premier ministre y trouveront la confirmation du soutien incontestable de l'électorat en faveur de l'action entreprise depuis dix mois.

Le scrutin municipal du deuxième tour n'est pas une surprise pour nous. La victoire remportée – victoire relative, certes, puisque beaucoup de maires sont élus à la minorité, mais c'est la victoire indéniable de la gauche sur l'UDF-RPR – est le fait principal, avec le maintien d'une abstention considérable. C'est donc à tort que les états-majors de la bande des quatre peuvent ce soir crier victoire, même à gauche. Les défaites à Strasbourg, Mulhouse et Dunkerque, de toute une série de candidats de l'opposition, montrent que la stratégie et la tactique élaborées par M. Chirac et ses alliés de l'UDF ont conduit pour la troisième fois la droite à la déroute.

Premièrement, la décrispation poursuit son chemin. Les élections municipales sont moins idéologiques. La capacité à bien gérer est devenue l'élément le plus important. Deuxièmement, c'est localement que se décident les élections locales. Les mots d'ordre venus de Paris ne sont suivis que si les personnalités des candidats conviennent aux électeurs. Troisièmement, par rapport au premier tour, les socialistes enregistrent un certain progrès. Ils retrouvent des positions qu'ils avaient perdues en 1983. Au total la France est toujours coupée en deux, avec les deux moitiés pratiquement à égalité.

Déclarations extraites du journal *Le Monde,* 21 mars 1989.

2. LA TRANSFORMATION SOCIALE

La transformation de la société française des années 1965-1980 ne peut être résumée, comme le suggère la thématique politique la plus courante, par une analyse du taux de chômage. La hausse de la proportion de sans-emploi n'est qu'une mesure à la marge des changements en cours, le résultat transitoire de désajustements nouveaux et massifs dans la structure socioprofessionnelle. Des mouvements fondamentaux et irréversibles travaillent la société française : le déclin de la classe ouvrière, la montée et la diversification des classes moyennes, la crise terminale du catholicisme.

Le problème de l'immigration, fondamental, est à la fois actuel et ancien. L'importation de main-d'œuvre étrangère est plutôt typique d'une phase tardive de la révolution industrielle qui a besoin pour ses usines de travailleurs non qualifiés. Mais la destruction de la classe ouvrière non qualifiée, qui touche de plein fouet les immigrés, est typique de l'âge post-industriel.

L'ensemble de ces transformations, souvent douloureuses, souvent positives, constitue la marche même du progrès. Ce sont ces bouleversements, plutôt que les accords politiciens de désistement entre parti communiste et parti socialiste, qui mènent dans un premier temps à la poussée du parti socialiste, à la chute du parti communiste et à l'élection de François Mitterrand en 1981. Ces bouleversements, qui persistent et s'étendent, mènent dans un deuxième temps à une remontée de la droite, et à sa scission, par l'émergence du Front national, mouvement xénophobe d'un type nouveau dans le contexte français. Plus que jamais, la vie politique française est le jouet de forces sociales inconscientes.

Emmanuel TODD, *La Nouvelle France,* Le Seuil.

❏ POUR SITUER LE TEXTE

• Le thème est abordé au niveau :
❏ du cas particulier
❏ de la règle générale
• Le thème est traité sous la forme :
❏ d'une narration
❏ d'une description
❏ d'une explication
❏ d'un commentaire
• Le texte est rédigé :
❏ à la forme personnelle
❏ à la forme impersonnelle
• Le texte s'adresse
❏ au grand public
❏ à un public spécialisé

❏ POUR COMPRENDRE LE TEXTE

1. Quel est le jugement de départ sur lequel s'appuie le texte ?
2. Quelle est la nature du jugement final ?
3. Comment s'effectue le passage d'un jugement à l'autre ?

8

Itinéraires

Récapitulation

●

1 – Scénario pour une centrale nucléaire

Le dossier : Paris doit-il avoir peur
de Nogent ?

●

2 – Le procès

I. L'enquête : crime de rôdeur
ou crime parfait ?
II. Le déroulement du procès

On convient, généralement, de prévoir, au terme d'un apprentissage, **une phase d'évaluation** qui doit permettre à chacun de se situer par rapport à tout ce qui a été vu et théoriquement appris.

Plutôt que de proposer des séries d'épreuves dispersées qui ne permettent pas toujours d'évaluer globalement la capacité à expliquer, débattre, raisonner, argumenter, etc., on proposera des **situations** qui, par leurs caractéristiques propres et **les conduites de discours** qu'elles appellent, offrent la possibilité de récapituler tous les apprentissages, de la leçon 1 à la leçon 7.

Propositions

Deux situations vont être proposées, les plus courageux, ou ceux qui disposent de plus de temps, pourront les aborder successivement. Sinon, elles peuvent faire l'objet d'un choix en fonction **de la nature du thème** et **de la dominante orale** ou **écrite** dans le mode d'expression.

• Si vous êtes intéressé(e) **par une activité à dominante écrite** (ce qui n'exclut pas cependant à certains moments des interventions à l'oral), choisissez alors : SCÉNARIO POUR UNE CENTRALE NUCLÉAIRE, catastrophe-fiction proposée par le journal *Libération* du 22-05-1986, et qui envisage un accident nucléaire dans une centrale française.

• Si vous êtes intéressé(e) **par une activité à dominante orale** (ce qui n'exclut pas qu'à certains moments l'écrit ne puisse intervenir), choisissez LE PROCÈS, simulation d'un procès en cour d'assises. Une salle de tribunal est en effet un lieu théâtral où l'échange de paroles antagonistes décide de façon quasi irréversible du sort d'un individu. La précision et la qualité du propos jouent ici un rôle essentiel.

Il ne s'agira donc pas de reconstruire entièrement une situation. Celle-ci vous est proposée de façon à porter l'effort en priorité sur la construction d'échanges et de textes les mieux ajustés aux nécessités de la situation de communication. Bien évidemment, rien n'interdit d'enrichir une situation, de la rendre plus complexe, d'introduire d'autres variables.

Que choisir alors ?

La catastrophe-fiction ou le procès ?

À vous de voir.

1 – SCÉNARIO POUR UNE CENTRALE NUCLÉAIRE

DOCUMENT 1

La centrale nucléaire de Nogent-sur-Seine vient d'être mise en service. À 100 km, la capitale et ses dix millions d'habitants. Aucun risque, affirme E.D.F... Pas si sûr !

Un épais panache blanc s'élève au-dessus de l'une des deux tours de béton de 165 mètres de hauteur. Après dix années de chantier, la centrale nucléaire délivre ses premiers kilowattheures. Dans quelques mois, son second réacteur sera mis en service. « Nogent-sur-Seine, une centrale comme les autres », titrent toutes les brochures distribuées par E.D.F.

Libération, 22 mai 1986.

L'Ile-de-France a aussi sa centrale
Le premier réacteur de 1 300 mégawatts vient d'être mis en service, le second fonctionnera en juillet. Implantée aux portes de la région parisienne qui consomme 13 % de l'électricité française, Nogent doit permettre la relève des centrales au fuel et au charbon, qui sont arrêtées.

NOGENT, 7 DÉCEMBRE 1990, 20 H 11 : CATASTROPHE-FICTION

Trois ans après sa mise en route, un très grave accident survient à la centrale nucléaire de Nogent-sur-Seine, située à moins de cent kilomètres de Paris à vol de nuage. Nous avons imaginé, minute par minute, le scénario des premières 24 heures d'une catastrophe à laquelle vous avez échappé.

Toute ressemblance entre « notre » accident et ceux qui ont déjà eu lieu, en France et à l'étranger, n'est évidemment pas fortuite.

Pour les populations, le bilan sera assurément très lourd. Dès les premières heures, la panique risque de faire autant de victimes que les particules radioactives.

Vendredi 7 décembre 1990, 20 h. La nuit est tombée depuis deux heures et demie sur la centrale nucléaire de Nogent-sur-Seine. Un bloc industriel, massif, planté sur le fleuve à 2 kilomètres de la petite ville. Dans la salle de contrôle, les dix hommes de quart surveillent distraitement leurs tableaux de bord. Rien d'autre qu'un gigantesque poste de pilotage.

20 h 11. Un sifflement terrible sature les microphones. Comme une fusée en train de décoller. Les sirènes hurlent, les voyants rouges s'affolent, les opérateurs blêmissent. « Merde !

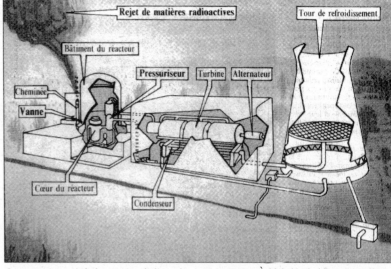

Le pressuriseur règle la pression de l'eau du circuit primaire. À 20 h 11, il claque. Les turbines stoppent. L'activité de fission dans le cœur est bloquée par des barres de contrôle. Mais la pression augmente dans l'enceinte. La chaleur du cœur est extrême. En quelques secondes, une explosion d'hydrogène précède une violente expulsion de matière radioactive par des vannes d'évacuation. Au bout d'une heure, 10 % du contenu du cœur s'est échappé dans l'atmosphère.

Le pressuriseur vient de péter... » Dans le bâtiment du réacteur, à quelques mètres. Pièce clé du dispositif nucléaire, le pressuriseur est une cocotte-minute haute de 15 mètres. Il règle la pression de l'eau qui passe dans le circuit primaire.

Les hommes ne peuvent rien faire. Les barres de contrôle pénètrent le cœur du réacteur automatiquement. Elles bloquent la réaction de fission, absorbent les neutrons et stoppent l'activité du réacteur. Urgence : évacuer la puissance résiduelle du réacteur, la prodigieuse chaleur dégagée par son activité. Simultanément, la pression enregistrée dans le circuit primaire chute très vite, et le niveau d'eau avec elle : c'est le LOCA, le « loss of coulent accident » (accident par perte de réfrigérant). L'accident de référence.

Le rondier préposé aux relevés de mesures de capteurs serre les dents. « Pourvu que les circuits primaires tiennent... » Il n'a pas le temps d'achever

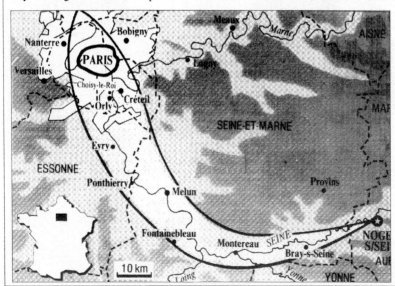

Nogent-Paris, moins de 100 km à vol d'oiseau... Avec un vent soufflant ce 7 décembre à près de 5 mètres/seconde, l'aérosol radioactif atteint Paris au bout de sept heures. Non sans avoir au passage contaminé la vallée de la Seine.

sa phrase que lesdits circuits lâchent. La vapeur d'eau jaillit dans le bâtiment du réacteur à 320. Très rapidement la pression atteint 4 Bar. Il faut réagir vite, car l'enceinte, même en béton précontraint, risque de céder devant une nouvelle montée de la pression. « À 4 Bar, commande le chef de quart, la solution Tartarin est encore possible. » Mise au point par le professeur du même nom, responsable du S.C.P.R.I. (Service central de protection contre les rayonnements ionisants), la recette consiste à larguer les gaz de pression à l'extérieur du bâtiment par des conduits munis de filtres à sable, afin de limiter les rejets radioactifs dans l'atmosphère. En quelques minutes, si tout se passe bien, la pression intérieure sera résorbée.

20 h 30. En salle de commande. L'opérateur ouvre les vannes « Tartarin ». Mais les réactions chimiques tant redoutées sont déjà à l'œuvre dans le cœur du réacteur : une chute du niveau d'eau dans le circuit primaire a asséché les circuits qui passent par le cœur. La température du combustible s'élève irrésistiblement, jusqu'à 1 200 °C. Seuil fatidique d'une réaction chimique avec les gaines de zirconium, cet alliage particulier qui protège les barres d'uranium. Une réaction hélas « exothermique » qui produit donc de la chaleur... De l'hydrogène se dégage. C'est l'explosion dans l'enceinte. Instantanément, la couronne d'aspersion déverse plusieurs tonnes d'eau sodée. La puissance résiduelle commence à baisser.

20 h 35. La pression a atteint un pic de 9 Bar et s'engouffre par les vannes ouvertes. Les filtres de sable ne supportent pas une telle

Vendredi 7 décembre 1990. 20 h. La nuit est tombée depuis deux heures et demie à la centrale de Nogent-sur-Seine.

21 h 11. C'est l'explosion. Les unités du CMIR tentent de maîtriser la situation. 4 h 15. « Circulez, M. Caspié, il n'y a rien à voir. Et d'ailleurs, c'est dangereux. »

pression. Tels des bouchons de champagne, ils sautent et ramonent les larges conduits d'évacuation à une vitesse supersonique. La cheminée de 70 mètres qui canalise les rejets vers l'extérieur du bâtiment gronde et vibre. Et cède. Moins d'une minute après l'explosion d'hydrogène, elle se fend à mi-hauteur.

Les ordres ont été suivis à la lettre. En vain. Les opérateurs n'ont pu endiguer l'ouragan. Les simulations d'accident effectuées, hier encore, sur ordinateur avaient pourtant trouvé toutes les parades. En quelques secondes, pourtant, le pire est survenu. Imprévisible. Des mois qu'on bûchait sur les vannes et les conduits d'évacuation, maillons faibles des installations nucléaires !

21 h 30. Les quatre capteurs atmosphériques du réseau de débimètre, répartis à 5 kilomètres autour du site, n'enregistrent plus rien. Ils sont saturés. Environ 300 millions de Curies[1] se sont échappés du réacteur, 10 % de son contenu. Ce qui est déjà beaucoup, même si la plupart des radioéléments ne « vivent » que quelques jours. Après son éjection de la cheminée fendue, l'aérosol chargé de particules est monté à près de 300 mètres : avoisinant les 100 °C, il s'est élevé au contact du vent froid qui souffle en cette période de l'année à 5 mètres/seconde. Ce vent d'est, dominant en décembre, va faire le reste : contaminer toute la région, jusqu'à Paris, avant l'aube.

Une heure déjà que le chef de quart essaie de joindre le directeur de la centrale. Enfin il décroche : « C'est le coup de Graveline 5, monsieur le directeur. » C'est du moins ce qu'il croit, le chef. Sa mémoire est encore fraîche : c'était pourtant il y a plusieurs années. Les soudures de deux alliages avaient claqué lors d'essais à froid, sans combustible dans le pressuriseur 38 de la centrale de Graveline, près de Dunkerque. Le téléphone sonne maintenant sans arrêt. M. Bleyraud, directeur de la centrale de Nogent, déclenche aussitôt le « Plan d'urgence interne » (P.U.I.), et cherche désespérément à joindre Jean-François Troussac, le préfet de l'Aube. Monsieur le préfet dîne en ville.

1 h 20. Samedi 8 décembre. Le préfet est rentré. « Jean-François, il y a un sacré pépin ! » Le commissaire de la République a supervisé quatre ans auparavant la construction de la centrale depuis la sous-préfecture de Nogent. Il comprend vite que la situation est grave et sort *illico* de son coffre le « Plan particulier d'intervention » (P.P.I.). Partie intégrante du plan ORSECRAD, le P.P.I. répond à trois types de situation. Si le danger est faible, on se contentera d'informer les populations de l'incident ; si l'accident est plus grave, sans pour autant menacer directement les vies humaines, le préfet demandera qu'on rentre les bêtes et ordonnera quelques précautions sanitaires de base ; si l'accident est « majeur », le confinement des populations s'impose. Avant une éventuelle évacuation. Mais cette nuit, le préfet ignore l'ampleur de la catastrophe. Il sait seulement que sa responsabilité est totalement engagée : il demande l'aide du ministre de l'Intérieur et du S.C.P.R.I.

À vol d'oiseau, Nogent est à 100 kilomètres de Paris : l'Intérieur donne l'ordre aux cellules mobiles d'intervention rapides (C.M.I.R.), basées en région parisienne, de filer vers la centrale. Le secrétaire général du Comité interministériel de la sûreté nucléaire à Matignon est prévenu. Une heure déjà que le préfet Troussac a donné l'alerte...

2 h 20. Au poste de garde de la centrale. Une étrange silhouette se meut derrière la vitre : le gardien, engoncé dans sa tenue de secours. Des phares de camion apparaissent au tournant. Étouffant sous son casque, le gardien actionne la barrière automatique sans plus de vérification. Il reconnaît les « pompiers » du C.M.I.R. Son inquiétude redouble. Si seulement il pouvait distinguer ce qui se passe autour du réacteur... Le bâtiment est bien trop loin, et de toute façon il fait nuit noire. Un froid de canard aussi. Un vent aigrelet balaie sa guérite.

Un vent à l'action destructrice. Le « nuage » radioactif avance vers l'ouest. Il survole la N36, entre Melun et Ponthiérry. Avec les turbulences atmosphériques, dans une heure et quart il est sur Paris. La condensation aidant, il va même tomber au ras du sol. Noyé dans le brouillard. Mais pour l'heure, qui le sait ? Sûrement pas le préfet de l'Aube, tenaillé par un problème de conscience : faut-il prévenir les maires de son département et ceux de Seine-et-Marne, au risque de les affoler ? Il décroche son téléphone. Une simple information, pour l'instant. « Il est inutile, messieurs, de donner dès maintenant l'ordre de confinement. Quand nous aurons des chiffres, vous recevrez des consignes. »

3 h 30. Toujours au poste de garde. Les équipes du Service central pour la sûreté des installations nucléaires (S.C.S.I.N.), dépêchées par le ministère de l'Industrie, arrivent en trombe. Elles vont aider les premières unités des C.M.I.R. et les responsables de la centrale à maîtriser la situation. Harnaché de pied en cap, tenue-shadok, le S.C.S.I.N. est venu incognito jusqu'au site, sans sirène ni gyrophare. Pourtant, Martin Groslier les a entendues...

Martin a deux passions dans la vie : le tarot et la C.B. Ce soir, une partie d'enfer. Il a gagné, évidemment. Martin n'a pas sommeil, il farfouille sa C.B. des fois qu'un autre solitaire passe dans le coin. Seulement, il capte autre chose qu'un « papa-Charlie » de cibiste en goguette. Rien moins qu'une communication-radio du S.C.S.I.N. « Centrale... cheminée fendue... contamination... » Martin Groslier comprend qu'il se passe quelque chose d'anormal. Pour en avoir le cœur net, il appelle son ami Simon. « Lui, il les connaît par cœur, les types de la centrale, depuis le temps qu'il les asticote pour son canard. »

Le téléphone tire Simon Caspié d'un sommeil agité. Dans son rêve, il s'empaillait avec le maire de Nogent pour une sombre histoire d'interview mal retranscrite dans son journal. *Libération-Champagne.* « T'es sûr, Martin ? C'est fou ! On se retrouve aux feux, juste avant la route de la centrale. » Il attrape son appareil photo, et il fonce.

4 h 15. Lorsqu'il aperçoit le large chapeau noir qui dépasse du volant – inséparable accessoire du journaliste Caspié –, le vigile de la centrale voit rouge. Ça fait cinq ans que le reporter vient régulièrement sur le site : il n'a jamais manqué une seule des réunions d'information régionale. « Circulez, monsieur Caspié, y'a rien à voir. Et d'ailleurs, c'est dangereux. – Comment ça, dangereux ? Qu'est-ce qui se passe ? – Rien du tout, on vous dit de partir. » Caspié n'a même pas remarqué la tenue de son interlocuteur. Il monte sur ses grands chevaux. Tout y passe, depuis la « politique du secret », en passant par « E.D.F. État dans l'État ». Une camionnette bourrée d'ouvriers avec des masques franchit la barrière. Martin le tire en arrière : « On file. Si ça se trouve, on est en plein dans des cochonneries, comme il y a quatre ans avec la centrale russe. »

4 h 30. À la centrale. Le refroidissement du réacteur est maintenant effectif, huit heures après l'accident. Les rampes d'arrosage ont normalement fonctionné. Le circuit de refroidissement n'a pas subi de dégât notable : le cœur est à nouveau recouvert d'eau. Les émissions vers l'extérieur continuent, jusqu'à 5 heures. À cette heure, les injections de polyuréthanne liquide, effectuées de l'extérieur, colmatent la brèche. Au moins provisoirement.

Samedi 8 h. Radio Seine-et-Marne, Melun. Premier flash de la journée : « Un accident se serait produit à la centrale nucléaire de Nogent-sur-Seine. Nous n'avons pas eu de confirmation auprès des autorités locales. Mais Simon Caspié, un journaliste bien connu des lecteurs de *Libération-*

Champagne, est avec nous ce matin. Simon, la nuit dernière, vous avez pu constater une agitation... »

Agitation, le mot est faible. En plus des va-et-vient du C.M.I.R. et des équipes du S.C.S.I.N., il a fallu évacuer ouvriers et techniciens en poste de nuit. Direction : les hôpitaux de Provins et Romilly, Saint-Louis à Paris pour les plus touchés. Les hommes restés en salle de contrôle avaient enfilé leur tenue de protection suffisamment vite : ils ne devraient pas avoir été directement contaminés.

8 h. Nogent s'éveille à l'écoute de Radio Seine-et-Marne. Mais l'information reste au conditionnel. Vague inquiétude pourtant. La plupart des enfants partent tout de même à l'école. Les boutiques ouvrent leurs portes. À Paris, tout est tranquille, personne ne se doute que le nuage est au-dessus de la capitale. Sauf à Matignon où règne une grande effervescence depuis plus de cinq heures. À Melun et Troyes, des centres de presse sont mis en place près des postes de commandement opérationnel. C'est ce que prévoient les conventions d'information en cas de crise nucléaire[2].

9 h. France-Inter. « Un accident d'une certaine gravité s'est produit cette nuit à la centrale nucléaire de Nogent-sur-Seine. Si nous n'en connaissons toujours pas l'ampleur, nous savons néanmoins que Matignon est en première ligne. M. Trévénement, ministre de l'Industrie, chargé du contrôle des installations nucléaires, doit assurer la coordination de l'information au plan national. Une dépêche nous apprend que des ordres de confinement sont donnés à la population de Nogent : chacun doit rester chez soi. Nous espérons avoir davantage de détails dans notre prochaine édition. »

Le maire de Nogent a reçu l'ordre tant redouté. Il fait sortir la camionnette haut-parleur de la municipalité et charge le secrétaire de mairie de lire le communiqué. Rien d'autre que les instructions de la brochure distribuée lors de l'ouverture de la centrale, en décembre 1987. « Allez chercher vos

Sur la capitale endormie, passe le nuage. À 8 h, les premières informations déclenchent l'affolement. L'eau contaminée est coupée.

En début d'après-midi, la panique a gagné tous les Parisiens. Certains se précipitent dans les gares. Partout des embouteillages se forment. C'est la débâcle.

enfants, ensuite restez chez vous, calfeutrez portes et fenêtres. Surtout ne vous affolez pas, écoutez la radio, vous serez tenus au courant de l'évolution de la situation. » Dans un faisceau de 20 kilomètres à l'ouest de la centrale, entre Provins et Bray-sur-Seine, les maires procèdent au même manège. Ordre de l'Intérieur.

9 h 30. Sur le site de la centrale, on achève les dernières évacuations sanitaires. Les responsables de la centrale ne pourront pas tirer de bilan technique sérieux avant huit jours. Mais des ingénieurs du S.C.P.R.I. font déjà leurs petits calculs. D'après la masse en fusion contenue dans le réacteur, ces experts évaluent les rejets par gaz et radioéléments[3] : 160 000 Curies (Cu) pour le ruténium (durée de vie moyenne : 7 ans), 7 millions de Cu pour le strontium (28 ans), 60 millions de Cu pour le césium (28 ans), 42 millions de Cu pour l'iode 131 (8 jours), 26,4 millions de Cu pour le téllure (78 heures), 26 millions de Cu pour le krypton (10 ans), 132 millions de Cu pour le xénon (5,3 jours)...

À Nogent et dans les communes frappées de confinement, la panique s'installe. Seul Paris reste calme. La capitale a pourtant reçu plus que la dose administrable de contamination. Mais, encore une fois, personne, dans l'entourage du ministre Trévénement, n'est en mesure de l'affirmer avec certitude. Le S.C.P.R.I., peut-être ? Ce service, toujours sous l'autorité du professeur Tartarin (le même qui conduisait les mesures de radioactivité en mai 86, à l'époque de Tchernobyl), n'a pas encore fourni de chiffres. « Il est trop tôt pour donner des informations sérieuses », a laconiquement lâché le professeur.

10 h. France-Inter réussit à joindre par téléphone le préfet de l'Aube. « Oui, le plan ORSECRAD est déclenché. Oui, les populations alentour ont probablement subi des retombées radioactives... Est-ce que Paris va être, ou a déjà été touché par le nuage ? Il m'est impossible de vous répondre avec certitude maintenant, le S.C.P.R.I. communiquera ses informations dès que possible. »

11 h 30. Les télex des salles de rédaction crachent enfin un communiqué. « Le nuage radioactif est passé sur Paris dans la nuit. Il est recommandé d'éviter de sortir les enfants à l'extérieur durant la journée de samedi. Alimentation conseillée : conserves, produits surgelés, eau minérale. » Stupeur. Dans les radios, les journalistes se ruent sur l'antenne.

13 h. Europe 1. Yves Rochet, porte-parole national des Verts, pénètre dans les studios. « Le gouvernement doit tout mettre en œuvre pour évacuer Paris. Il n'est pas question pour nous de faire du catastrophisme, mais la situation est réellement grave. Le S.C.P.R.I. fait encore une fois de la rétention d'information. Faut-il rappeler les avertissements lancés depuis vingt ans par les écologistes ? Ce programme électro-nucléaire français est délirant ! »

Au même moment, sur Antenne 2, le secrétaire de la cellule interministérielle annonce une réunion imminente entre le Premier ministre, le chef d'état-major du président de la République, les représentants de la Défense, de l'Industrie, de la Santé et des Communications.

13 h 30. Le numéro vert du S.C.P.R.I., ressuscité pour l'occasion par le ministère de la Qualité de la vie, ne répond déjà plus. Le standard a sauté sous les appels. À 100 kilomètres à la ronde, aucun hôpital n'est plus en mesure de dispenser le moindre secours : les gens se précipitent pour « être contrôlés ». La foule engorge les couloirs. Les pharmaciens n'ont pu satisfaire la demande de tablettes d'iode. Les habitants d'Ile-de-France se ruent vers les gares. L'armée a beau sillonner les rues et enjoindre à la population de rester chez elle, des embouteillages monstres se forment partout. Le beau plan ORSECRAD, minutieusement élaboré « en temps de paix », s'avère inapplicable.

15 h. Il pleut entre Melun et Orly. L'eau de Paris est directement menacée. La principale installation de production d'eau potable de la région parisienne est à Choisy-le-Roi, 8 kilomètres en amont de Paris, 150 kilomètres en aval du site nucléaire (en suivant les méandres de la rivière). La centrale n'a rien rejeté directement dans l'eau. Mais depuis vendredi soir, des particules radioactives se sont déposées à la surface de la Seine et dans tous les réservoirs à ciel ouvert de Paris.

L'arrivée de la pluie complique la situation[4]. Les eaux de ruissellement en surface dévalent vers la Seine, chargées de radioactivité due aux retombées atmosphériques. La pluie entraîne dans le sous-sol des particules qui rejoignent les nappes phréatiques, lesquelles contamineront à long terme les réserves naturelles de la région parisienne.

16 h 30. Matignon. Les experts se demandent s'il est judicieux de pomper l'eau des nappes non encore polluées, pour suppléer à la Seine défaillante. Théoriquement, ce n'est pas un problème : les limons d'argile isolent le fond du fleuve de la première nappe d'eau, et filtrent en grande partie les particules radioactives. Mais, dans les gravières où les entreprises s'approvisionnent en sable et cailloux pour fabriquer du béton, on a détruit cette couche protectrice. L'étanchéité est supprimée. Les particules peuvent alors contaminer les nappes souterraines. Les compagnies des eaux ont mis hors circuit les réservoirs à ciel ouvert. La Seine est polluée. Un plan de rationnement est décidé. Une mesure difficile à concilier avec les recommandations sanitaires : laver les cheveux et vêtements après toute sortie.

20 h. Journal d'Antenne 2. Catherine Bockrent (elle est revenue en 1987) lance les premières images filmées dans l'après-midi par hélicoptère : sur les routes c'est l'apocalypse ! Le Premier ministre sur le plateau. Gros plan. « Les spécialistes de la sûreté nucléaire ont to-ta-le-ment maîtrisé la situation à la centrale de Nogent-sur-Seine. Je puis vous affirmer, ce soir, que toute émanation a cessé depuis ce matin 5 heures. Il n'y a donc plus de crainte à avoir : le pire est passé. Je demande en conséquence à chacun de vous, en région parisienne comme dans le reste de la France, de garder tout votre calme, et de ne prendre aucune mesure individuelle susceptible d'entraver les opérations sanitaires engagées. » Catherine Bockrent se tourne vers le physicien du Commissariat à l'énergie atomique, Jean-Michel Berzig. Connu dans le milieu scientifique pour être très pointilleux sur les questions de sûreté, il martelle : « Ce soir, on ne peut rien affirmer. Ni sur l'état précis de la centrale, ni sur les conséquences sanitaires. Il est encore trop tôt. Les effets de la radioactivité sur l'organisme se font sentir sur plusieurs générations. »

Libération, 22-04-1986.
Hélène CRIE et Vincent TARDIEU, Bande dessinée de Willem.

---

1. Le Curie est l'unité mesurant le nombre de désintégrations d'une particule radioactive par minute (dpm). 1 Curie : 37 milliards de Becquerels.
2. D'après la sécurité nucléaire en France à la fin de 1985 (Secrétariat général du comité interministériel de la sécurité nucléaire, février 1986).
3. Taux reconstitués à partir de simulation (Institut de sûreté des réacteurs de 1 000 MW, Institut de sûreté des réacteurs, Cologne, R.F.A., 1978), et de la composition des produits de fission dans un réacteur en activité (l'électronucléaire en France, C.F.D.T.-C.E.A. 1980).
4. D'après l'Étude de l'impact d'un accident nucléaire majeur à la centrale de Nogent-sur-Seine, sur l'alimentation en eau potable dans l'agglomération parisienne, par le professeur Roger Boudet (Association pour le développement de l'enseignement et des recherches en Provence-Alpes-Côte d'Azur, 1984).

1. Repérages

En travail collectif :

• **lecture des documents 1 et 2** sur la centrale de Nogent-sur-Seine ;

• élucidation du sens des **mots clés du texte de base** (cf. schéma *Libération*) :

– centrale nucléaire

– E.D.F.

– réacteur
  ➤ circuit primaire
  ➤ pression intérieure
  ➤ enceinte de confinement
  ➤ filtres à sable
  ➤ aérosol/nuage radioactif/rejet de gaz/rejet radioactif

– dose de contamination

– particules radioactives

– nappes phréatiques/nappes souterraines

• **reconstitution de la chronologie des événements :**

a) événement proprement dit

– sous l'aspect humain (qui fait quoi ? réagit comment ?)

– sous l'aspect technique

b) conséquences

– sous l'aspect humain
– sous l'aspect technique

2. Pratiques

Travaillez par petits groupes.

SITUATION	ACTIVITÉ	RÉFÉRENCE
1. Simon Caspié dicte par téléphone un « flash » à son journal *Libération-Champagne*.	• *Rédiger un* **texte à dominante événementielle :** – *QUI ?* – *QUOI ?* – *OÙ ?* – *QUAND ?* – *COMMENT ?* *sous réserve de confirmation.*	Leçon 1 : p. 10 p. 18
2. Radio-Seine-et-Marne-Melun diffuse un premier « flash » d'information.	• *Rédiger le* **texte** *de la nouvelle puis la lire.*	*idem*

3. Interview de Simon Caspié par Radio-Seine-et-Marne-Melun.	• *Préparer un* **jeu de questions-réponses** *sur l'événement, avec les mêmes rubriques qu'en 1, mais en ajoutant le* **récit des circonstances de la découverte.** *Premier* **commentaire** *sur les* **conséquences** *possibles de l'accident.*	Leçon 1 : pp. 16, 17
4. Le directeur de la centrale envoie un télex aux services centraux d'E.D.F. pour faire le point sur la situation. Copie sera transmise à : – préfecture de l'Aube ; – Matignon, Premier ministre.	• *Rédiger un* **texte à dominante explicative,** *comprenant un rappel des faits,* **à orientation technique.** *Ce texte vise en même temps à* **rassurer.**	Leçon 1 : p. 25 Leçon 5 : p. 138
5. La préfecture de l'Aube rédige un communiqué destiné à informer et rassurer la population : – bref rappel des événements ; – précautions à prendre ; – rassurer les gens.	• *Rédiger un texte à partir du télex 4. Minimiser les craintes.*	Leçon 4 : p. 105
6. L'A.F.P. (Agence France Presse) diffuse une dépêche relatant l'ensemble des événements (fuite d'un nuage radioactif et survol de Paris par le nuage), les réactions des autorités et d'un certain nombre de personnalités politiques et scientifiques.	• *Rédiger un texte à départ narratif puis à dominante explicative, à partir des textes 1 et 4, conformément au* **plan type** *de la dépêche d'agence :* – flash – développement – synthèse, – commentaire, – réactions.	Leçon 1 : pp. 10, 25
7. La centrale envoie à Matignon un télex pour l'informer du passage du nuage radioactif sur Paris, et notamment des risques de contamination des eaux.	• *Rédiger un texte à dominante explicative, centré sur la relation consécutive, en langage semi-spécialisé.*	Leçon 1 : p. 16 Leçon 5 : p. 138
8. France-Inter Info 13 heures. Présentation par le journaliste de la nouvelle, sous forme de dialogue à deux : un journaliste, par ses questions, représente le public, l'autre représente les « milieux dits bien informés ».	• *Reprendre les informations sous forme d'un échange de questions-réponses : qui ? quoi ? où ? etc. Explication des termes techniques ; commentaire sur l'attitude des autorités.*	Leçon 1 : p. 22
9. Sur Europe 1, interview d'Yves Rochet, porte-parole national des Verts.	• *Sous forme de questions-réponses, développer un discours du type* **accuser** *et* **détromper.**	Leçon 4 : p. 109 p. 105

10. Conférence de presse organisée par le directeur de la centrale de Nogent :

• *Le directeur dément, objecte, concède, réfute, rassure ; les journalistes accusent, s'inquiètent, font apparaître des contradictions.*

a) Exposé initial du directeur
– la situation présente le samedi à 15 h ;
– les origines de l'événement ;
– ce qui a été fait ;
– démenti de certaines informations ;
– annonce de décisions ;
– promesse d'une amélioration rapide de la situation.

Leçon 1

Leçon 4 : p. 105

b) Questions des journalistes
– journaliste A, journal local dirigé par des notables favorables à la centrale ;
– journaliste B, A.F.P. ;
– journaliste C, type *Libération,* journalisme d'enquête ;
– journaliste D,
– représentant E, association écologiste.

Leçon 3 : pp. 86, 87
Leçon 6 : p. 176

11. À l'issue de la conférence de presse, chaque journaliste rédige un « papier ».

• *Rédiger un texte centré sur le* **discours rapporté** *avec commentaire possible.*

12. Débat à la télévision regroupant :
– un représentant d'E.D.F. ;
– un membre du gouvernement ;
– un député de l'opposition ;
– un physicien spécialiste des questions nucléaires ;
– un écologiste ;
– le journaliste animateur.

• *Débat centré à la fois sur l'opposition* **accuser/défendre** *et* **conseiller/déconseiller.**

Leçon 3 : pp. 73, 74

L E C T U R E

CENTRALES NUCLÉAIRES
SÉCURITÉ : MATIÈRE À RÉFLEXION

« Pas de risque de rupture », affirme E.D.F. Le Point a voulu en savoir plus.

Diable ! Un expert belge – évêque de son état ! – ose mettre en doute la solidité des enceintes de confinement des réacteurs nucléaires français. Et, qui plus est, dans un rapport officiel publié par l'Office parlementaire de l'évaluation des choix scientifiques !

Piquée au vif, E.D.F. s'est empressée d'allumer un contre-feu nucléaire dans la journée même. « Les études ont montré que la résistance des enceintes est telle qu'il n'y a pas de risque de rupture. »

Querelle d'experts ? Il y a pourtant moyen d'approcher très certainement la vérité : c'est de lire ce document interne au C.E.A. qui décrit l'« Approche française en matière d'accidents graves », et qui est signé par une grande figure du nucléaire français, François Cogné, à la tête de l'Institut de protection et de sûreté nucléaire. On lit : « Malgré toutes les précautions, on ne peut exclure absolument l'éventualité d'accidents graves comportant la fusion du cœur et la perte partielle ou notable et plus ou moins tardive de la fonction du confinement des matières radioactives dans l'enceinte. » Que de précautions littéraires pour reconnaître qu'il est scientifiquement impossible d'écarter toute hypothèse de rupture de l'enceinte. Tout scientifique le sait bien : le risque zéro n'existe pas. Simplement, au-dessous d'un seuil très bas de probabilité, les experts d'E.D.F. considèrent le risque comme acceptable. Il n'y a rien de condamnable, le tout est de le dire publiquement !

➤ Scénario catastrophe majeure : l'hydrogène produit par la fusion du cœur provoque une déflagration. Le combustible nucléaire est projeté dans l'atmosphère, E.D.F. se refusant à envisager ce cas, *Le Point* a fait appel au G.S.I.E.N. (Groupement des scientifiques pour l'information sur l'énergie nucléaire). En utilisant les données fournies par le C.E.A., il diagnostique la création d'une zone mortelle de forme ovoïde longue de 100 kilomètres et large de 6. Ce qui veut dire, par exemple, que la région parisienne est directement menacée par la centrale de Nogent-sur-Seine.

➤ Scénario le plus grave admis par E.D.F. : là encore, le cœur entre en fusion, mais le seul risque est celui d'une surpression due à la production de gaz. L'enceinte de confinement risque alors de se fissurer. Pour y parer, un seul moyen : laisser filtrer une partie de ces gaz radioactifs à l'extérieur par les fameux filtres à sables dont E.D.F. est en train d'équiper toutes ses centrales.

Spécialement pour *Le Point,* E.D.F. a étudié le devenir du nuage radioactif (3 millièmes de la radioactivité du cœur) qui va alors battre la campagne. À 90 kilomètres de la centrale (distance de Paris à la centrale de Nogent-sur-Seine), nous dit E.D.F., la contamination des habitants pourrait atteindre 100 millirems, niveau moyen de l'irradiation naturelle. Mais plus près de la centrale, qu'en est-il ? Conclusions d'experts indépendants : dans un cercle de 30 kilomètres autour de la centrale, les personnes présentes pourraient recevoir une dose supérieure au seuil maximum légal de 500 millirems par an. Or les autorités publiques ne prévoient pas de mesures particulières de protection (évacuation ou confinement chez soi) au-delà d'un rayon de 10 kilomètres. Du coup, les habitants de Sens, Provins, Bordeaux, Montauban, la banlieue lyonnaise, Orléans, Calais, Dunkerque,

Saumur, Montélimar et Blois, qui habitent à moins d'une trentaine de kilomètres d'une centrale, pourraient s'inquiéter.

Il est vrai que le risque d'un tel scénario est inférieur à dix puissance moins sept, comme disent les experts, c'est-à-dire inférieur à une probabilité sur... dix millions.

Frédéric LEWINO, *Le Point,* n° 809, 21-03-1988.

2 - LE PROCÈS

I. L'ENQUÊTE : CRIME DE RÔDEUR OU CRIME PARFAIT ?

LES FAITS

• 4 h du matin, le 12 juin. Jean-Pierre Azéma, 45 ans, quitte la maison familiale endormie, quelque part dans la banlieue de Rouen, pour rejoindre Saint-Cloud en voiture, où il dirige une importante clinique spécialisée en clinique esthétique. Sa femme, Catherine, 38 ans, propriétaire d'un magasin de vêtements à Rouen, reste seule dans la maison avec leur fils, Matthieu.

• Dans la matinée, à Saint-Cloud, Jean-Pierre Azéma reçoit un certain nombre de clientes, règle différents dossiers. Vers 11 h, il décide d'appeler chez lui. Il doit rappeler à plusieurs reprises car personne ne répond. Enfin Matthieu, qui a du mal à se réveiller, finit par décrocher le téléphone. Jean-Pierre s'inquiète du silence de Catherine. Matthieu va à la recherche de sa mère. Il la découvre morte dans son lit, la tête couverte de sang. Elle a été tuée à bout portant dans son sommeil, de deux balles de carabine 22 long rifle. À quelle heure ?

LES INDICES

• On pense tout d'abord à un crime de rôdeur. En effet :

➤ Jean-Pierre Azéma signale la disparition de bijoux, d'une somme d'argent, 15 000 F environ, et des armes, dont une carabine 22 long rifle ;

➤ un carreau de la porte-fenêtre a été brisé ;

➤ d'après le médecin légiste, l'heure de la mort se situe quelque part entre minuit et huit heures du matin.

MAIS...

– Si le carreau a bien été cassé, le verrou de la porte-fenêtre a été refermé. Pourquoi un rôdeur refermerait-il le verrou ?

– Le chien n'a pas aboyé.

– Matthieu, qui a l'habitude de se lever tôt, ne s'est réveillé, difficilement, que vers 11 heures. Pourquoi une heure si tardive ?

– Pourquoi ces coups de téléphone répétés de Jean-Pierre à 11 heures du matin, alors que d'habitude il n'appelle que le soir ?

LES SOUPÇONS

• Devant toutes ces anomalies, les enquêteurs imaginent un autre scénario :

– Jean-Pierre Azéma a administré un somnifère à son fils Matthieu pour que celui-ci ne s'aperçoive de rien.

– Il a tiré sur sa femme endormie, brisé le carreau de la porte-fenêtre sans la déverrouiller et fait disparaître argent, bijoux et armes pour faire croire à un crime de rôdeur.

• Au vu de tous ces éléments le juge d'instruction décide d'**inculper Jean-Pierre Azéma du meurtre de sa femme, Catherine.**

LES MOBILES

• Une enquête conduite sur la vie et la personnalité de Jean-Pierre Azéma va très vite confirmer les soupçons :

– Jean-Pierre et sa femme ne s'entendaient pas. Elle était sa troisième épouse et Jean-Pierre, le fait était bien connu de tous, était un mari volage. Il comptait d'ailleurs vivre avec une jeune femme, Évelyne Guérin, installée à Paris. Mais Catherine refusait le divorce.

– Jean-Pierre dépensait énormément d'argent. Belles voitures, voyages lointains, sorties dans de grands restaurants...

• En somme, il aimait les femmes et l'argent.

OR...

– Sa clinique connaissait des difficultés importantes. On soupçonnait Jean-Pierre de détourner des fonds et de jouer avec l'argent de ses clients.

– Deux jours avant le meurtre, il tire un chèque de 100 000 F sur le compte du magasin de sa femme.

– On apprend en outre qu'une assurance-vie a été contractée par sa femme à son profit (1 million de francs) en cas de décès, quelle qu'en soit la cause.

– Au mois de mars, sa femme avait été victime d'un curieux accident. Au volant de sa 205, la roue avant se bloque. Heureusement l'auto roulait à faible allure. Le garagiste diagnostique un sabotage par desserrage d'une pièce de la direction.

Tout accable donc Jean-Pierre Azéma. Cependant, ce ne sont là que des présomptions, en fait, il n'existe aucune preuve formelle de sa culpabilité.

EN EFFET...

Reprenons les FAITS :

– Le chien n'a pas aboyé ? Mais c'est un animal gentil, craintif, qui n'aboie pas toujours. La preuve : quand les gendarmes sont arrivés, le chien n'a pas aboyé.

– Jean-Pierre a téléphoné le matin parce qu'il devait sortir le soir avec son amie, Évelyne.

– Une voisine affirme avoir entendu un coup de feu vers 5 h 30, heure à laquelle Jean-Pierre était sur l'autoroute.

Quant aux MOBILES :

– Jean-Pierre a toujours été extrêmement gentil avec sa femme, même s'il ne lui était pas toujours fidèle. Ses ex-épouses ont gardé un excellent souvenir de lui. Jean-Pierre a toujours su divorcer sans drame. Celui avec Catherine se serait très bien passé.

– Jean-Pierre a financé l'achat du magasin de sa femme avec laquelle il est d'ailleurs associé. Il a donc parfaitement le droit de retirer de l'argent sur le compte du magasin.

– L'assurance souscrite n'est pas une assurance-vie, mais une assurance-accident, dont la souscription est d'ailleurs obligatoire.

– L'incident avec la 205, c'est Jean-Pierre lui-même qui l'a signalé aux gendarmes.

**Alors ? coupable ou innocent ?
Le procès va-t-il permettre de faire toute la lumière sur cette terrible affaire ?
Quel sera le verdict des jurés ?**

aux assises

le procès

Les magistrats

président de la cour d'Assise

les inculpés

Après cinq heures et demie de délibération, les jurés

Deux témoignages

Les « aveux »

LE DOUTE

Le témoignage

La plaidoirie

L'avocat général a requis

l'acquittement

VERDICT

condamné

Le président entouré de ses deux assesseurs

L'avocat général

La défense

Un témoin

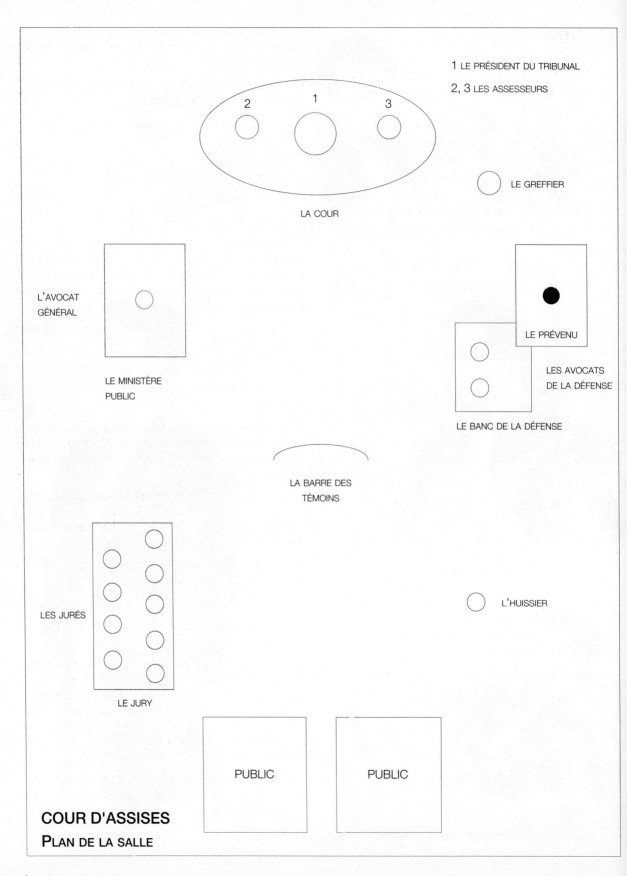

1 LE PRÉSIDENT DU TRIBUNAL

2, 3 LES ASSESSEURS

LA COUR

LE GREFFIER

L'AVOCAT GÉNÉRAL

LE MINISTÈRE PUBLIC

LE PRÉVENU

LES AVOCATS DE LA DÉFENSE

LE BANC DE LA DÉFENSE

LA BARRE DES TÉMOINS

L'HUISSIER

LES JURÉS

LE JURY

PUBLIC

PUBLIC

COUR D'ASSISES
PLAN DE LA SALLE

Contrôle lexical

– J.-P. Azéma ...... d'avoir simulé un crime de rôdeur.

– Les enquêteurs ...... J.-P. Azéma d'avoir simulé un crime de rôdeur.

– J.-P. Azéma voulait détourner les ...... des enquêteurs, en portant plainte pour le vol d'une somme d'argent, de bijoux et d'une arme à feu.

– Le juge d'instruction ...... J.-P. Azéma du ...... de sa femme.

– Il n'y a pas de ...... de la culpabilité de J.-P. Azéma.

– La ...... de J.-P. Azéma ne peut pas être ...... Il n'y a que des ......

– J.-P. Azéma refuse d'...... le crime dont il est ......

– Le juge d'instruction ne doute pas de la ...... de J.-P. Azéma.

– L'...... des témoins permettra de mieux cerner la personnalité de J.-P. Azéma.

– Évelyne Guérin viendra ...... à la barre.

– Le président procède à l'...... de l'......

– L'avocat général réclame une ...... de 20 ans de réclusion criminelle.

– L'avocat de la défense ...... l'innocence de son ......

– Après ......, le jury ...... X à une peine de 20 ans de réclusion criminelle.

Simulation

1. Les rôles

Pour organiser cette simulation, il faut :

– 1 président chargé de la conduite des débats, de l'interrogatoire de l'accusé, de l'interrogatoire des témoins (les jurés, les assesseurs ne peuvent par exemple poser de questions au témoin que par l'intermédiaire du président) ;

– 2 assesseurs chargés d'assister le président (lors de la simulation leur rôle n'est pas essentiel, mais ils se réunissent avec le président et les jurés pour délibérer) ;

– 1 greffier chargé de la lecture de l'acte d'accusation ;

– 1 avocat général représentant le ministère public et chargé de l'accusation ;

– 1 avocat chargé de la défense de l'accusé ;

– l'accusé ;

– 1 huissier chargé d'introduire les témoins ;

– 4/5 témoins (ou plus selon les désirs du groupe) qui viennent déposer à la demande du ministère public comme à la demande de la défense ;

– 9 jurés qui suivront les débats et devront prononcer le verdict à l'issue de leurs délibérations ;

– 2 journalistes chargés de suivre les débats et d'en rendre compte journée par journée.

(Bien évidemment, selon la taille du groupe, on pourra réduire le nombre des participants.)

2. L'organisation du travail

On distinguera tout d'abord :

• **Une phase de travail collectif** consacrée à la **lecture du dossier,** à l'élucidation de tous les éléments de la situation, de façon que tous les participants disposent de **la même base d'information**. On en profitera pour **préciser les portraits** :

– de l'accusé (accentuer certains traits, souligner certains aspects de sa vie) ;

– de la victime (sympathique, ou antipathique) ;

– des acteurs du procès (président, avocat général, avocat, etc.).

On pourra définir des attitudes dominantes, des formes de comportement (distance, humour, hostilité, agressivité, etc.). Enfin on précisera **le nombre et la qualité des témoins.**

Ceux qui peuvent **éclairer les faits** et ceux qui peuvent témoigner sur la personne et la vie de l'accusé, la personne et la vie de la victime. Certains pourront être délibérément **hostiles,** d'autres plus **favorables.**

• **Une phase de travail de groupe,** chaque groupe prenant en charge un des **rôles** en précisant :

– le contenu de chaque intervention ;

– le mode d'intervention possible, les arguments susceptibles d'être utilisés, etc.).

et cela en fonction des **étapes du déroulement du procès**. Dans le déroulement qui suit seront indiquées les différentes phases dans leur aspect proprement judiciaire ainsi que les **activités langagières** correspondantes avec référence des **leçons** et **exercices** qui présentent des **situations de communication** analogues à celles intervenant dans le procès.

Les **journalistes** ne manqueront pas de faire chaque fois un **compte rendu d'audience** écrit qui sera lu et commenté par l'ensemble du groupe au début de la séance suivante.

1. ENTRÉE DE LA COUR

Au sens strict, la cour comprend le président et ses deux assesseurs, le représentant du ministère public, le greffier.

2. TIRAGE AU SORT DU JURY

On tire au sort dans une urne le nom des différents jurés. Ils doivent être neuf au total. La défense peut en récuser cinq, l'accusation quatre. Ces récusations ne sont pas motivées. Elles sont fondées en fait sur la nature de l'affaire en rapport avec le sexe, l'âge et la profession du juré.

> On peut de la sorte constituer une liste de dix-huit jurés avec des caractéristiques qui, pour certains, les rendraient *a priori* trop favorables ou trop hostiles à l'accusé. Ceux qui jouent le rôle de l'avocat de la défense, le rôle de l'avocat général devront prendre leurs responsabilités.

Suite au tirage au sort, le président s'adresse aux jurés et leur fait la déclaration suivante :

« Vous jurez et promettez d'examiner avec l'attention la plus scrupuleuse les charges qui seront portées contre Jean-Pierre Azéma, de ne trahir ni les intérêts de l'accusé, ni ceux de la société qui l'accuse ; de ne communiquer avec personne jusqu'après votre déclaration ; de n'écouter ni la haine ou la méchanceté, ni la crainte ou l'affection ; de vous décider d'après les charges et les moyens de défense ; suivant votre intime conviction, avec l'impartialité et la fermeté qui conviennent à un homme probe et libre, et de conserver le secret des délibérations même après la cessation de vos fonctions. »

3. APPEL DES TÉMOINS

L'huissier procède à l'appel des témoins et experts qui auront à déposer lors du procès. Les témoins sont supposés se retirer dans une pièce voisine de la salle d'audiences et dont ils ne sortiront que pour déposer, cela afin d'éviter qu'ils ne s'influencent au cours des différentes dépositions. Le président invite alors l'accusé à écouter l'arrêt de renvoi, c'est-à-dire l'acte d'accusation, lecture faite par le greffier.

4. LECTURE DE L'ACTE D'ACCUSATION

L'arrêt de renvoi a été établi par la chambre d'accusation à partir du dossier établi par le juge d'instruction. Comme il s'agit d'un crime, Jean-Pierre Azéma comparaît devant une cour d'assises et d'inculpé devient accusé. Cet arrêt reprend les éléments du dossier et les présente de manière à justifier la comparution de l'accusé devant une cour d'assises.

> Il s'agira de procéder ici à une **narration orientée**, c'est-à-dire une relation des événements (qui ? où ? quand ? comment ?) inscrite dans un cadre logique (pourquoi ? dans quel but ?) qui vise à établir la culpabilité de l'accusé (cf. leçon 1).

5. INTERROGATOIRE DE L'ACCUSÉ

L'interrogatoire de l'accusé par le président est destiné à faire apparaître les traits essentiels de la personnalité de l'accusé au travers du rappel des aspects essentiels de sa vie et des circonstances du drame. Cet interrogatoire peut en fait revêtir les allures d'un **monologue** du président, fondé sur une enquête de personnalité, auquel l'accusé pourra **réagir,** ici en **niant** être l'auteur du crime, **concédant** simplement que les apparences sont contre lui.

> Pour résumer la vie de l'accusé, on pourra se rapporter au **schéma de vie** de la leçon 2, p. 60, en insistant sur les traits de caractère, les goûts qui doivent fatalement conduire l'accusé à commettre le crime. Voir aussi **les verbes de sens causal** (leçon 1). L'accusé interviendra pour protester. Il **concédera** sur les apparences (leçon 3, pp. 86-87), **niera, remettra en question** (leçon 5, p. 144).

6. LA DÉPOSITION DES TÉMOINS

On entendra tous les **experts,** notamment le médecin légiste qui donne les causes de la mort et précise l'heure du crime (élément important dans l'acte d'accusation), ainsi que tous les témoins susceptibles d'éclairer l'acte et ses motivations, de préciser la personnalité de l'accusé. Chaque témoin **prête serment** en reprenant la formule consacrée prononcée par le président :
« Vous jurez de dire toute la vérité, rien que la vérité, de parler sans haine et sans crainte, dites je le jure. »
Le témoin dépose et reste ensuite dans la salle. Les questions peuvent venir du président, de l'avocat général, de l'avocat de la défense. Pour questionner le témoin, les jurés doivent demander la parole au président.

► Il s'agira de **situer dans le temps** (leçons 1 et 2) ; de reprendre certains aspects d'**un portrait** (leçon 2), utilisation des **verbes de sens causal** (pp. 16-17) ; les témoins pourront **critiquer, concéder** (pp. 86-87) ; des contradictions pourront être relevées (leçon 4, p. 111) ; des **raisonnements** seront développés et des **conclusions** tirées (leçons 5 et 6).

7. LE RÉQUISITOIRE DE L'AVOCAT GÉNÉRAL

Par le réquisitoire, l'avocat général va demander aux jurés de condamner l'accusé en raison de sa culpabilité. Il se fondera sur l'existence de mobiles clairement définis, du caractère invraisemblable de la thèse du crime de rôdeur et sur la somme considérable de présomptions qui accablent l'accusé. L'avocat général devra savoir combiner la rigueur de l'argumentation et la force de l'éloquence. Il lui appartient de fixer en fin de réquisitoire la peine demandée.

► Développer une argumentation du type **accuser** par le moyen d'une **narration** visant à établir la culpabilité de J.-P. Azéma et insistant sur le caractère particulièrement machiavélique de l'entreprise. Un **portrait critique** de l'accusé sera établi à cette occasion. Rappelons à titre de mémoire les principes de la **disposition** du discours en rhétorique :
– l'**exorde** qui rend l'auditeur attentif et favorable à celui qui parle ;
– la **narration** qui reprend les faits et événements ;
– l'**argumentation**, avec deux dominantes, **confirmation** du point de vue de l'auteur du discours, **réfutation** du point de vue adverse ;
– la **péroraison**, qui récapitule la démonstration qui précède et fait appel aux sentiments des auditeurs.
Il en ira de même pour la plaidoirie de l'avocat de la défense.

• **L'argumentation de l'accusation,** s'agissant d'une cause qui reste à prouver, peut s'organiser selon la démarche suivante :

1. la personnalité de l'accusé est telle qu'il a pu commettre le crime ;

2. l'accusé avait un motif pour commettre le crime ;

3. l'accusé a projeté de commettre le crime (ou l'on peut distinguer encore) :

– il avait l'intention de commettre le crime ;

– il pouvait commettre le crime ;

– il a commis le crime.

8. LA PLAIDOIRIE DE LA DÉFENSE

Elle constitue le symétrique de l'intervention précédente. L'avocat plaidera ici l'innocence de son client, selon la même logique, avec inversion dans l'appréciation des faits (cf. dossier initial).

► Il s'agira de pouvoir **réfuter** tout en **concédant** sur le caractère défavorable des apparences. Insister sur l'absence de preuves formelles.

Pour le réquisitoire comme pour la plaidoirie, on allouera un temps de 15 minutes.

• **L'argumentation de la défense** peut consister, en suivant la même démarche, à annuler les conclusions précédentes :

a) à 1. on peut répondre :

– soit en mettant en valeur d'autres aspects de la personnalité de l'accusé ;

– soit en rappelant qu'il ne s'agit pas de juger de la vie de l'accusé ;

b) à 2. que l'accusé n'avait pas de motifs véritables ;

c) à 3. :

– soit que, placé antérieurement dans une situation analogue, l'accusé n'a rien fait ;

– soit que l'accusé ne pouvait pas penser ne pas être découvert.

9. LA DÉLIBÉRATION DU JURY

Le président donne lecture des questions auxquelles la cour et les jurés devront répondre :

– L'accusé est-il coupable d'avoir donné la mort à la victime ?

– L'accusé est-il coupable d'avoir intentionnellement donné la mort à la victime ?

– L'accusé est-il coupable d'avoir donné la mort avec préméditation ?

Le verdict le plus sévère est la réclusion criminelle à perpétuité. Dans le cas de l'innocence reconnue ou du doute, on peut prononcer l'acquittement.

Le jury se retire pour délibérer. Signalons que, pour que l'accusé soit reconnu coupable, une majorité de huit voix au moins est nécessaire. Si sept voix seulement se prononcent pour une condamnation et même si, pour les autres, il s'agit d'une simple abstention, l'accusé est acquitté. Après chaque question posée, il est procédé à un vote par bulletins déposés dans une urne, vote que le président dépouille.

Organisation d'un débat, avec prise en compte permanente du point de vue de l'autre (cf. utilisation du parcours de la concession, pp. 86-87 et du carré argumentatif, p. 173. Le temps alloué pour la délibération sera de 30 minutes.

10. LE VERDICT

La cour rentre dans la salle d'audiences, le président fait comparaître l'accusé, donne lecture des réponses et prononce l'arrêt.

LECTURE

L'AFFAIRE DEVEAUX

Le 7 juillet 1961, à Bron-Parilly, dans la banlieue lyonnaise, une fillette, Dominique B., est trouvée égorgée et éventrée dans un étroit couloir de la cave d'un grand immeuble locatif où ses parents demeurent et exploitent une boucherie.

Le corps est découvert par une voisine, Mme C., qui remonte de la cave le visage horrifié... Elle y redescend pour rechercher le corps en compagnie de la malheureuse mère. Jean-Marie Deveaux, garçon boucher, âgé de dix-huit ans, était alors en train de laver des garnitures de rôti. Suit-il les deux femmes tandis qu'elles descendent à la cave ? Ce point sera controversé.

La police, aussitôt prévenue par téléphone, envoie sur les lieux, environ trois quarts d'heure après le moment présumé du crime, l'inspecteur Cherrié qui, après avoir soupçonné Deveaux, le met hors de cause.

En effet, il n'y a pas trace de sang sur son tablier de boucher, sur son bracelet-montre, sous ses ongles et ses chaussures.

On cherche ailleurs mais en vain. Au bout d'un mois Deveaux se trouve libre et en vacances.

Dès la reprise du travail, le 1er septembre, se produit un fait étrange : le commis boucher est relevé par ses patrons, inanimé, dans l'escalier de la cave avec des ecchymoses à la tête. Il déclare textuellement aux policiers : « J'ai reçu un coup au sommet du crâne, au moment où je remontais l'escalier. En tombant j'ai aperçu les jambes d'un pantalon qui s'enfuyait. »

Deveaux est incapable de dire qui portait ce mystérieux pantalon. Les enquêteurs n'ont aucun mal à lui faire reconnaître qu'il s'agit là d'une affabulation. Il a imaginé cette agression pour détourner les soupçons qui continuent à peser sur lui, car la rumeur publique continue à le dire coupable. Pour en avoir le cœur net, le commissaire Durin, l'un des chefs de la police lyonnaise, qui a repris l'enquête (à la demande du parquet, dit-on), l'interroge. Deveaux se perd dans ses mensonges. Exaspéré, le commissaire Durin le menace de lui faire une piqûre de sérum de vérité. Deveaux, qui a huit ans d'âge mental, et une peur panique des piqûres, avoue le meurtre et le raconte avec un luxe de détails tout à fait extraordinaire...

L'affaire semble terminée, et pourtant elle ne l'est pas. Car le garçon boucher se rétracte ! Et le juge d'instruction Robin, frappé autant par l'attitude que par la volubilité de Deveaux, est pris de doutes : coupable ou non coupable ? Deveaux a dit, en effet, avoir frappé la fillette, d'abord au ventre, puis à la gorge. Or, le docteur Roche, médecin légiste, qui a pratiqué l'autopsie, n'a constaté aucune trace de sang dans les viscères. C'est donc que la fillette était déjà morte quand elle a été frappée au ventre. Donc elle a été frappée d'abord à la gorge, puis au ventre. Jean-Marie Deveaux a menti. Pressé par le juge de s'expliquer, il finit par dire que c'est pendant ses vacances, en lisant dans le journal la relation de l'enquête sur le crime, qu'il avait trouvé ces détails. On vérifie ; c'est exact : le journal s'est trompé ! Le juge Robin est prêt à rendre un non-lieu quand lui parvient la contre-expertise des médecins légistes de Paris. Ceux-ci admettent que l'ordre des blessures a pu être différent. Cette fois Jean-Marie Deveaux est inculpé de meurtre, et le 4 février 1963 il est dans le box des assises de Lyon.

Me Soulier est à ses côtés ; Deveaux semble ahuri, perdu dans une sorte de frayeur sans limite.

En face de lui, les représentants de l'accusation, l'avocat de la partie civile, M. Perrod, et l'avocat général Quatre.

Le président Combas, qui préside, est un petit homme aux membres courts et à la voix puissante...

M. Combas rappelle une vieille histoire selon laquelle Deveaux aurait tué un chat d'un coup de tabouret. Il ricane :

– Alors, Deveaux, on commence par un petit chat et on finit par une petite fille ?

Cette question inadmissible surprend l'assistance.

Le président : – Vous vous êtes inventé une fiancée et vous avez raconté qu'elle était morte au volant de sa puissante voiture. Vous avez pleuré cette fiancée imaginaire !

Le président Combas évoque ensuite le meurtre :

– Lorsque Mme B., la mère de la petite victime, est arrivée à la boutique après sa sieste, vers 14 heures, vous lui avez dit : « Dominique vient de sortir. » Vous auriez pu lui dire : « Dominique vient de mourir. » Car vous saviez qu'elle était morte cinq minutes avant le retour de sa mère.

Deveaux proteste, la voix du président, amplifiée par le micro, couvre la sienne :

– Ouais, vous racontez des histoires !

Le président : – L'enfant est exsangue, saignée à blanc ! Le corps est encore chaud. Tout le sang est répandu sur le sol dans cet étroit couloir de cave. C'est bien cela ?...

Deveaux : – Je ne sais pas !

Le président : – Comment, vous ne savez pas ? On va voir si vous avez perdu la mémoire ! Vous avez dit : « Avant de tuer Dominique, je suis remonté à la caisse, car j'avais oublié les clés de la cave. »

– J'ai inventé ça.

– Vous avez dit : « Elle s'est penchée le buste en avant. C'est alors que je l'ai frappée au ventre. »

– J'ai inventé ça.

– Vous avez ajouté : « J'ai un peu de remords. » Cyniques dosages !

– J'ai tout inventé. Je n'ai pas de remords !

– Lorsque vous avez passé vos aveux, vous avez bien dit avoir rapidement lavé votre couteau ?

– C'est pas vrai. J' l'ai pas fait !

– Vous montrez bien de la nervosité. Vous prétendez avoir aperçu le cadavre en descendant dans la cave, à la suite de la mère de Dominique et de Mme C. La vérité, c'est que vous aviez déjà vu le cadavre lorsque la fillette tomba sous les coups de votre couteau !

Un avocat général ne parlerait pas autrement. Jean-Marie Deveaux a un cri :

– Non, ce n'est pas vrai ! Ce n'est pas vrai !

Le président : – Dans le cabinet du juge d'instruction, vous avez mimé votre geste, vous avez fait le mouvement atroce, horrible, du criminel, l'arme au poing, tenant le couteau ! Et vous dites que vous n'étiez pas là ?

Deveaux : – J'étais en train de désosser un train de côtes dans l'arrière-cuisine.

Le président : – Désosser... Ouais... Vous aimez ça, désosser !...

L'effet d'audience est saisissant. Deveaux proteste. Mais lui n'a pas de micro comme le président...

L'interrogatoire est terminé. Le premier témoin est le commissaire Cherrié. Après les certitudes du président Combas, on en revient aux incertitudes de l'affaire. Le commissaire Cherrié, qui fut le premier à s'occuper du meurtre de Dominique B., après la rentrée de septembre, a été nommé ailleurs et c'est M. Durin qui a repris et qui a obtenu plus tard les aveux de Jean-Marie Deveaux.

Le commissaire Cherrié, avec une grande honnêteté, vient exposer son point de vue à la barre. À aucun moment, il n'a cru à la culpabilité de Deveaux. Au contraire, il a toujours recherché un mystérieux Nord-Africain, mais en vain, hélas.

L'audition du témoin suivant, le professeur Roche, apporte, elle, de l'eau au moulin de l'accusation. Alors qu'il avait conclu dans un premier rapport que les coups à la gorge avaient été portés avant ceux de l'abdomen, il se rallie maintenant à l'avis de ses collègues parisiens, selon lesquels l'inverse serait également possible, ce qui rend crédibles les aveux de Jean-Marie Deveaux. Mᵉ Soulier l'apostrophe vivement lorsqu'il a terminé sa déposition.

Mᵉ Soulier : – Savez-vous que si vous étiez inculpé, on dirait de vous « il se rétracte » ?

Les psychiatres viennent dire ensuite que Deveaux est un garçon attardé intellectuellement et affectivement mais pénalement responsable.

Vient ensuite la voisine, Mᵐᵉ C., qui a découvert le corps de la petite Dominique ; Deveaux a fait une description précise du cadavre. Est-il descendu avec Mᵐᵉ B. dans la cave ?... Mᵐᵉ C. affirme que non.

Le président Combas : – Où était Deveaux lorsque vous avez découvert le corps ?

– Sur le seuil de la boucherie.

Un juré : – De là où se trouvait l'accusé, pouvait-il voir la victime ?

Mᵐᵉ C. : – Absolument pas.

Le président : – Alors, Deveaux ?

Deveaux : – La dame se trompe.

Mais la mère de Dominique, elle aussi, affirme :

– Deveaux n'est pas descendu avec Mᵐᵉ C. et moi à la cave ! Je le jure sur la mémoire de ma petite fille.

Le président Combas : – Deveaux, maintenez-vous vos déclarations ?

– Je les maintiens, je n'ai rien à dire à Mᵐᵉ B.

La réponse est logique, mais elle est psychologiquement malheureuse. Prenant la parole aussitôt après, au nom de la partie civile, l'excellent avocat lyonnais, Mᵉ Perrod, montre que Deveaux a eu le temps d'accomplir le crime, puis il s'écrie :

– L'accusé n'a pas eu un mot pour implorer le pardon de la femme dont il a tué l'enfant. Il a préféré la stratégie qu'il s'était fixée.

Jeudi 7 février, troisième et dernière journée du procès de Jean-Marie Deveaux.

Réquisitoire assez embarrassé de l'avocat général Quatre. M. Quatre affirme hautement qu'il ne doute pas de la culpabilité de Deveaux, mais il lui reconnaît des circonstances atténuantes et réclame vingt ans de réclusion criminelle.

Pourquoi vingt ans, alors qu'un crime aussi horrible mériterait la mort ? Pourquoi, sinon parce qu'on devine que M. Quatre est un honnête homme et qu'on sent peser à travers tout son réquisitoire la hantise de l'erreur judiciaire.

C'est enfin à Mᵉ Soulier de s'exprimer. Il rappelle l'absence de mobile, l'absence de sang humain sur le tablier de Deveaux, Deveaux n'a été soupçonné que cinquante jours après le meurtre.

– C'est un pauvre mythomane qui a avoué par peur d'une piqûre. On ne doit pas le condamner. Il est innocent !

La délibération du jury dure deux heures vingt. Le président Combas annonce :

– Deveaux, la cour vous condamne à vingt ans de réclusion criminelle.

Le commis boucher, qui n'a rien compris, dit à Mᵉ Soulier avec un sourire désarmant de naïveté :

– Alors, maître, je rentre ce soir chez moi ?

La justice s'est prononcée. Logiquement tout est dit. Le procès Deveaux est maintenant terminé. Mais l'affaire Deveaux commence, car on se demande ce que signifie ce verdict. Si Deveaux est coupable n'est-ce pas à la peine de mort qu'il aurait dû être condamné, pour ce meurtre abominable ?... En fait, beaucoup de ceux qui ont assisté au procès ont été surpris par l'incroyable acharnement du président Combas... On dit même qu'il a exercé des pressions sur le jury...

En prison, Deveaux continue à proclamer son innocence. Et, avec son avocat Mᵉ Soulier, d'autres personnes entendent ses cris. C'est notamment le cas du père Boyer, un jésuite aumônier des prisons, qui prend fait et cause pour lui... Mais les années passent et aucun fait nouveau ne se produit. En 1966, Deveaux écrit au père Boyer : « Le criminel a toute liberté, et moi, innocent, je suis enfermé entre quatre murs. Ma vie est gâchée. J'en ai marre de la vie, je vais mourir. C'est presque la solution pour ne plus souffrir, je suis un homme mort. »

Une déclaration qui n'est pas un vain mot. Un an plus tard Jean-Marie Deveaux tente de se suicider en s'ouvrant les veines du poignet. Mais à part un petit nombre de personnes persuadées qu'une erreur judiciaire a été commise, nul ne fait attention à lui. Alors, au début de l'année 1968, Deveaux fait la grève de la faim. Et cette fois, il y a une réaction au plus haut niveau, puisque c'est le garde des Sceaux lui-même, Louis Joxe, qui prend l'initiative de soutenir le recours en cassation.

Ce recours avait été introduit, comme le veut la loi, pour une raison de pure forme. La veille du procès, le président Combas et l'avocat général Quatre avaient visité les lieux du crime en compagnie du commissaire Durin qui était témoin au procès. C'est une infraction à la loi que M⁰ Soulier avait relevée. Pourtant, le 17 octobre 1968, la Cour suprême refuse le pourvoi. Un second pourvoi soutenu par M. Foyer, qui a remplacé M. Joxe, est encore repoussé. Inutile de dire le désespoir qui s'empare de Deveaux à l'annonce de cette nouvelle. Il entame une nouvelle grève de la faim au début de l'année 1969. Sa détermination est telle qu'on doit l'attacher afin de le nourrir par perfusions...

Le nouveau garde des Sceaux, René Capitant, soutient un nouveau pourvoi, le troisième depuis la condamnation, et le 30 avril 1969, la Cour de cassation, cette fois, annule le jugement de Lyon et renvoie Jean-Marie devant les assises de Dijon.

C'est ainsi que le mercredi 14 septembre 1969 s'ouvre le second procès Deveaux qui a passé plus de cent mois en prison. Le public est nombreux. Des jeunes surtout, un auditoire passionné et partisan.

Deveaux vient d'entrer. Qu'est devenu l'adolescent attardé au sourire niais ?... L'accusé d'aujourd'hui a l'air sérieux et même sévère, derrière ses lunettes. Son visage est creusé, émacié, sa bouche édentée est celle d'un vieillard. N'a-t-il pas perdu seize dents pendant sa détention ?

On retrouve là M⁰ Soulier, l'avocat de la défense et le bâtonnier Perrod de la partie civile.

L'avocat général Cuinat remplace M. Quatre. Quant au président, le conseiller Brenot, c'est le contretype, dirait-on, de M. Combas. On sent en M. Brenot un homme soucieux de découvrir la vérité et dépourvu de fanatisme.

Le président Brenot : – Deveaux, vous comparaissez ici en vertu d'une procédure exceptionnelle. L'arrêt qui vous a précédemment condamné a été cassé. Je vais donc vous interroger de nouveau sur vos antécédents et sur les faits. Ce sera long, aussi, je vous autorise à rester assis. Vous aviez depuis longtemps, dit le président Brenot, une tendance à l'affabulation. Vous inventiez des fiancées merveilleuses qui mouraient dans de fracassants accidents. Vous les pleuriez tellement que M. B., votre patron, devait vous prier de vous retirer dans l'arrière-boutique. Vos sanglots importunaient les clients et vos larmes arrosaient les rôtis de bœuf.

Pourquoi ces mensonges ?

– C'était, répond Deveaux, pour avoir un sujet de conversation, pour être comme tout le monde.

– Devant le commissaire Durin, vous avez eu peur qu'il vous fasse une piqûre. Mais pourquoi avez-vous répété vos aveux devant le juge d'instruction ?

Deveaux : – « Juge d'instruction », Monsieur le Président ? Mais je ne savais pas que c'était un juge, moi ! Il était au milieu des policiers. Je l'ai pris pour un policier...

L'interrogatoire, conduit avec douceur et fermeté, a sonné juste de bout en bout. C'est maintenant au tour des psychiatres de venir à la barre. Si, comme ceux de Lyon, ils reconnaissent Deveaux responsable pénalement, leur tableau psychologique n'est cependant plus du tout le même ! Et ce n'est pas une contradiction de la science, c'est tout simplement l'accusé qui a changé. Témoin, ce portrait tracé par le professeur Marin :

– J'ai examiné Deveaux à la prison de Dijon. J'attendais un être assez replié sur soi ; j'ai trouvé un garçon qui recherchait le contact humain. Je n'ai pas trouvé de tendance mythomaniaque ; il ne cherche plus à s'évader hors de la réalité. Deveaux a fait du chemin. C'est un garçon plus présent, plus solide, plus fidèle à sa vérité.

Oui, Jean-Marie Deveaux a fait du chemin. Et pour tous ceux qui sont là, la cause n'est pas à chercher bien loin ; huit ans de prison, quand on est innocent, cela compte double ou triple. Et cela vous change un garçon boucher mythomane en adulte pleinement responsable. Et chacun de s'interroger : une erreur judiciaire a-t-elle été commise par la cour d'assises de Lyon, présidée par M. Combas en février 1963 ? La cour de Dijon va-   t-elle, en 1969, confirmer le verdict de Lyon ou réparer l'erreur, si erreur il y a ?

On a fait venir à la barre de Dijon le professeur Barone, spécialiste d'anatomie vétérinaire, pour tenter d'élucider un point capital : les coups ont-ils pu être portés à la victime dans l'ordre qu'a dit Deveaux lors de ses aveux ? D'abord au ventre et ensuite à la gorge ? Alors que l'abdomen n'avait pas saigné ?

Pour répondre à la question, le professeur Barone a sacrifié quatre chiens, préalablement anesthésiés.

M. Barone : – Puisque les viscères de la victime étaient exsangues, déclare-t-il, un laps de temps de près de cinq minutes a dû s'écouler entre l'égorgement et les coups portés à l'abdomen ! Il est même probable que ceux-ci ont été portés *post mortem*.

Ce n'est pas tout. Le professeur Barone ajoute :

– Ce n'est pas nécessairement un couteau de boucher. Il aurait sufi d'un couteau de boy-scout doté d'une lame de dix centimètres de long et de deux de large pour provoquer les blessures que l'on a constatées.

Si tout cela avait été dit lors du premier procès, bien des choses auraient pu changer. Mais le professeur Barone n'a pas encore terminé. Il tient à revenir sur un point dont les premiers jurés n'avaient pas tenu compte :

– J'estime, déclare-t-il, qu'un assassin soulevant la tête de sa victime pour lui trancher la gorge doit obligatoirement recevoir du sang sur ses deux mains et sur ses habits.

L'inspecteur Cherrié le pensait aussi...

Le professeur, et ce n'est pas son rôle, ne rappelle pas que Jean-Marie Deveaux, qui a été examiné tout de suite après le crime, ne présentait aucune tache suspecte. Chacun le sait, à commencer par les jurés. Deux d'entre eux n'ont-ils pas écrit aux autorités judiciaires de Lyon pour s'étonner à ce sujet de l'attitude du président Combas ?

Le témoin suivant, lui, croit toujours à la culpabilité de Deveaux. Ce n'est autre que le commissaire Durin, qui a recueilli les aveux de l'adolescent, après l'avoir menacé d'une piqûre de sérum de vérité. M. Durin n'est pas un tortionnaire : c'est un homme dont la sincérité et la bonne foi ne peuvent être mises en doute, et il est convaincu de la culpabilité de Deveaux :

– On a dit de moi, dans un livre, commence le commissaire Durin...

Le président : – Monsieur le commissaire, je vous en prie, tenez-vous-en aux faits...

M. Durin, reprenant l'exposé chronologique des faits, montre qu'il y avait dans l'emploi du temps du commis boucher un battement de quelques minutes au cours duquel il aurait pu tuer la petite Dominique. Mais il se contente d'une conclusion relativement neutre :

– Si Deveaux peut être le meurtrier, cela n'implique pas qu'il le soit obligatoirement...

Le lendemain, 26 septembre 1969, on voit à la barre successivement la mère de la victime, Mme B., et sa voisine Mme C.

Huit ans de deuil n'ont pas atténué le chagrin de Mme B. Elle dépose toujours avec la même émotion et dans le même sens que la première fois.

Le président Brenot (doucement) : – Vous étiez bouleversée, vous n'aviez peut-être pas enregistré exactement les faits ?

Mme B. ne veut pas de cette explication :

– Je suis formelle, Deveaux n'est pas descendu dans la cave avec moi. J'étais seule avec Mme C.

Deveaux, quant à lui, répète d'une voix neutre :

– Je maintiens mes déclarations.

Même situation avec Mme C., la voisine :

– Deveaux n'était pas avec nous. Je suis affirmative. C'est en remontant que je l'ai vu. Je lui ai demandé de prendre des torchons pour couvrir le corps de la fillette.

Le témoin qui vient ensuite à la barre n'était pas au procès de Lyon. Et pour cause ! C'est lui le principal animateur du comité qui a abouti à la cassation et à ce second procès. Il s'agit de l'abbé Boyer qui a vu souvent le condamné en prison et a acquis l'absolue certitude qu'il est innocent. Depuis il s'est dépensé sans compter dans ce combat.

L'abbé Boyer : – Ce qui m'a frappé chez lui, c'est que sa personnalité ne correspond absolument pas au crime sauvage pour lequel il a été condamné.

Le père Boyer égrène des souvenirs. Celui-ci par exemple :

– Je le sentais en perpétuelle obsession. Devant son état, je lui ai parlé d'une possibilité de recours en grâce introduit directement à l'Élysée. Et lui, spontanément, m'a répondu : « La grâce, c'est pour les coupables. Moi je ne suis pas coupable. Je suis innocent ! »

Et le père Boyer conclut :

– Jean-Marie a tenté de se suicider. Il a fait des grèves de la faim qui l'ont conduit aux portes de la mort. Désormais, sa vie, c'est la reconnaissance de son innocence.

Jean-Marie Deveaux se lève. Ses lèvres tremblent. Il parvient à articuler :

– Mon père, je vous remercie pour tout ce que vous avez fait pour moi...

Il n'est pas besoin d'être placé au premier rang pour s'apercevoir que plusieurs jurés sont au bord des larmes.

Le bâtonnier Perrod de Lyon, excellent avocat et juriste des plus écoutés, parle aujourd'hui 27 septembre 1969 au nom de la partie civile :

– On vous a dit : si c'était Deveaux, ce serait un crime sans mobile. Voici un ouvrage paru récemment. Il s'intitule : *L'Adolescent meurtrier.* Sa conclusion est que les meurtriers juvéniles tuent le plus souvent sans mobile. Pourquoi ? Parce que la mort ne représente rien pour eux... Alors, messieurs, si, comme dit La Bruyère, un innocent en prison c'est l'affaire du monde entier, je pense qu'une petite fille assassinée est l'affaire de toute la société ! C'est pour sa mémoire que je demande justice...

L'avocat général Cuinat se lève pour son réquisitoire :

– Il n'y a pas contre l'accusé, commence-t-il, de preuves formelles mais des présomptions graves, précises et concordantes. Bien sûr, j'aurais pu abandonner l'accusation et l'on aurait dit partout que j'étais un grand magistrat ! Malheureusement, c'est une deuxième condamnation que je vais demander...

L'avocat général Cuinat rappelle alors que c'est pour des raisons de forme que la Cour de cassation se prononce, ce qui est le simple énoncé de la loi, puis estime, comme le commissaire Durin, que l'accusé a eu le temps de commettre le crime :

– Comme ce trou d'un quart d'heure vous gênait, s'écrie-t-il, vous avez essayé de le diminuer de cinq minutes. Vous voulez égarer la justice. Vous êtes beaucoup plus retors que ne le disent vos supporters ! Vous n'êtes pas un minus ! Les experts, avec raison, vous tiennent pour responsable de vos actes !

La conclusion du réquisitoire est un appel au sens moral des jurés, à une époque où – ne l'oublions pas – les événements de mai 68 sont encore présents dans les mémoires :

– L'erreur judiciaire entre dans le thème très à la mode de contestations, qui n'épargne ni la religion, ni la famille, ni la patrie, ni, bien entendu, la justice. Si je n'ai pu vous faire partager ma conviction, vous acquitterez Deveaux. Je le regretterai, mais sans amertume. Si je vous ai fait partager mon sentiment intime et profond, vous le condamnerez, comme l'a fait avant vous la cour d'assises de Lyon. Je vous le demande, en souvenir de celle qui serait aujourd'hui une belle jeune fille. Je vous le demande pour sa mère qui a ramené le petit cadavre dans ses bras. Je vous le demande aussi pour cette justice que vous avez juré de rendre avec la fermeté qui s'impose.

On approche de l'épilogue. C'est à Mᵉ Soulier, le courageux et très talentueux avocat de la défense, de parler. On devine son émotion. Cela fait huit ans qu'il se bat pour son client. Tout va peut-être se jouer maintenant :

Mᵉ André Soulier : – Messieurs les jurés, on vous a parlé d'une cassation de pure forme ? Allons donc ! Vous croyez que M. Foyer, garde des Sceaux, s'est intéressé à cette affaire uniquement parce qu'il y avait un vice de forme ? Vous croyez que M. Joxe, qui est un littéraire et un ambassadeur de France, se serait intéressé à cette affaire s'il avait eu la certitude de la culpabilité ? Vous croyez que M. Capitant, garde des Sceaux, professeur agrégé de droit, se serait intéressé au sort d'un coupable justement condamné ?...

Me Soulier entre dans le vif du sujet :

– L'accusation a-t-elle pu déterminer l'heure du crime ? A-t-elle pu donner un mobile ? Non. A-t-elle fourni la moindre preuve ? Non, et le procureur vient de le rappeler ! En fait, l'accusation ne dispose que d'un seul élément : les aveux de Deveaux, ceux d'un attardé mental qui a dit n'importe quoi, par crainte d'une piqûre. Il y a six ans, s'écrie Me Soulier, que de tout mon cœur et de toutes mes forces je tente de revenir devant un autre jury, c'est-à-dire devant vous ! Je vous demande de partager non pas ma foi, mais ma conviction passionnée !

Et l'avocat conclut de manière pathétique :

– Je pense au vieux père de Deveaux, frappé de paralysie après le premier verdict. À l'instant où je vous parle, il est chez lui à Bron. Il attend. Je vous en prie, ne soyez pas trop longs !

Le conseiller Brenot donne, selon la loi, une dernière fois la parole à l'accusé. La déclaration de Deveaux est un cri :

– Monsieur le président, je suis innocent ! Je souffre depuis huit ans ! Je vous en supplie ! Je suis innocent, Monsieur le président.

Après trente minutes de délibération les jurés rentrent. C'est non à toutes les questions. Le président Brenot a du mal à lire le verdict d'acquittement. L'émotion étrangle sa voix. La suite est inaudible. Elle est couverte par les applaudissements et les vivats du public !

Cette fois, Jean-Marie Deveaux a bien compris le verdict ! Les journalistes l'interrogent. Quels sont ses projets ?

Donner des interviews, écrire ses mémoires ?

– Je voudrais être mécanicien diesel, dit-il simplement.

Projet modeste et réaliste que le jeune homme a mis à exécution. L'année suivante il a obtenu son C.A.P. de tourneur et épousé une jeune fille de vingt-trois ans, technicienne en biologie.

Frédéric POTTECHER, *Circonstances atténuantes,* éd. Fayard/R.M.C.

Vous venez de lire le compte rendu d'une affaire judiciaire qui, en son temps, fit beaucoup de bruit.

1. Repérez et distinguez dans le texte les différentes phases de l'affaire, depuis la découverte du corps de la victime jusqu'à l'acquittement final.

2. Les différentes phases des deux procès.

3. Les acteurs principaux de cette affaire : **nom, fonction** et **verbes** qui désignent **les actes juridiques** et **les actes de parole.**

4. Que penser de la conduite du premier procès ?

LES MOTS DU DISCOURS
(inventaire lexical)

Sont répertoriés ici les verbes (et substantifs correspondants) se rapportant aux activités de parole qui interviennent dans le cadre des discussions et échanges divers présentés dans cette méthode. Les mots suivis d'une astérisque (*) sont des mots qui appartiennent à d'autres familles de sens (consulter le dictionnaire).

1. Aspects généraux

affirmer	affirmation
débattre de	débat
déclarer	déclaration
dialoguer	dialogue
dire	–
discourir	discours
discuter	discussion
échanger (des propos)	échange
entretenir qqun de	entretien
s'entretenir de	entretien
exprimer (un point de vue…)	expression
s'exprimer sur…	expression
intervenir	intervention
parler	parole
–	propos

2. Contenus de l'intervention

analyser	analyse
commenter	commentaire
communiquer	communication
constater	constatation
décrire	description
démontrer	démonstration
développer	développement
examiner	examen
expliquer	explication
exposer	exposé
faire part de	–
informer	information
justifier	justification
montrer	–
proclamer	proclamation
prouver	preuve
raconter	récit
rapporter (les propos de…)	–
renseigner	renseignement
révéler	révélation
traiter de	–

3. Organisation de l'intervention

avancer un argument	–
conclure	conclusion
introduire	introduction
interrompre	interruption
lancer le débat	–
ouvrir le débat	ouverture
prendre la parole	prise de parole

répliquer	réplique
répondre	réponse
se taire	–
trancher	–

4. Argumentation

argumenter	argument
conseiller	conseil
convaincre	conviction
décider qq.	décision
déconseiller	–
dissuader	dissuasion
influencer	influence
persuader	persuasion
plaider	plaidoirie

5. Opinions, jugements

considérer	considération
croire	croyance*
estimer	estimation*
juger	jugement
penser	pensée

6. Accord

approuver	approbation
appuyer	appui
confirmer	confirmation
corroborer	–
être d'accord	–
soutenir	soutien

7. Concession

accorder [1]	–
admettre	admission*
avouer	aveu
concéder	concession
convenir de	–
reconnaître	reconnaissance*

8. Désaccord

contester	contestation
contredire	contradiction
critiquer	critique
démentir	démenti
nier	négation
objecter	objection

récuser	–
rejeter	rejet
réfuter	réfutation
rétorquer	–

9. Attaques, accusations

accuser	accusation
blâmer	blâme
critiquer	critique
dénoncer	dénonciation
désapprouver	désapprobation
s'élever contre	–
remettre en cause/question	remise en cause/…
reprocher	reproche
soupçonner	soupçon
suspecter	suspicion

10. Craintes

appréhender	appréhension
craindre	crainte
déplorer	–
se plaindre	plainte
redouter	–
ant. : rassurer	–

11. Insistance

insister sur	insistance

mettre l'accent	–
rappeler	rappel
souligner	–

12. Types d'échanges

controverse
débat
délibération
dialogue
discussion
échange de vues
entretien
négociation
pourparlers
polémique

13. éléments de l'échange

avis
impression
opinion
point de vue
proposition
sentiment
thèse

1. Au sens de « je vous l'accorde/je vous le concède »

LES CATEGORIES DE JUGEMENT
(inventaire lexical)

L'argumentation est une activité par laquelle l'émetteur s'efforce de modifier le point de vue, l'attitude, le comportement d'une personne ou d'un auditoire sur un problème donné. Nous appellerons jugement toute expression de la position de celui qui s'exprime sur un problème donné, ou sur l'appréciation que les autres portent sur ce problème.

1. Jugements d'un point de vue pratique/technique

a) utile/inutile
– *utile :* avantageux(-euse) ; bon(ne) ; essentiel(le) ; indispensable ; intéressant ; nécessaire ; profitable ; satisfaisant(e) ; utile.
– *inutile :* inutile ; superflu(e) ; vain(e).

b) efficace/inefficace
– *efficace + :* bénéfique ; bienfaisant(e) ; efficace ; salutaire.
– *efficace – :* dangereux(-euse) ; nocif(-ive) ; nuisible ; pernicieux (-euse) ; préjudiciable.
– *inefficace :* anodin(e) ; inefficace ; inoffensif(-ive) ; inopérant(e) ; impuissant(e).

c) opportun/inopportun
– *opportun :* approprié(e) ; convenable ; favorable ; indiqué(e) ; opportun(e) ; propice.
– *inopportun :* inapproprié(e) ; déplacé(e) ; intempestif(-ive) ; inopportun(e).

d) réalisable/irréalisable
– *réalisable :* exécutable ; faisable ; possible ; réalisable.
– *irréalisable :* impraticable ; inexécutable ; infaisable ; impossible ; irréalisable.

e) issue de l'entreprise (subst.)
– *favorable/positive :* exploit ; performance ; réussite ; succès ; victoire.
– *défavorable/négative :* défaite ; échec ; fiasco ; insuccès ; revers.

2. Jugements d'un point de vue moral

a) bien/mal
– *bien :* bien ; idéal ; perfection ; bonheur.

– *mal :* calamité ; désolation ; épreuve ; malheur.

b) juste/injuste
– *juste :* équitable ; fondé(e) ; juste ; justifié(e) ; impartial(e) ; légitime ; intègre ; mérité(e).

– *injuste :* arbitraire ; abusif(-ive) ; excessif(-ive) ; inique ; injuste ; injustifié(e) ; illégitime ; immérité(e) ; inéquitable ; partial(e).

3. Jugements d'un point de vue esthétique

– *beau :* admirable ; agréable ; avenant(e) ; exquis(e) ; charmant(e) ; délicieux(-euse) ; enchanteur(-eresse) ; éclatant(e) ; exquis(e) ; gracieux(-euse) ; harmonieux(-euse) ; joli(e) ; beau (belle) ; magnifique ; majestueux(-euse) ; merveilleux(-euse) ; plaisant(e) ; ravissant(e) ; splendide ; sublime ; superbe.
– *laid :* abominable ; affreux(-euse) ; atroce ; déplaisant(e) ; épouvantable ; hideux(-euse) ; informe ; grotesque ; horrible ; minable ; laid(e) ; vilain(e).

4. Jugements d'un point de vue normatif

– *normal :* banal(e) ; compréhensible ; correct(e) ; conforme ; courant(e) ; commun(e) ; exact(e) ; habituel(-le) ; légitime ; normal(e) ; ordinaire ; usuel(-le).
– *anormal :* anormal(e) ; bizarre ; curieux(-se) ; étonnant(e) ; étrange ; exceptionnel(-le) ; extravagant(e) ; extraordinaire ; erroné(e) ; faux (fausse) ; inaccoutumé(e) ; inattendu(e) ; incorrect(e) ; inexact(e) ; inhabituel(-le) ; insolite ; original(e) ; particulier(-ère) ; singulier(-ère) ; spécial.

5. Jugements du point de vue de la vérité

– *savoir que cela est :* admis(e) ; assuré(e) ; exact(e) ; établi(e) ; plausible ; prouvé(e) ; sûr(e) ; vrai(e) ; vraisemblable ;

incontestable ; certain(e).

– *savoir que cela n'est pas :* erroné(e) ; exclu(e) ; faux (fausse) ; inexact(e) ; contestable ; discutable ; douteux(-euse) ; invraisemblable ; improbable.

– *ne pas savoir que cela est :* caché(e) ; camouflé(e) ; ignoré(e) ; inconnu(e) ; secret(-ète) ; mystérieux(-euse) ; obscur(e) ; dissimulé(e).

– *ne pas savoir que cela n'est pas :* illusoire ; trompeur(-euse) ; mensonger(-ère).

6. Jugements du point de vue de la connaissance

– *croire que cela est :* affirmatif(-ive) ; assuré(e) ; convaincu(e) ; décidé(e) ; persuadé(e) ; sûr(e).

– *ne pas croire que cela est :* dubitatif(-ive) ; incertain(e) ; incrédule ; indécis(e) ; hésitant(e) ; sceptique.

7. Jugements du point de vue de l'action

a) devoir/ne pas devoir

– *devoir faire :* forcé(e) ; impératif(-ive) ; imposé(e) ; obligatoire ; prescrit(e).

– *devoir ne pas faire :* défendu(e) ; interdit(e) ; prohibé(e).

– *ne pas devoir faire :* facultatif(-ive).

– *ne pas devoir ne pas faire :* admis(e) ; autorisé(e) ; libre ; permis(e) ; possible.

b) pouvoir/ne pas pouvoir

– *pouvoir faire :* apte ; capable ; compétent(e) ; qualifié(e).

– *ne pas pouvoir faire :* inapte ; incapable ; incompétent(e).

c) vouloir/ne pas vouloir

– *vouloir faire :* décidé(e) ; déterminé(e) ; engagé(e) ; favorable ; intéressé(e) ; résolu(e).

– *ne pas vouloir faire :* adversaire ; défavorable ; hostile ; opposé(e).

– *vouloir ne pas faire :* détaché(e) ; indifférent(e) ; insensible ; neutre.

8. Jugements du point de vue des dispositions/sentiments à l'égard de…

– *aimer ++ :* admiration ; affection ; amitié ; amour ; attachement ; attirance ; désir ; passion ; penchant ; tendresse.

– *aimer + :* bienveillance ; estime ; intérêt ; sympathie.

– *aimer (Ø) :* dédain ; détachement ; désintérêt ; indifférence.

– *aimer – – :* antipathie ; animosité ; aversion ; dégoût ; haine ; hostilité ; méfiance ; répugnance ; répulsion.

INDEX DES FORMES LINGUISTIQUES

Sont indiquées ici les pages où ces formes sont traitées par le moyen d'exercices.

Table des matières

Table des illustrations

Maquette intérieure : Ovales
Couverture : Version Originale
Photo de couverture : ''Another World'' de M.C. Escher, Cordon Art
Documentation : Nane Dujour

Imprimé en France par I.M.E. - 25-Baume-les-Dames
Dépôt légal n° 3513-05/1991
Collection n° 13 - Edition n° 01
15/4782/7